Helmut und
Angelika Breidenbach

W0193933

MIT DEM
WOHNMOBIL
DURCH BELGIEN
UND LUXEMBURG

Die Anleitung für einen Erlebnisurlaub

DER WOHNMOBIL-VERLAG
D-98634 Mittelsdorf/Rhön

Die Deutsche Bibliothek – CIP-Einheitsaufnahme

Bibliografische Information der Deutschen Bibliothek

Die Deutsche Bibliothek verzeichnet diese Publikation in der
Deutschen Nationalbibliografie.
Detaillierte bibliografische Daten sind im Internet über
<http://dnb.ddb.de> abrufbar.

Titelbild: Blick auf die Graslei in Gent

3. Auflage 2013

Druck:
www.Schreckhase.de

Vertrieb:
GeoCenter, 70565 Stuttgart

Herausgeber:
WOMO-Verlag, 98634 Mittelsdorf/Rhön
GPS: N 50° 36' 38.2" E 10° 07' 55.6"

Fon: 0049 (0) 36946-20691
Fax: 0049 (0) 36946-20692
eMail: verlag@womo.de
Internet: www.womo.de

Autoren-eMail: breidenbach@womo.de

ISBN 978-3-86903-453-9

EINLADUNG

Sie waren schon am Nordkap? Sie haben das schottische Hochland, die Fjorde Norwegens, die 100.000 Seen Finnlands und die schwedische Schärenküste gesehen, haben die griechische Kultur auf der Peloponnes erlebt, auf Sizilien am Rande des Ätna gestanden, Italiens Landschaften und Geschichte kennengelernt, in Spanien gegen Windmühlen gekämpft, Elsässer Wein und bretonische Crêpes genossen, und das alles und vielleicht noch vieles mehr mit den Werken des WOMO-Verlages. Und nun haben Sie einen neuen Band in den Händen:

B e l g i e n ? ! ?   L u x e m b u r g ? ? ?

Vielleicht sind Sie mal auf der Reise nach Großbritannien so eben über die Autobahn nach Oostende gerauscht, Sie haben vielleicht gehört, dass man in Luxemburg sehr billig tanken kann und dass Kaffee und Zigaretten dort preiswert einzukaufen sind - aber sonst?!?

Jetzt kommen wir und möchten Ihnen zeigen, dass man hier, mitten im Zentrum Europas, einen sehr interessanten und äußerst vielseitigen Wohnmobil-Urlaub verbringen kann. Vom kargen Hochmoor über wildromantische Schluchten und liebliche Flussläufe bis hin zum 67 Kilometer langen Sandstrand reicht die Palette der Landschaften, dazu eine Geschichte, die bis weit vor die Römerzeit reicht, außerdem noch zwei Weltstädte und viele, viele prachtvolle Marktplätze warten auf Ihren Besuch. Wenn Sie dazu auch noch gutes Essen lieben und das deutsche Reinheitsgebot beim Bier nicht ein unumstößliches Dogma für Sie ist, werden Sie viele Köstlichkeiten für sich entdecken und sich mit uns gemeinsam in diesen beiden Ländern sehr wohl fühlen, die sich zudem auch noch tolerant gegenüber uns Wohnmobilisten zeigen. Bitte tun Sie ALLES, damit dies auch so bleibt!

Ihr

Helmut Breidenbach

Um die freien Übernachtungs- und Campingplätze auf einen Blick erfassen zu können, haben wir diese im Text in einem Kasten nochmals farbig hervorgehoben und, wie auf den Karten, fortlaufend durchnummeriert. Wir nennen dabei wichtige Ausstattungsmerkmale und geben Ihnen eine kurze Zufahrtsbeschreibung. "Max. WOMOs" soll dabei andeuten, wie viele WOMOs dieser Platz maximal verträgt und nicht, wie viele auf ihn passen würden (schließlich gibt es auch Einwohner und andere Urlauber)!

Übernachtungsplätze mit **B**ademöglichkeit sind mit hellblauer Farbe unterlegt. **W**anderparkplätze sind grün gekennzeichnet. **P**icknickplätze erkennen sie an der violetten Farbe. Auf Schlafplätzen, denen die gerade genannten Merkmale fehlen – also auf einfache **S**tellplätze – weist die Farbe Gelb hin.

Empfehlenswerte **C**ampingplätze haben olivgrüne Kästchen.

Wanderungen, die wir Ihnen besonders ans Herz legen möchten, haben wir hellgrün unterlegt.

INHALTSVERZEICHNIS

Gebrauchsanleitung

für einen Erlebnisurlaub 7

11 Touren durch Belgien und Luxemburg

Tour 1: Übers Hohe Venn nach Lüttich 14

Raeren - Eupen - Robertville - Büttgenbach - Malmédy - Saint-Vith - Coo - Francorchamps - Spa - Remouchamps - Aywaille - Lüttich (Liège)

Tour 2: Die Ardennen bis Luxemburg 42

Tilff - Esneux - Hamoir - Barvaux - Durbuy - Grottes d. Hotton - La Roche-en-Ardenne - Nisramont - Bastogne

Tour 3: Luxemburger Hügel - romantische Täler 58

Clervaux - Wiltz - Obersauer-Stausee - Esch-sur-Sûre - Bourscheid - Ettelbruck - Diekirch - Vianden - Beaufort - Müllerthal - Echternach

Tour 4: Wein, Rote Erde und die Hauptstadt 80

Echternach - Wasserbillig - Grevenmacher - Ehnen - Wormeldange - Remich - Mondorf - Dudelange - Rumelange - Luxemburg

Tour 5: Die Semois, das All und die Unterwelt 98

Luxemburg - Arlon - Orval - Chiny - Bouillon - Alle, Membre, Bohan - Transienne - St. Hubert - Rochefort - Han-sur-Lesse

Tour 6: Die Meuse entlang 120

Ciney - Huy - Namur - Dinant - Treignes - Nismes - Couvin - Mariembourg - Lac de la Plate Taille

Tour 7: Industriekultur, Napoleon, Hauptstadt 134

Lac de la Plate Taille - Beaumont - Binche - Mons - Strepy - Houdeng - Ronquieres - Waterloo - Grimbergen - Brüssel

Tour 8: Rathäuser und Marktplätze... 154

Grimbergen - Aalst - Gent - Gavere - Oudenarde - Ronse - Leuze - Tournai - Harelbeke - Kortrijk - Ieper - Diksmuide - Veurne

Tour 9: „De Kust" bis Brügge 178

de Panne - Koksijde - Niewport - Westende - Middelkerke -Oostende - Bredene - de Haan - Blankenberge - Zeebrugge - Knocke-Heist - Damme - Lissewege - Brügge

Tour 10: Durch Oostvlanderen nach Antwerpen 202

Beernem - Maldegem - Adegem - Eeklo -Assenede - Lokeren - Donkmeer - Dendermonde - Sint-Niklaas - Temse - Rupelmonde - Bazel - Antwerpen - Brasschaat - Kalmthout - Brecht - Kasterlee - Herentals - Lier

Tour 11: Brabant und Limburg 226

Willebroek - Mechelen - Leuven - Diest - Bolderberg - Leopoldsburg - Neerpelt - Bocholt - Tongerlo - Masseik - Stockem - Rekem - Bilzen - Tongeren - Hasselt - Sint Truiden - Blegny

Tipps von A - Z 258

Abwassertank 259
Adressen 259
Antiquitäten 260
Ärztliche Hilfe 261
Angeln 261
Autohilfsdienste 261
Baby 262
Bier 263
Camping 263
Comics 263
Diebstahl 264
Einreise/Ausreise 264
Fahradfahren 264
Fahrzeug 265
Filmen/Foto 266
Freies Stehen 266
Fritten 267
Gas 267
GPS 268

Haustiere 268
Kanufahren 269
Kartenmaterial 269
Klima 269
Kühlschrank 270
Lebensmittel 270
Medikamente 271
Nacktbaden 271
Packliste 272
Sprache 274
Telefonieren 277
Toilette 277
Treibstoff 277
Trinkwasser 278
Verkehr 278
Wintersport 279
WUPS 280
Zum Schluss:
In eigener Sache 281

Stichwortverzeichnis 282

Tourenübersicht 289

Zeichenerklärungen für die Tourenkarten

Touren / abseits der Touren

Autobahn
4-spurige Straße
Hauptstraße
Nebenstraße
Schotterstraße
Wanderweg

(S) WOMO-Stellplatz, Wander-, Picknick-,
(W)(P)(B) Badeplatz (nicht für freie Übernachtungen)

11 WOMO-Stellplatz, Wander-, Picknick-,
(12)(13)(14) Badeplatz (geeignet für freie Übernachtungen)

Alle übernachtungsgeeigneten Plätze sind im Text
und auf den Tourenkarten fortlaufend durchnummeriert.

♟ ♟ Kirche, Kloster
♫ ♫ Burg, Schloss, Ruine
▲ Berggipfel
1493 m
•• Ausgrabungsstätte
✷✷✷ Sehenswürdigkeit
➢✳ Aussicht, Rundsicht
▐↑ Trinkwasser/Dusche
Ⓥ Ⓔ Ver-/Entsorgung
WC Trockenclo/WC
⚠ ⚠ △ empf./sonst. Campingplatz

N50° 36' 38.2" E10° 07' 12.5" GPS

Gebrauchsanleitung

Ein neuer WOMO-Reiseführer über zwei Länder, wo uns viele gefragt haben: kann man überhaupt dort Urlaub machen? Was gibt es dort zu sehen?

Belgien und Luxemburg alleine haben schon wahnsinnig viel zu bieten. Wir werden Sie durch die Hochmoorlandschaft des **Hohen Venn** führen, Ihnen die Burgen und verträumten Orte der belgischen und luxemburgischen **Ardennen** zeigen, mit Ihnen romantische **Flusstä-**

Hochmoorlandschaft im „Haute Venn"

ler erkunden, wir zeigen Ihnen **Weltstädte**, aber auch viele nette, kleine **Ortschaften**, wo man bis spät am Abend draußen in Cafés oder Restaurants dem Treiben auf dem „**Grand Place**" vor dem alten Rathaus zusehen kann - und nicht zu vergessen natürlich das gute Essen und Trinken, welches hier gepflegt wird. Wussten Sie etwa, dass kein Land der Welt eine solche Vielfalt an Bieren hat wie Belgien? Man kennt über 400 grundverschiedene Sorten, die von über 100 Brauereien hergestellt werden, wo sich in Abwesenheit eines Reinheitsgebotes auch so exotische Sorten wie Kirsch- oder Himbeerbier entwickeln konnten und die so vielsagende Namen wie „Kwak", „De-

„Grand Place" von Veurne

lirium tremens" oder gar „Mort Subite" haben. Aber haben Sie keine Sorge, wir haben trotz manch ausgedehnter Probe nie mit Kopfschmerzen zu tun gehabt! Aber nicht nur die flüssigen, sondern auch die festen Nahrungsmittel sind bis weit über die Landesgrenzen bekannt. Um am unteren Ende der Skala anzufangen: Sie werden, wenn Sie unseren Touren folgen, über zahllose „**Fritures**" stolpern - schließlich ist Belgien das Land, in dem die Pommes frites erfunden wurden - der Überlieferung nach gegen Ende des 19. Jahrhunderts. Man liebte es, Fisch in viel Fett auszubacken, und als es einmal ein recht fischarmes Jahr gab, warf man eben in Stiften geschnittene Kartoffeln ins Fett. Heutzutage kommt natürlich alles in die Friteuse, was sich nicht wehrt - aber am Besten schmecken noch immer die großen, dick geschnittenen, in Papiertüten servierten und einfach mit den Fingern gegessenen Pommes.

In der mittleren Kategorie finden Sie fast überall eine sehr große Auswahl an Spezialitäten. Ob „nur" ein Salatteller zwischendurch oder das große Menü, Sie werden bestimmt fün-

Ein kleiner Imbiss gefällig?

dig und werden vielleicht überrascht sein, dass man vielerorts preis*wert* genießen kann. In Belgien isst man vorzugsweise draußen - nahezu jedes Café, jede Brasserie und Restaurant hat Tische und Stühle auf dem Bürgersteig, meist auf einem Holzbalkenboden, links und rechts mit verglastem Windschutz, einer Markise gegen Sonne und Regen und für die kühleren Jahreszeiten mit Infrarot-Wärmestrahlern versehen. So kann man nebenbei ideal sehen und gesehen werden.

Am oberen Ende der Skala liegt Belgien an der Spitze - kein anderes europäisches Land kann, gemessen an der Bevölkerungszahl, so viele von internationalen Gourmetführern mit Sternen oder Kochmützen bedachte Restaurants aufweisen! Auch in einem anderen Bereich sind die Belgier Weltmeister: im Pro-Kopf-Verzehr von Pralinen (12,5 kg im Jahr!)

Aber schauen Sie vorsichtshalber in den Fahrzeugpapieren

Ihres Wohnmobils nach der erlaubten Zuladung: schnell wird diese Zahl bei reichhaltigem Verzehr obiger Spezialitäten überschritten ...

Dagegen hilft **der** belgische Nationalsport: Rennradfahren.

Wer kann da schon wiederstehen?!?

Besonders an Wochenenden müssen Sie mit Ihrem Fahrzeug äußerst vorsichtig auf belgischen Landstraßen unterwegs sein. Hinter jeder Kurve könnte ein Pulk von Fahrrädern vor Ihnen sein oder auf der anderen Straßenseite Entgegenkommende zum Ausweichen auf ihre Fahrbahn zwingen!

Eine weitere belgische Besonderheit ist die **Vielsprachigkeit**. Im Norden Flämisch (**Niederländisch**), im Süden Wallonisch (**Französisch**), Brüssel zweisprachig und im Osten und bei Arlon **Deutsch**. Während man sich im nördlichen Teil durchaus mit deutlich gesprochenem Deutsch verständigen kann,

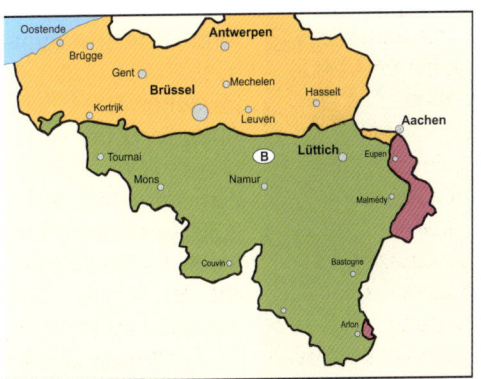

sind im Süden zumindest rudimentäre Französisch-Kenntnisse hilfreich! Aber seien Sie unbesorgt, wir haben die Belgier als sehr aufgeschlossene und hilfsbereite Menschen kennengelernt, die auch stockenden mehrsprachigen Kommunikationsversuchen gewachsen sind.

Diese Probleme haben Sie in **Luxemburg**, oder besser gesagt: im Großherzogtum Luxemburg (nicht zu verwechseln mit der gleichnamigen Provinz in Belgien) kaum. Neben der Landessprache „**Letzebuergesch**" gehören schon in den Grundschulen Deutsch und Französisch zum Alltäglichen. Überhaupt: obwohl die Grenzübergänge zwischen Belgien und Luxemburg seit vielen Jahren nur aus einem Hinweisschild bestehen, unterscheiden sich die Länder doch deutlich vom Charakter her. In Luxemburg sind die Straßen von hervorragendem Zustand, die Häuser schmuck, die ganze Landschaft sieht sauber und aufgeräumt aus, alles ist überschaubar, selbst die Landeshauptstadt hat nur 80.000 Einwohner! Aber trotz der geringen Größe (Nord/Süd 80 km, West/Ost 60 km) vereinen sich hier sehr verschiedene Landschaften.

Folgen Sie uns also mit Ihrem Wohnmobil durch zwei Länder, die gewiss nicht zu den klassischen Urlaubsländern gehören - wobei Sie das „Folgen" unbesorgt wörtlich nehmen können. Alle Touren haben wir mit unse-

rem Rondo XL von CS-Reisemobile, einem hochwertigen Ausbau auf Sprinterbasis, der für uns in idealer Weise das Platz- und Komfortangebot eines ausgewachsenen Wohnmobils mit den hervorragenden Fahreigenschaften und der schmalen Silhouette eines Kastenwagens verbindet, durchgeführt. Die Abmessungen für Sie zum Vergleich: Höhe 3,20m, Länge 6,60m, Breite 1,95 m, ZGG 3,5t.

Als uns unsere Kinder, inzwischen alle erwachsen, nicht mehr im Wohnmobil begleiten wollten, wechselten wir zum CS Rondo,

einem etwas kompakteren Kastenwagenausbau mit einem 2-Personen-Grundriss. Auch hier geben wir Ihnen die Abmessungen zum Vergleich: Höhe 2,70 Meter, Breite 1,99 Meter, Länge 5,95 Meter, zulässiges Gesamtgewicht 3,3 t.

Die meisten Leser

werden Belgien und Luxemburg wohl eher für einen Kurzurlaub oder ein verlängertes Wochenende aufsuchen. Nehmen Sie sich nie zuviel vor, Sie werden sich fast immer länger als gedacht aufhalten! Lieber in aller Ruhe den Tag in einem Straßencafé bei einem der köstlichen Biere ausklingen lassen als von Sehenswürdigkeit zu Sehenswürdigkeit zu hetzen!

Natürlich eignen sich die beiden Länder auch für einen kompletten Urlaub. Glauben Sie mir, man kann Monate dort verbringen und immer wieder neue Reize entdecken.

Der Autor bei seinen schwierigen Recherchen.

Dieses Buch ist, wie alle WOMO-Führer, übersichtlich in Touren gegliedert. Natürlich konnten wir nicht alle Regionen bis in den letzten Winkel auskundschaften. Unsere Auswahl ist sehr subjektiv und reißt viele Dinge, insbesondere **Stadtbesichtigungen** und **Bau- und Kunstdenkmäler** nur an. Fast alle Ortschaften in Belgien und Luxemburg verfügen über **Fremdenverkehrsämter**, die jeden gerne mit ausführlichen Informationen und Veranstaltungsterminen versorgen.

Wir haben unsere Touren, die wir an vielen Wochenenden erarbeitet haben, größtenteils mit unseren drei Kindern, die zum Zeitpunkt der Erstrecherche zwischen 10 und 16 Jahre alt waren, unternommen. Wandern im Moor, Kanufahren auf der Ourthe oder der Semois, das Klettern zwischen den urtümlichen Felsen des luxemburgischen Mullertals, der Eindruck des im nächtlichen Glanz erstrahlenden „Grand Place" in Brüssel, die Besichtigung eines russischen U-Bootes in Zeebrugge und vieles, vieles mehr hat auch unseren Kindern viel Freude bereitet.

Der Hauptgrund für den Kauf dieses Reiseführers ist aber sicher Ihre Erwartung von Vorschlägen für Stellplätze. Wir haben uns viel Mühe gemacht, ruhige und einsame, aber auch solche in Orts- oder gar Zentrumsnähe für Sie zu finden und deren Anfahrt genau zu beschreiben. Oftmals haben wir diese Plätze auch fotografisch festgehalten. Sie sind folgendermaßen eingeteilt und gekennzeichnet: Blau sind die Badeplätze, grün Wanderparkplätze, violett die Picknickplätze (mit mindestens Bänken und Tischen) und gelb der große Rest, auf denen Sie, wenn nicht ausdrücklich anders in der Beschreibung erwähnt, übernachten können.

Weiterhin zeigen wir Ihnen die (in Belgien und Luxemburg relativ seltenen) **Ver-** und **Entsorgungsmöglichkeiten** auf. Frischwasser bekommt man zusätzlich oftmals an Tankstellen.

Versäumen Sie aber auf keinen Fall, **bevor** Sie einen eventuell bereitliegenden Schlauch in Ihren Stutzen stecken, zu fragen! Falls ihr WOMO über eine Kassettentoilette verfügt, ist gegen eine (saubere!) Entsorgung in öffentlichen WCs nichts einzuwenden, wo sich diese Möglichkeit anbietet, haben wir es auch erwähnt.

Wer **Campingplätze** vorzieht, sollte auf jeden Fall auch z. B. den entsprechenden Wälzer des ADAC mitführen. Die Autoren des WOMO-Verlages haben zwar beschlossen, auch solche Übernachtungs- und Erholungsmöglichkeiten aufzuführen, aber wir beschränken uns darauf, Ihnen lediglich die landschaftlich reizvolleren Plätze, ohne besondere Rücksicht auf Sanitärausstattung zu nennen, denn Sie bevorzugen bestimmt Ihre eigene Dusche und Ihr WC.

Viele Campingplätze in Belgien und Luxemburg sind auf Dauercamper und weniger auf durchreisende WOMOs ausgelegt, entsprechend geringer ist die Auswahl. Wo wir entsprechendes entdeckt haben, haben wir es in grüner Farbe aus dem übrigen Text hervorgehoben.

Vor jeder unserer Touren haben wir eine Karte gesetzt, so dass Sie sich leicht orientieren können. Sie kann Ihnen aber keinesfalls den Kauf einer professionellen Straßenkarte (Maßstab 1:200.000) ersetzen.

In der hinteren Umschlagseite finden Sie zudem eine **Übersichtskarte** über alle Touren, auf der Sie sich einen ersten Überblick über den Verlauf der einzelnen Reisegebiete verschaffen können. Außerdem wird auch auf die Seitenzahlen der zugehörigen Tourenkarten verwiesen.

Weder der Verlag noch wir selbst können dafür einstehen, dass das Übernachten auf den von uns angegebenen Stellplätzen behördlicherseits erlaubt ist. Das freie Stehen wird in Belgien und Luxemburg bisher toleriert. Unumgänglich dafür, dass dies auch so bleibt, ist das adäquate Verhalten aller. Vermeiden Sie die Übervölkerung der Stellplätze! Dass Sie keinen Müll, Abwasser oder gar den Inhalt Ihrer Toilette hinterlassen, ist für Sie bestimmt selbstverständlich.

Sollte ein Stellplatz nicht mehr aktuell sein oder Sie weitere interessante Orte und Übernachtungsmöglichkeiten entdecken, oder wollen Sie einfach nur berichten, dass noch alles so ist, wie wir es beschrieben haben, bitten wir Sie dringend um Ihre Zuschrift an den Verlag oder an:

Helmut Breidenbach
Am Wäldchen 19
D-51469 Bergisch Gladbach
e-mail: breidenbach@womo.de

Wir sind auf die Mithilfe unserer Kunden angewiesen!
Am Ende dieses Buches finden Sie eine entsprechende vorbereitete **Antwortkarte** (weitere, auch für andere Bücher des Verlages, schicken ihnen gerne Verlag oder Autor).

Wegen der Grenznähe zu Deutschland halte ich eine Beschreibung der Anreisewege für überflüssig.

Der direkte Weg für uns Rheinländer führt über Aachen, wer aus dem Süden anreist, wird vielleicht besser erst zu Beginn unserer Tour 4 in Wasserbillig an der luxemburgischen Mosel zu uns stoßen. Aus dem norddeutschen Raum kommend bietet sich als Beginn vielleicht die Tour 11 bei Maaseik an. Im groben beschreiben wir einen im Uhrzeigersinn verlaufenden Kreis, den Sie an jeder Stelle beginnen können.

Nun wünschen wir Ihnen viel Spaß bei der Erkundung einer nicht gerade klassischen, aber dafür um so interessanteren Urlaubsregion.

Beginnen wir mit der ersten Tour - das Empfangskomitee steht bereit!

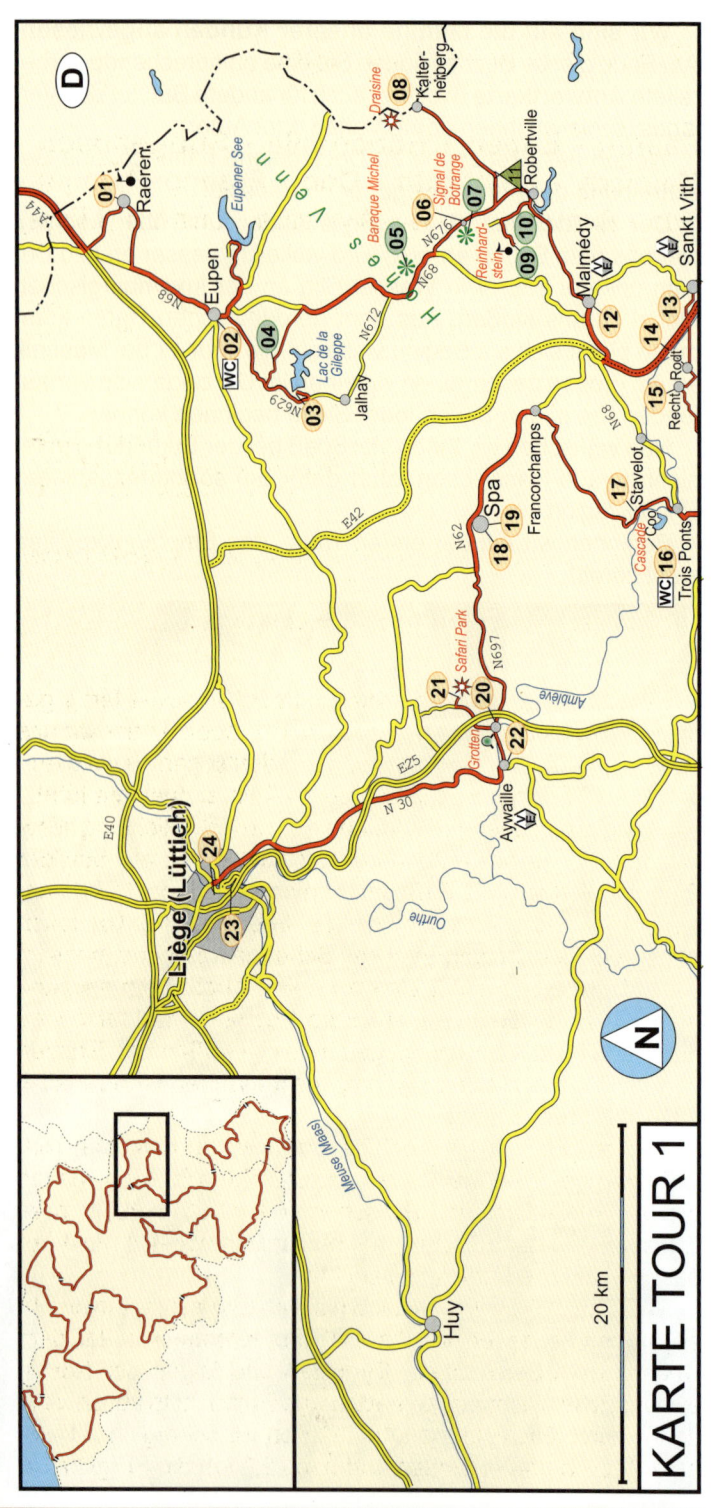

KARTE TOUR 1

20 km

N

TOUR 1 (230 km / 5-6 Tage)

Raeren - Eupen - Robertville - Büttgenbach - Malmédy - Saint-Vith - Coo - Francorchamps - Spa - Remouchamps - Aywaille - Lüttich (Liège)

FreieÜbernachtung:	Staudamm Gileppe, Naturparkzentrum Botrange, Burg Reinhardstein, Staudamm Robertville, Malmedy, Saint Vith, Rodt, Recht, Coo, Spa, Aywaille, Lüttich
Ver-/Entsorgung:	Malmédy, Saint-Vith, Aywaille
Besichtigen:	Eupen, Burg Reinhardstein (Robertville), Malmédy, Schieferstollen in Recht, Wasserfälle von Coo, Rennstrecke von Francorchamps, Spa, Grotte und Safari-Zoo in Remouchamps, Lüttich
Wandern:	Im Parc Naturelle Des Haut Fagnes am Baraque Michel und am Besucherzentrum.
	von Aywaille nach Remouchamps

Es ist Freitag Spätnachmittag, unser Womo ist fertig gepackt, wir sind bereit eine Region zu erkunden, in der wir uns kaum weiter als 40 Kilometer von der deutschen Grenze entfernen und uns doch schon durch zwei Sprachgebiete führt.

Wir kommen über die Autobahn A4 von Köln Richtung Westen, halten uns am Autobahnkreuz Aachen an die Schilder Richtung *Lüttich* (A44/E40) und erreichen nach ca. 11 Kilometern die deutsch-belgische Grenze. Irgendwelche Kontrollen gibt es seit dem Inkrafttreten des Schengener Abkommens im Jahre 1995 nicht mehr, Geld wechseln braucht auch niemand mehr, da ja Belgien auch zur Euro-Region gehört, also sind die ehemaligen Abfertigungsgebäude im Großen und Ganzen verwaist - sogar die Geschwindigkeit muss man im Normalfall nicht mehr reduzieren.

Aber es gibt trotzdem noch genug Hinweise, dass man sich in Belgien befindet, (nein, nicht die schlechten Straßen - davon gibt es in Deutschland inzwischen wesentlich mehr) und es fällt sofort ins Auge, wenn man im Dunkeln einreist: die Autobahnen sind größtenteils beleuchtet.

Natürlich wollen wir das Land nicht im Expresstempo durcheilen, also verlassen wir die E40 drei Kilometer hinter dem Übergang an der Ausfahrt **Eynatten** und folgen der N68 in südwestlicher Richtung, **Eynatten** und **Eupen** sind ausgeschildert. Nach 1,2 Km, in Eynatten, fahren wir schräg links Richtung **Raeren** und erreichen dort nach 2,6 km die Burgstraße, der wir links folgen. Nach 800 m liegt rechts die **Wasserburg Raeren**, in der sich seit 1963 ein sehr sehenswertes Töpferei-museum befindet. Raeren war vom 14. bis 19. Jahrhundert einer der wichtigsten Töpferorte des Rhein-Maaslandes.

(001) Womo-Stellplatz: Raeren

GPS: N 50° 40' 45.1" E 6° 07' 14.3"; Burgstr.
max. WOMOs: 1-2.
Ausstattung/Lage: im Ort, ohne alles - kein Über-nachten!
Zufahrt: von Autobahn E40 Ausfahrt Eynatten via Eynatten nach Raeren, dort links der Beschilde-rung „Museum" und „i" folgen.

Nach der ausgiebigen Be-sichtigung fahren wir die Burgstraße zurück und fol-gen der Beschilderung nach **Eupen**. Nach ca. 6 km errei-chen wir den Ortseingang. Wir bleiben auf der N68 und folgen dem Straßenverlauf scharf links hinter den Eisen-bahnschienen. Es geht nun von der Ober- in die Unter-

Töpfereimuseum Burg Raeren

stadt hinab. Nach nun 1,8 km sehen wir rechts vor einem Kreis-verkehr einen größeren asphaltierten Parkplatz, auf dem wir pro-blemlos eine Ecke für unser Fahrzeug finden.

(002) Womo-Stellplatz: Eupen

GPS: N 50° 37' 20.7" E 6° 02' 23.8"; Frankendel-le. **max. WOMO:** 2-3.
Ausstattung/Lage: WC-Haus, im Ort.
Zufahrt: am Kreisverkehr in Eupen, wo sich die N67 und N68 kreuzen. Relativ ruhiger Stadtpark-platz, eben, asphaltiert; 25 Gehminuten zum Marktplatz.

Vom Parkplatz aus wenden wir uns nördlich Richtung Zen-trum (am Kreisverkehr rechts, von unserer ursprünglichen Richtung kommend) über die *Haasstrasse, Hasberg, Berg-strasse, Am Berg,* ... Sie ahnen schon: es geht von der Unter-in die Oberstadt. Nach gut 20 Minuten stehen wir am **Markt-platz** vor der **Kirche St. Nikolaus**. Von hier aus zweigt auch die Gospertstrasse mit ihren herrlichen Patrizierhäusern, wo sich unter anderem auch das **Stadtmuseum** befindet, ab. Eine weitere Attraktion in EUPEN ist die **Chocolaterie Jacques**. Wenn Sie von unserem Parkplatz aus der N67 Richtung Auto-bahn E40 (*Aachen/Liège*) folgen und links hinter dem Super-markt „Carrefour" in die *Industriestrasse* einbiegen, können Sie die bekannte Schokoladenfabrik nicht verfehlen. In dem dortigen Firmenmuseum können Sie mehr über die Herstellung der braunen Köstlichkeiten erfahren (Öffnungszeiten: Mo-Fr. 9:00-17:00, Sa. 11:00-17:00).

Wenn Sie die Nacht nicht auf dem Stadtparkplatz verbringen wollen und stattdessen absolute Ruhe und Einsamkeit vorziehen - kein Problem. Folgen Sie uns einfach zur Trinkwassertalsperre **Lac de la Gileppe**! Von unserem Stadtparkplatz aus also in den Kreisverkehr, die Abzweigung 90° rechts Richtung Oberstadt und nach 250 Metern nicht die Abzweigung links auf die N629 verfehlen (*„Gileppe"* ist ausgeschildert). Nach weiteren 5,5 km kommt eine Kreuzung mit der N620, wir bleiben scharf links auf der N629 und kommen nach 2,5 km an den Abzweig zum Parkplatz der Talsperre, wo wir nach 1000 Meter das Ziel des heutigen Tages erreicht haben.

Abendstimmung am Lac de la Gileppe

(003) Womo-Stellplatz: Lac de la Gileppe

GPS: N 50° 35' 18.1" E 5° 58' 13.4"; Rue de la Gileppe
max. WOMOs: 4-5   **Ausstattung/Lage:** Mülleimer; außerorts.
Zufahrt: von der N629 Eupen - Spa, „Lac de la Gileppe" ist ausgeschildert. Absolut ruhiger, ebener Asphaltplatz fernab vom Verkehr, teilweise Blick auf die Talsperre.

Es gibt einen Aussichtsturm, von dem aus man einen fantastischen Blick auf den See und den Staudamm hat. Baden und Boot fahren ist verboten, jedoch laden gut ausgebaute Spazierwege dazu ein, ein paar Kalorien der in Eupen genossenen Teilchen (betreten Sie nie eine belgische Bäckerei mit hungrigem Magen!) wieder abzuarbeiten.

Früh geht es am nächsten Morgen weiter, für den heutigen Tag ist, trotz vorsichtiger Proteste der Kinder, ein wenig „Wandern" angesagt. Wir wollen das „Dach von Belgien", die höchste Region des Landes, erkunden. Wir fahren also vom Parkplatz aus zurück zur N629 und zur Kreuzung mit der N620, der wir rechts folgen. Dann geht es stetig bergauf, schließlich müssen wir uns von ca. 200 Meter auf fast 700 Höhenmeter hocharbeiten. Nach 5,2 km entdecken wir auf der rechten Seite einige Parktaschen, die erste Stellplatzmöglichkeit im Hohen Venn:

(004) Womo-Wanderparkplatz: Haute Fanges

GPS: N 50° 34' 48.9" E 6° 02' 01.4"   **max. WOMOs:** 1-2.
Ausstattung/Lage: ohne alles; außerorts.
Zufahrt: an der N 620 kurz vor der Einmündung zur N 68.

Gegenüber führt ein markierter Wanderweg - teilweise, wie hier im Hohen Venn üblich - über Holzplanken zu einigen von Künstlern gestalteten Skulpturen:

Lassen Sie Phantasie walten...

Am Ende der N620 biegen wir rechts auf die N68 Richtung *Malmédy/Robertville* ab. Wir befinden uns mitten im **Parc Naturelle Des Hautes Fagnes**, oder, wie es sich in deutscher Sprache wesentlich weniger poetisch anhört, im **Naturschutzgebiet Hohes Venn**, wobei sich „Venn" vom niederdeutschen „Fehn"=Sumpf ableitet - also in einem Hochmoorgebiet. Der Parc geht naht- und grenzenlos auf deutscher Seite in den Naturpark Nordeifel über und bildet mit diesem zusammen den sogenannten Deutsch-Belgischen Naturpark. 8 km nach der letzten Abbie-

Typische Hochmoorlandschaft im Parc Naturel Des Haut Fagnes

gung liegt rechterhand die **Baraque Michel**. Um 1812 baute Michel Henri Schmitz, ein Steinmetz aus dem Rheinland, eine bescheidene Hütte auf diese Stelle. Nach dessen Tod errichtete seine Familie eine Unterkunft für Reisende, die das Hohe Venn durchquerten. Bald übernahmen sie auch Rettungsaufgaben. Jeden Abend wurde die Glocke geläutet, um verirrten Menschen im Nebel den Weg zu weisen. Dank dieser Tätigkeit der Bewohner von **Baraque Michel** wurden im 19. Jahrhundert 120 Personen gerettet. Heute befindet sich hier das höchstgelegene Hotel Belgiens und ein großzügiger Parkplatz, wo wir bequem unser Womo abstellen können und einem sehr schönen, ungefähr 5 Kilometer langen, zum Teil auf Holzplanken durchs Moor angelegten Wanderweg folgen wollen. Aber auch die Restauration können wir Ihnen wärmstens empfehlen, wir haben schon wunderbar zu Abend gegessen!

(005) WOMO-Wanderparkplatz: Baraque Michel

GPS: N 50° 31' 07.8" E 6° 03' 46.6"; Rue de Botrange. **max. WOMOs:** 3-4.
Ausstattung/Lage: Gaststätte, Wanderwege / außerorts.
Zufahrt: direkt an der N68 *Eupen - Malmédy* gelegen; Schotterplatz, relativ laut wegen der vorbeilaufenden Bundesstraße.

Also werden die Gummistiefel und die Regenjacken angezogen. Das Wetter ist heute, wie so oft in dieser Region, recht wechselhaft. Auch müssen die Kinder mit leichtem Nachdruck überzeugt werden, wie spannend doch eine Wanderung über Holzplanken durch ein Moor ist...

Holzplankenweg übers Hochmoor

Vom Parkplatz aus gehen wir in Richtung der Fischbachkapelle, von wo aus wir schon den Zugang zum Rundwanderweg erspähen können. Am Eingang befindet sich noch eine Informationstafel mit einer Wegekarte und allgemeine Beschreibung zu diesem Moor. Hier kann man sogar mit Kinderwagen oder Rollstuhl entlang. An besonderen Punkten stehen weitere Informationstafeln über die zu sehende Fauna und Flora und sonstige Besonderheiten, wie zum Beispiel die Bildung von Torf, der den hier fließenden und stehenden Gewässern ihre fast schwarze Farbe gibt.

Tief im Sumpf ...

Signal de Botrange

Nachdem der Nachwuchs mit einem Stapel selbstgebackener Pfannkuchen besänftigt wurde, geht es weiter die N68 Richtung Malmédy. Nach 1,4 km biegen wir links auf die N676 Richtung *Robertville*. Hier wechseln sich dichte Tannenwälder mit der Hochmoorlandschaft ab. Nach einigen hundert Metern erreichen wir an dem Turm **Signal de Botrange** (einer ehemaligen Telegrafenanlage, wo die Signale auf optischem Weg von Turm zu Turm weitergegeben wurden) den mit 692 Metern höchsten Punkt Belgiens. Auch hier gibt es einen großen Parkplatz, den wir Ihnen empfehlen können:

(006) WOMO-Stellplatz: Signal de Botrange

GPS: N 50° 30' 04.1" E 6° 05' 34.6"; Rue de Botrange.
max. WOMOs: 3-4.
Ausstattung/Lage: Gaststätte, Wanderwege / außerorts.
Zufahrt: direkt an der N68 *Eupen - Malmédy* gelegen; Schotterplatz, relativ laut wegen der vorbeilaufenden Bundesstraße.

Nach 1 km biegen wir rechts zum **Naturparkzentrum Botrange** ab. Hier, gut 300 Meter von der Landstraße entfernt, befindet sich an einem sehr geräumigen, asphaltierten Parkplatz das Besucherzentrum (Öffnungszeiten: Werk- Sonn- und Feiertage von 10-18 Uhr) mit Informationen, Bibliothek und Lesesaal, Cafeteria und wechselnden Ausstellungen.

(007) WOMO-Wanderparkplatz: Naturparkzentrum Botrange

GPS: N 50° 29' 34.8" E 6° 05' 57.9"; Rue de Botrange.
max. WOMOs: 3-4.
Ausstattung/Lage: Gaststätte, Wanderwege / außerorts.
Zufahrt: von der N676 Abzweig Mont-Rigi Richtung Robertville; nach 2,5 m rechts in den Wald. Absolut ruhig.

Auch von hier aus führt ein Rundwanderweg (blaue Markierung) durch die Wald- und Moorlandschaft. Wir informieren uns im Naturparkzentrum über die Entwicklung der Vennlandschaft in den letzten 2000 Jahren und stöbern lange in der Bibliothek. Den Abend verbringen wir mit gemeinsamem Kartenspiel und verleben einsam und alleine auf dem Parkplatz eine absolut ruhige, ungestörte Nacht.

Am nächsten Morgen fahren wir vom Parkplatz zurück zur N676 und wenden uns nach rechts Richtung **Robertville**. 2,4 km weiter, in Sourbrodt, sehen wir ein nach links weisendes Schild „Railbike"- neugierig folgen wir immer weiter der Kennzeichnung. Nach knapp 12 km, in **Kalterherberg** unmittelbar an der deutschen Grenze am ehemaligen Bahnhof, finden wir des Rätsels Lösung: hier kann man Draisinen mieten, um den 7 Km langen, schönen Schienenabschnitt der ehemaligen Vennbahn von hier nach Sourbrodt und zurück mit reiner Muskelkraft zurückzulegen. 28 EUR kostet der Spaß für 4 Personen, in der Hochsaison ist jeden Tag geöffnet, vom 01.04. bis 30.06. und 01.09. bis 01.11. an jedem Wochenende.

(008) Womo-Stellplatz: Kalterherberg - Railbike

GPS: N 50° 31' 11.3" E 6° 12' 20.4"; Am Breitenbach. **max. WOMOs:** 2-3. **Ausstattung/Lage:** Mülleimer, Imbiss, Draisinen zu mieten; im Ort, ruhig. **Zufahrt:** von der N676 Richtung Robertville, in Sourbrodt links Richtung Kalterherberg, unmittelbar vor der Grenze links.

Von hier aus fahren wir wieder zurück Richtung N676 und halten uns dort links nach **Robertville**. Hier - wir befinden uns mitten im Dorf an der Kirche - führt die Straße rechts vorbei, 500 Meter weiter biegen wir der Beschilderung **Reinhardstein** folgend rechts in die *Rue de L'Abbe Toussaint* ein. Die nächsten 900 Meter geht es den Berg hinauf bis zur einer Kreuzung, wo wir - weiterhin ist **Reinhardstein** ausgeschildert - links abbiegen. Die Straße wird immer schmaler und führt wieder leicht bergab, aber keine Sorge, es passt alles. Nach 700 Metern ist die Straße für den allgemeinen Verkehr zu Ende, rechterhand liegt ein schöner, geschotterter Parkplatz mit Blick über die Felder und Wiesen.

(009) Womo-Wanderparkplatz: Burg Reinhardstein

GPS: N 50° 27' 29.1" E 6° 06' 18.0"; Chemin Du Cheneux. **max. WOMOs:** 1-2. **Ausstattung/Lage:** Wanderwege ins Warche-Tal / außerorts. **Zufahrt:** in Robertville der Beschilderung „Reinhardstein" folgen.

Von hier aus sind es zu Fuß keine zehn Minuten bis zur malerischen **Burg Reinhardstein**. Sie befindet sich in Privatbesitz und ist ganzjährig bewohnt. Sie kann trotzdem mit Führung besichtigt werden, und zwar an Sonn- und Feiertagen vom 15.06. bis 15.09. von 14:15 bis 17:15 Uhr und in den Monaten Juli und August zusätzlich auch dienstags, donnerstags und samstags um 15:30 Uhr. Besonders schön sind der Rittersaal mit einer Waffensammlung und die Burgkapelle. Auf dem Gelände der Burg befindet sich auch der **höchste Wasserfall Belgiens**. Hier stürzt sich die Warche dramatisch

50 Meter in die Tiefe - und wenn Sie davor stehen und das Rinnsal sehen, welches sanft hinabplätschert und daraufhin den Autor für verrückt erklären, muss ich Ihnen sogar etwas Recht geben ...

Wenn man sich am Weg vom Parkplatz zur Burg Reinhardstein kurz vor der Festung rechts hält, kommt man ins wildromantische Warchetal, wo man je nach Lust

Burg Reinhardstein

und Laune bis nach Malmédy immer am Flussufer entlang wandern kann (ca. 8 km) und von dort mit dem Linienbus wieder zurückkommt.

das Warchetal

Wir fahren von unserem Womo-Stellplatz aus wieder zurück bis zur Kreuzung, dann die 900 Meter rechts hinunter zur N681 und halten uns rechts Richtung *Malmédy*. Nach 500 Metern gelangt man an die Staumauer vom **Lac de Robertville**. Wir folgen dem Straßenverlauf über den Damm und finden auf der anderen Seite einen weiteren Wanderparkplatz:

(010) Womo-Wanderpark-platz: Robertville

GPS: N 50° 27' 06.8" E 6° 06' 27.8";
Rue Du Barrage.
max. WOMOs: 1-2 **Ausstattung/
Lage:** Wanderwege, Mülleimer, Im-
biss; im Ort.
Zufahrt: in Robertville an der N681
Richtung Malmedy an der Staumau-
er des Lac de Robertville.

Auch von hier aus - eine große Tafel am Parkplatz zeigt die ausgeschilderten Wege - führen die Wanderpfade unter anderem ins Warchetal. Wenn Sie in dieser Umgebung ein paar

Unterhalb des Wanderparkplatzes

Tage ausspannen wollen, im See von Robertville Boot fahren, oder ein wenig angeln möchten, es vielleicht sehr heiß ist und sie Abkühlung in einem Freibad suchen, empfehlen wir Ihnen den Campingplatz Belle-Vue:

(011) WOMO-Campingplatz-Tipp: Belle Vue

GPS: N 50° 26' 56.2" E 6° 07' 01.3"; R. Des Bains **geöffnet:** ganzjährig.
Ausstattung: schön schattig; am Seeufer; Bootsanleger; Café; Pool;
Babybecken; Ver- und Entsorgung; nächster Ort: 200 m. Platz für ca.
8 Wohnmobile.
Zufahrt: Ortseingang Robertville (N676) der Campingplatzbeschilderung
folgen.

Wir folgen der N681 Richtung **Malmédy**, die sich kurz vor dem Ort serpentinenartig ins Tal windet und richten uns nach dem bekannten WOMO-Piktogramm. Es führt uns zum offiziellen Stellplatz des Ortes Hier ist ausreichend Platz für ca. 20 Fahrzeuge, es gibt eine Ver- und Entsorgungsstation und Stromanschlüsse.

(012) WOMO-Stellplatz: Malmédy

GPS: N 50° 25' 22.1" E 6° 01' 50.8"; Av. de la Gare. **max. WOMOs:** 20.
Ausstattung/Lage: Ver- und Entsorgung, Strom; im Ort, ruhig; Marktplatz mit Restaurants und Geschäften ca. 10 Minuten zu Fuß.
Zufahrt: von der N681 aus Robertville kommend ab Ortseingang ausgeschildert (Womo-Piktogramm).

Die **Kathedrale** St.-Pierre, Paul et Quirin lohnt einen kleinen Blick ins Innere, aber uns ziehen Hunger und Durst an diesem lauen Sommerabend zum Marktplatz; Hier, unter Son-

Der Marktplatz von Malmédy

nenschirmen, finden wir bei „A Vi Màm' Di" ein hervorragendes Plätzchen. Einige Stunden später, nachdem der vorzügliche Seelachs in Hummersoße nebst passendem Wein verköstigt ist und später gegen den Durst noch einige „Grimbergen Brun" gefolgt sind, verbringen wir eine ruhige, ungestörte Nacht auf dem Stellplatz am ehemaligen Bahnhof.

Unser Nächstes Ziel im Venn ist das Örtchen **Saint Vith**. Wir könnten auch die N61 Richtung Süden nehmen, aber über die Autobahn E42 geht es schneller. Es sind nur 2 Ausfahrten bis Saint Vith (Nord), hier biegen wir links ab, die nächste Kreuzung (N62) rechts bis ins Zentrum des Ortes. Am zweiten Kreisverkehr geht es rechts hinunter zu einem großen Parkplatz am Schwimmbad / Sportplatz, der auch für WOMOs ausgewiesen ist:

(013) WOMO-Stellplatz: Saint-Vith

GPS: N 50° 16' 51.5" E 6° 07' 21.5"; Rodter Straße. **max. WOMOs:** 4-5 **Ausstattung/Lage:** Ver- und Entsorgung; im Ort, ruhig; Schwimmbad anbei; Marktplatz mit Restaurants und Geschäften ca. 5 Minuten zu Fuß. **Zufahrt:** von der N62 aus Norden kommend am zweiten Kreisverkehr rechts, ausgeschildert.

Lassen Sie sich nicht von der wiedersprüchlichen Beschilderung des Parkplatzes irritieren! Wir hatten in der Touristeninformation nachgefragt, das Schild ist so zu verstehen, dass alle Regelungen des Parkplatzes (Parkplatzmarkierungen etc.) für alle gelten - außer eben für Wohnmobile! Wir sind also willkommen hier im Ort, am westlichen Ende des Parkplatzes finden Sie auch noch eine (gebührenpflichtige) Ver- und Entsorgungsstation.

Saint-Vith ist ein quirliges, kleines Städtchen. Vom Parkplatz aus sind es nur wenige Minuten hinauf auf die Hauptstraße, am **Rathaus** befindet sich eine **Touristeninformation**, die Sie gerne mit allem Wissenswerten versorgt. Radfahren ist hier sehr angesagt, der Ort liegt

am **Eifel-Ardennen-Radweg** und ist Knotenpunkt des Wege-netzes Ost-Belgien.

Wir fahren nun weiter zum nahe gelegenen „Biermuseum", der **Skihütte Rodt-Tomberg**. Vom Parkplatz aus biegen wir rechts ab und folgen der Straße für 5 km, am dortigen Kreis-verkehr biegen wir rechts ab und sind schon am Ziel:

(014) WOMO-Stellplatz: Skihütte Rodt-Tomberg

GPS: N 50° 17' 48.7" E 6° 03' 44.6"; Tomberg 89a. **max. WOMOs:** 4-5. **Ausstattung/Lage:** ohne alles; ru-hig, eben, Wander- und Radwege, im Winter Langlaufloipen gespurt, Restauration, Spielplatz. **Zufahrt:** von der Autobahnausfahrt „St.Vith Nord" und ab St. Viith aus-geschildert.

Im **Biermuseum** finden Sie ca. 4000 verschiedene Flaschen aus 140 Län-dern, sauber in Regalen hinter Glas. Aber hier kann man nicht nur anschauen, es befinden sich ca. 50 Sorten im Ausschank - und Gutes zu Essen bekommt man natürlich auch! Aber

Die Skihütte Rodt-Tomburg

vielleicht legt man den Besuch im Biermuseum doch eher auf den Abend. Vorher bietet sich noch von hier aus eine W a n d e r u n g (45 Minuten für eine Strecke) durch den Wald zum **Schiefer-stollen Recht** an! Man kann natürlich auch mit dem WOMO h i n k o m m e n ,

im Biermuseum

dann sind es allerdings nicht drei, sondern ca. 11 km. Folgen Sie aber bitter der Beschilderung nach **Recht** (und dort zum Schieferstollen) und nicht den Ansagen Ihres Navis, unseres wollte uns über gesperrte Waldwege leiten....

Auch hier befindet sich ein großer, geschotterter Parkplatz, der sich natürlich auch zur Übernachtung eignet:

(015) WOMO-Stellplatz: Schieferbergwerk Rodt

GPS: N 50° 19' 17.8" E 6° 03' 40.9"; Sankt Vither Weg.
max. WOMOs: 2-3
Ausstattung/Lage: ohne alles; ruhig, eben, Ortsrand.
Zufahrt: in Rodt der braunen Beschilderung „Schieferstollen" folgen, „P" ausgeschildert.

Der Schieferstollen ist von Ostern bis Oktober täglich - außer Montags - von 10:00 bis 18:00 geöffnet. Führungen finden

den dann jeweils um 11:00 und um 14:00 Uhr statt. Sie dauern einschließlich Filmvorführung, An- und Ausziehen und Rundgang ungefähr eineinhalb Stunden. Festes Schuhwerk und warme Kleidung (die Temperatur im

Eingang zum Schieferstollen

Stollen beträgt nur konstant 7°) werden dringend empfohlen. Von November bis März wird der Stollen dann nur auf Anfrage für Gruppen geöffnet.

Nachdem wir die Einsamkeit des Hohen Venn genossen haben, die Beschaulichkeit von Robertville gewürdigt haben, in Malmédy und Saint Vith so richtig in die Zivilisation zurückgekehrt sind, wollen wir das Ganze noch weiter steigern und wenden uns unserem nächsten Ziel zu: den **Wasserfällen von Coo**. Also richten wir uns nach der Beschilderung über **Vielsalm** und dann über die N68 nach **Trois-Ponts**. Von dort an können Sie die Beschilderung „Coo" und „Telécoo" nicht übersehen. In Coo angekommen überqueren wir die Brücke über die Amblève und halten uns direkt danach links, dann scharf rechts, wo 100 Meter später auch einige Parkbuchten für längere Fahrzeuge zu sehen sind. Ansonsten gibt es rund um noch genügend anderweitigen Parkraum zu finden, aber insbesondere an Wochenenden ist hier einiges los!

(016) WOMO-Stellplatz: Coo

GPS: N 50° 23' 32.0" E 5° 52' 31.3"; Coo.   **max. WOMOs:** 2-3
Ausstattung/Lage: Toiletten; im Ort, lebhaft; Restaurants anbei.
Zufahrt: N68 Richtung Stavelot, Beschilderung „Coo".

Die wilden Wasserfälle von Coo

Nun, wer dieses Bild sieht, fragt sich natürlich, worin die versprochene Steigerung besteht. Aber hätte ich mich bei obiger Aufnahme um 180° gedreht, wäre alles klar: Frittenbuden, Fast-Food „Restaurants", dazu: **Telécoo**, ein kleiner Vergnügungspark mit Karts, einer Achterbahn, Wildwasserbahn, Sommerrodelbahn, Sessellift zum **Wildpark** oberhalb von **Coo** usw. Die Einfahrt zum zugehörigen, großen gebührenpflichtigen Parkplatz finden Sie bei [**017**: N 50° 23' 46.9" E 5° 52' 43.7"]. Man kann auch mit kleinen, allradgetriebenen Fahrzeugen, sogenannten Quads, die Gegend unsicher machen, oder ganz traditionell mit Kajaks die Amblève hinabschippern. Wenn Sie alle diese Vergnügungen nicht allzu sehr reizen, sollten Sie ihre Route so planen, dass Sie erst gegen 20:00 Uhr hier eintreffen - dann ist so ziemlich Ruhe eingekehrt und man kann die beeindruckende Szene richtig würdigen - und nachlesen, dass die Mönche von Stavelot im 19. Jhd. hier einfach diese Engstelle, die zwischen einer großen Schleife der Amblève liegt, durchstachen, um eine Touristenattraktion für die Kurgäste des nahen **Spa** zu bieten ...

Bisher haben wir standhaft allen Beschilderungen widerstanden, die groß und unübersehbar nach „**Spa/Francorchamps**" verweisen und auf denen dezent eine schwarz/weiß karierte Flagge und ein Schutzhelm abgebildet ist - aber einmal möchte man ja doch den Asphalt, der von den berühmten Formel1-Fahrern immer wieder malträtiert wurde aus der Nähe betrachten.

Wir verlassen also Coo und wenden uns an der Ausfahrt von den Attraktionen links auf die N633 Richtung **Remouchamps** - aber nur für die nächsten knapp 2 km. Hier geht es, hinter einer Unterführung, scharf rechts Richtung **Francorchamps**. Dort angekommen, halten wir uns zunächst rechts, dann direkt wieder links, sowohl die **Rennstrecke** als auch Malmédy sind ausgeschildert. Am übernächsten Kreisverkehr fahren wir schließlich rechts auf den Parkplatz P1/P2.

Cirquit de Spa-Francorchamps - das berühmte „Eau Rouge"

Wir haben das große Glück, dass gerade eine Rennveranstaltung in genau der richtigen Größenordnung läuft - ein Porsche GT Cup. Es ist also was los auf der Strecke, aber man kommt - kostenfrei - an alle interessanten Punkte wie Boxengasse, Start / Ziel, Tribünen und das gesamte Infield heran und kann die Boliden so richtig aus der Nähe betrachten. Nach einiger Zeit in diesem Lärm sind wir reif für eine Kur - was hier in Belgien, wo vieles nicht weit voneinander entfernt ist, ganz einfach ist. Lediglich 8 Kilometer trennen uns von **Spa**, berühmt durch sein Wasser und einst mondäner Kur- und Badeort.

Wir fahren also vom P1 aus zurück zum Kreisverkehr, halten uns links (270°) zurück nach Francorchamps, wo sich u.a. auch ein Museum der Rennstrecke befindet, und schwenken dort rechts auf die N62 Richtung Spa. Im Zentrum des 10.000-Einwohner-Städtchens folgen wir hinter dem **Casino** rechts den Parkplatz-Schildern und können Ihnen an der Rue Storhau einen ruhigen Stadtplatz für Womos bis 6 Meter bieten.

(018) WOMO-Stellplatz: Spa

GPS: N 50° 29' 37.6" E 5° 51' 58.4"; Rue Storheau. **max. WOMOs:** 1-2
Ausstattung/Lage: ohne alles; im Ort, ruhig; Restaurants anbei.
Zufahrt: Von Stavelot aus in Spa Hauptstraße rechts, n. 250m links „P".

Wer ein längeres Fahrzeug hat, findet 30 Meter weiter am Place du Perron vor dem Rathaus (Hotel de Ville) die Möglichkeit, zwei hintereinanderliegende Plätze für sich zu belegen [**019**: N 50° 29' 35.4" E 5° 52' 00.1"; Place du Perron]. Wir nutzen das schöne, sonnige Wetter und schlendern die Hauptstraße entlang, werfen einen Blick auf das Kurbad und wenden uns am Place Royale an die Tourist Information. Hier bekommt man u.a. auch einen Plan, wo in und um Spa die Heilquellen sprudeln. Das Casino sehen wir uns auch nur von außen an, und ziehen es vor, unser Geld in eines der Brasserien am Straßenrand zu investieren - was dann zur Folge hat, dass wir die Qualität des Place du Perron als Übernachtungsplatz (positiv) testen können.

Das Casino von Spa

Am nächsten Morgen nutzen wir den großen Vorteil eines Stadtparkplatzes - die nächste Bäckerei ist nur wenige Meter entfernt. Frisch gestärkt steuern wir dann unser nächstes Ziel an - einen Ausflug in die Unterwelt.

Wir fahren also vom Parkplatz zurück auf die Hauptstraße

(N62) und folgen zunächst vertrauensvoll der Beschilderung nach Theux, verlassen diese aber nach ca. 2,7 km, nachdem die Eisenbahn die Straße kreuzt, links auf die N697 Richtung **Remouchamps**. Kurz vor Erreichen des Ortes unterqueren wir die Autobahn E25, dann sehen wir auch schon linkerhand das Flüsschen **Amblève**. In der Ortsmitte, wo die N666 kreuzt, können wir schon schräg rechts den Eingang zu den „**Grottes de Remouchamps**" sehen. Wir biegen dann links ab auf die Brücke über die Amblève und sehen rechts genügend Längsparkplätze an der Straße, so dass wir mit unserem Wüstenschiff problemlos parken können und uns aufmachen, der Sommerhitze zu entfliehen - die Höhle hat, wie wir hinterher erfahren, eine konstante Temperatur von 8-10°C, man sollte sich entsprechend anziehen. Die Tour dauert ca. eine Stunde.

(020) WOMO-Stellplatz: Grottes Remouchamps

GPS: N 50° 28' 47.4" E 5° 42' 29.7"; Av. d. la Porallée.
max. WOMOs: 1-2
Ausstattung/Lage: ohne alles; im Ort, lebhaft; Restaurants anbei.
Zufahrt: Von Spa aus in Remouchamps links über Brücke, rechts am Straßenrand viele Längsparktaschen.

Der Eintritt ist nicht gerade billig (Erw. EUR 11,- Kinder unter 12 EUR 8,- Stand 2012) aber ungemein lohnenswert - verbunden mit einer mehrsprachigen Führung. Es gibt aber auch Kombitickets mit dem Safari-Park hier in der Nähe (dazu gleich mehr). Zunächst geht es zu Fuß durch die bereits seit 1828 touristisch erschlossene Höhle mit ihren unvergleichlichen Hallen und Tropfsteinformationen, wobei der Weg immer wieder den unterirdischen Fluss Rubicon kreuzt. Zurück

Meterhohe Stalagmiten

geht es dann lautlos mit den Booten, die wie die Gondeln von Venedig mit langen Stangen von den Bootsführern über die weltweit längste, unterirdisch befahrbare Wasserstraße bewegt werden.

Nordöstlich von Remouchamps, Prospekte dazu bekommen Sie schon an den Grotten, liegt der Safaripark „**Monde**

Mit dem Boot durch die Unterwelt

Sauvage". Er ist von Mitte März bis Mitte November täglich ab 10:00 Uhr geöffnet, der Eintrittspreis beträgt für Erwachsene EUR 19,-, für Kinder EUR 15,-. Es gibt auch Kombitickets für die Grotten und den Safaripark, die ca. EUR 5,- Preisvorteil bieten. Der Park besteht aus verschiedenen Themenbereichen. Im ersten Teil fahren Sie mit Ihrem eigenen Wagen oder mit einer kleinen Eisenbahn, weiter geht es dann zu Fuß an großzügi-

Eingang zum Monde Sauvage

gen Gehegen vorbei. Die Koordinaten des Parkplatzes (gebührenpflichtig, kein Übernachten) sind: [**021**: N 50° 29' 59.0" E 5° 44' 05.8"].

Tief beeindruckt von der Schönheit und der Größe dieses Höhlensystems kehren wir zu unserem Womo zurück. Wir folgen nun weiter der N633, die parallel zur Amblève Richtung Westen verläuft. Zwei Kilometer später erreichen wir den quirligen Ort **Aywaille**, wo wir der Beschilderung nach Liège (Lüttich) über die N30 folgen. Wir überqueren den Fluss über eine Brücke, unmittelbar dahinter biegen wir rechts ab - den Hinweis zu einem WOMO-Stellplatz folgend - und entdecken nach 200 m am Schwimmbad die entsprechenden Plätze:

(022) WOMO-Stellplatz: Aywaille

GPS: N 50° 28' 33.2" E 5° 40' 41.8";
Rue de la Heid. **max. WOMOs:** 8
Ausstattung/Lage: Ver- und Entsorgung, Strom, Wanderwege, gebührenpflichtig / am Schwimmbad, im Ort, ruhig, in Flußnähe, Spielplatz.
Zufahrt: Von Remouchamps nach Aywaille, direkt hinter der Brücke rechts zum Schwimmbad abbiegen, noch 200 m.

Direkt an der Brücke über die Amblève befindet sich eine große Tafel mit den Wanderwegen rund um den Ort. Es gibt

Aywaille an der Amblève

sechs hervorragend markierte Routen von 3,3 bis 12,1 Kilometern Länge. Was diesen Stellplatz aber besonders interessant

Gastronomie in Aywaille

macht: es führt ein Fußweg entlang des Flusses bis nach **Remouchamps** (ca. 2,2 km), so dass wir Ihnen empfehlen, für einen Besuch der **Grottes de Remouchamps** Ihr Womo hier stehen zu lassen und einfach die halbe Stunde Wanderung dorthin genießen. Es gibt - nach der Rückkehr - in

Aywaille genug Möglichkeiten, sich von den Strapazen zu erholen und Hunger und Durst angemessen entgegen zu wirken.

Wir verbringen die Nacht auf dem Stellplatz direkt am Fluss. Auch den nächsten Tag spannen wir hier noch etwas aus, bevor wir uns am Abend aufmachen, die Hauptstadt des wallonischen Teils von Belgien aufzusuchen: Lüttich, oder, wie es in Landessprachen heißt, **Liège**. Haben Sie keine Sorge, uns in die 500.000-Einwohner-Metropole zu folgen, wir haben zwei akzeptable Stellplatzmöglichkeiten gefunden. Und wenn Sie, wie wir, am Abend in die Stadt kommen, ist auch der Verkehr so wenig geworden, dass man nicht unendlich vor jeder Ampel steht und sich auch ruhig einmal verhaspeln kann, ohne direkt ein Verkehrschaos auszulösen. Ein weiterer Vorteil: die Parkplätze sind leer! Folgen Sie uns also von Aywaille aus vertrauensvoll über die N30 Richtung **Liège**. Am Ende der N30, nach ca. 16 Kilometern, biegen wir rechts ab und folgen zunächst der Straße am Ufer der *Vennes* entlang. 1,5 Kilometer später folgen wir <u>nicht</u> dieser Straße in eine Unterführung hinein, sondern halten uns rechts und nach weiteren 150 Metern wieder rechts, dann an der nächsten Ampel schräg links, *toutes directions* ist ausgeschildert. Ungefähr 500 Meter später sind wir an einer Brücke, die über einen Nebenarm der **Meuse** (Maas) führt. Nun müssen Sie sich entscheiden, ob Sie lieber relativ zentral, aber etwas lauter oder lieber etwas ruhiger, wenn auch ein paar Meter weiter vom Zentrum weg, (aber immer noch in Fußwegentfernung) stehen wollen. Im ersten Fall biegen Sie unmittelbar hinter der Brücke links ab und fahren die Uferstraße Richtung Süden. Wir befinden uns übrigens auf der „Insel" **Outre-Meuse**, die sich zwischen der Meuse (Maas) und deren Nebenarm befindet. Nach 850 Meter müssen Sie aufpassen, dass Sie nicht dem Straßenverlauf über die Brücke *Pont des Vennes* folgen, sondern scharf rechts abbiegen - wo Sie direkt auf einem kleinen Parkplatz am Rande des „Parc de Bovene" stehen. Wenn Ihnen dieser Platz zu laut vorkommt, noch ein paar Meter schräg gegenüber des Parkplatzes (sofern Sie ein „Anlieger"-Schild ignorieren) weiter einer kleinen asphaltierten Straße zum *Musée de la Boverie* entlang fahren und entweder rechts vor einem Kindergarten oder weiter durch am Museum parken.

(023) WOMO-Stellplatz: Liège am Parc de Boverie

GPS: N 50° 37' 46.9" E 5° 34' 38.4";

Rue du Parc.
WOMO-Zahl: 2-3
Ausstattung/Lage: ohne alles; im Ort, relativ laut.
Zufahrt: auf der Insel „Outre-Meuse" an der östlichen Uferstraße Richtung Süden bis zum Ende fahren; hier drei Parkplatzmöglichkeiten (siehe Text).
Fußgängerentfernung bis zum Zentrum: ca. 25 Minuten.
Gehen Sie durch den *Parc de Boverie* zum Maasufer, dort Richtung Norden. Es kommt zunächst die *Pont Albert I*, dann die *Pont Kennedy*, dann eine Fußgängerbrücke, dann die *Pont des Arches*. Hier überqueren Sie die Maas und gehen weiter nördlich, hinter dem *Musée St-Georges* biegen Sie links in die *Rue St.-Georges*, wo sich die **Tourist Information** befindet.

Andernfalls biegen Sie <u>nicht</u> hinter der ersten Brücke links auf die Uferstraße, sondern fahren weiter geradeaus, überque-

Treppe von Parc de la Citadelle in die Stadt

ren die Insel Outre-Meuse (die an dieser Stelle gerade 150 Meter breit ist), überqueren **La Meuse** über die *Pont Kennedy* und biegen an der ersten Ampel hinter dieser Brücke rechts Richtung *Centre* ab. Am nächsten Kreisverkehr fahren wir links (270°) auf das *Palais* zu, dann weiter links, der Bahn-

schweißtreibende Angelegenheit!

hof (Gare) ist beschildert. Von hier aus ist dann auch unser Ziel, *Citadelle/Hôpital* ausgeschildert. Die Straße (*Montagne Ste.-Walburge*) führt schnurgerade steil bergauf. Wir folgen der Beschilderung zum Krankenhaus (welches sich auf dem Gelände der ehemaligen Zitadelle befindet). Oben angekommen, halten wir uns rechts und fahren die schmale Straße entlang des Festungswalles, der sich halbkreisförmig um den Berg zieht, entlang.

Hier gibt es jede Menge ruhigen Parkraum, teilweise mit einem sehr schönen Blick auf die City.

---

(024) WOMO-Stellplatz: Liège an der Citadelle/Hôpital

GPS: N 50° 39' 00.4" E 5° 34' 38.1"; Blvd. Du Quatorzième de Ligne.
max. WOMOs: >10   **Ausstattung/Lage:** ohne alles / ruhig, oberhalb der City, Fußgängerentfernung bis zum Zentrum: ca. 20 Minuten.
Zufahrt: siehe Text, ansonsten zunächst Beschilderung „Centre", dann "Citadelle / Hôpital".

Von hier aus brauchen Sie nur das gepflasterte Sträßchen (Chemin de la Citadelle) den Berg hinunter gehen, dann sehen Sie zur linken Hand obige Treppe. Steigen Sie mal eben die 374 Stufen hinunter, dann links und die zweite wieder rechts (Rue de la Pule - Verlängerung: Rue de St.Georges), so stehen Sie vor der **Tourist Information** von Lüttich. Die Stadt hat ihre Bedeutung hauptsächlich als Industriestandort für Kohle und Stahl, als Universitätsstadt, sowie als Verkehrsknotenpunkt der Wallonie einschließlich eines sehr großen Binnenhafens. Dies alles in Verbindung mit den Zerstörungen des zweiten

in den Gassen von Lüttich

Weltkrieges (über 1.500 V1- und V2-Raketen gingen hier nieder) führte dazu, dass es in Lüttich nur wenige ansehnliche, historische Bauten gibt und dass das Stadtbild nicht unbedingt besonders attraktiv ist.

Die wesentlichen Sehenswürdigkeiten sind der *Palais des Princes-Evêques* (der ehemalige Palast der Fürstbischöfe) mit

Wasser überall...

seinen beiden wunderschönen Innenhöfen, von dort sollte man die Runde über den *Place St. Lambert* und die *Rue Léopold*, wo im Haus Nr. 24 der weltberühmte Schriftsteller **Georges Simeon** geboren wurde, zum Maasufer fortsetzen und dort Richtung Nordost dem Fluss folgen. Nach einigen hundert Metern befinden sich zur linken Hand die drei Museen *Musée d'Ansemburg* (Wohnkultur des 18. Jhd.), *Musée d'Armes* (Waffenmuseum) und das *Musée Curtius* mit archäologischen Sammlungen, Möbeln und Kunstgegenständen. Dann kann man sich (zweite Straße hinter dem Museum links) die sehr schöne Kirche Saint-Barthélemy ansehen und die Route zurück über den Marktplatz nehmen, wo wir nach unserer persönlichen Besichtigungstour den Abend ausklingen lassen werden.

Cafés und Restaurants am Place du Marché

Nicht allzu spät gehen wir zurück zu unserem Womo am Parc de la Boverie, wo wir, relativ für einen Stadtparkplatz, eine ruhige Samstagnacht verbringen.

Für den nächsten Morgen haben wir den Wecker auf 7:00 Uhr gestellt; in Lüttich ist jeden Sonntag Wochenmarkt! Wobei die Dimensionen dieses Marktes die normalen Vorstellungen, die man von solch einer Veranstaltung hat, ziemlich sprengen. Das gesamte linke Maasufer, angefangen an der Universität bis hinauf zur Pont St. Leonard ist für den Autoverkehr gesperrt und die Verkaufsstände stehen in bis zu vier Reihen über die eineinhalb Kilometer lange Strecke. Aber, wie von Geisterhand ist gegen 14:00 Uhr immer alles wieder abge-

Sonntäglicher Markt in Lüttich

baut und der Verkehr fließt, als ob nie etwas gewesen wäre. Hier gibt es wirklich alles zu kaufen. Wurst- Käse- Fleisch- und Fischspezialitäten aus Belgien, Holland, Frankreich und Italien, Gemüsestände, auch lebende Tiere wie Hühner, Gänse, Kaninchen, Vögel, und natürlich Textilien in allen Preis- und Qualitätslagen kann man günstig erstehen. Man braucht schon

Hier gibt es nichts, was es nicht gibt!

mindestens zwei bis drei Stunden, um sich alles anzusehen - und zu bedauern, dass man wohl viel zu wenig Stauraum frei hat...

Natürlich könnte man sich jetzt auch noch auf der Insel Outre-Meuse (wer intensiver Leser der Romane von Georges Simeon ist, wird sich auf Anhieb zurechtfinden) im Parc de la Boverie das *Musée d'Art moderne* ansehen, auch das Musée de Zoologie mit dem Seewasseraquarium ist einen Besuch wert, ebenso das Musée des Transports in der Rue Richard Heintz - wir aber ziehen uns aus dieser lauten, chaotischen, verkehrsreichen, hässlichen und trotzdem - oder vielleicht gar deswegen? - ungemein liebenswerten Stadt zurück und suchen auf unserer nächsten Tour unter anderem die schönen Orte entlang des Tals der **Ourthe,** auf unserem Weg nach Luxemburg, auf. Lüttich haben wir sehr ins Herz geschlossen und wir werden die Nähe zum Rheinland nutzen, um noch manches Mal wieder hierher zu kommen.

Lukullisches auf dem Lütticher Weihnachtsmarkt

Doch, einen Grund beziehungsweise eine Jahreszeit, nach Lüttich wiederzukommen, können wir Ihnen sehr empfehlen: Weihnachten! Lüttich hat, wie viele Städte, einen großen Weihnachtsmarkt - und zwar einen typisch belgischen. Was bedeutet, dass es hier weniger Buden mit Verkauf von Weihnachtsartikeln, aber dafür umso mehr mit lukullischen Spezialitäten gibt. Ob belgische Waffeln, Sauerkraut mit Würstchen oder Austern mit Champagner - ein reichhaltige Auswahl erwartet Sie!

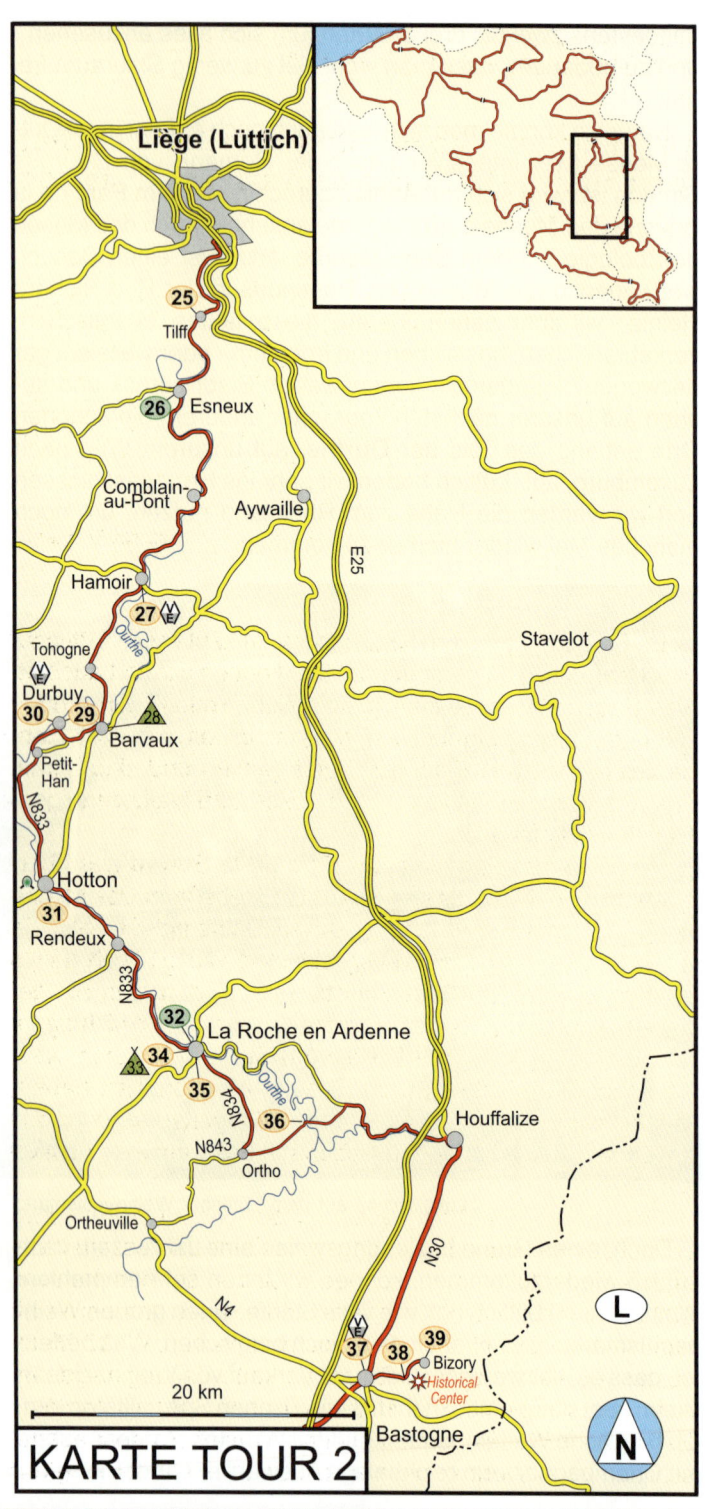

KARTE TOUR 2

TOUR 2 (142 km / 2-3 Tage)

Tilff - Esneux - Hamoir - Barvaux - Durbuy - Grottes d. Hotton - La Roche-en-Ardenne - Nisramont - Bastogne

Freie Übernachtung:	Tilff, Esneux, und Hamoir jeweils am Ufer der Ourte, Durbuy, La-Roche-en-Ardenne, in Nisramont und Bastogne
Ver-/Entsorgung:	in Hamoir, Durbuy und Bastogne
Besichtigen:	„Labyrintus" in Barvaux, historisches Städtchen Durbuy, La-Roche-en-Ardenne mit Burgruine, Mardasson-Hügel mit dem Historical Center in Bastogne
Kanufahren:	auf der Ourthe bei Hamoir.
Wandern:	in der Umgebung von Esneux, um den Stausee bei Nisramont

Es ist Sonntagnachmittag, unsere Einkäufe vom Lütticher Wochenmarkt sind verstaut, natürlich haben wir dort auch etwas Passendes gegessen (nein - nicht Fritten!! Ein großes Baguette, frisch aufgebacken, aufgeschnitten, mit jeder Menge Sauerkraut und Elsässer Wurst gefüllt.) und sind bereit, uns aus dem Großstadttrubel zu lösen und wieder ruhigere Gefilde anzusteuern.

Von unserem Parkplatz am *Parc de la Bovere* aus überqueren wir nun die Brücke über den Nebenarm der Meuse und halten uns sofort dahinter scharf rechts auf die N90, *Dinant*, *Marche* und *Huy* sind ausgeschildert. Wenn Sie allerdings am Parkplatz an der Zitadelle gewesen sind: fahren Sie genauso, wie Sie gekommen sind zurück und halten sich dann, nachdem Sie die Pont J.F. Kennedy überquert haben, aber <u>bevor</u> sie den Seitenarm der Meuse überschritten haben, rechts. Nach knapp 900 Metern sind Sie genau an der oben erwähnten Brücke über den Nebenarm der Meuse und treffen auf unsere Tour.

Fast genau 700 Meter später müssen wir aufpassen, dass wir auf der N90 bleiben und dabei die Ourthe überqueren anstatt schräg links auf dem Quai des Ardennes landen. 500 Meter hinter der Brücke über die Ourthe unterqueren wir zunächst die Eisenbahn, dann die Autobahn und 300 Meter später hinter einer weiteren Eisenbahnunterführung biegen wir scharf links in die Rue Vaudree ab (Beschilderung: *Angleur*). Es ist die N633, in deren weiterem Verlauf **Hamoir** ausgeschildert ist. Wir fahren nun mitten durch den Ortsteil **Angleur** hindurch, wobei uns auch einige Aufpflasterungen daran erinnern, nicht allzu schnell zu fahren. Hinter dem nicht so reizvollen Arbeitervorort mit seinen Miets- und Reihenhäusern sehen wir nach drei Kilometern wieder links die Ourthe durchschimmern. Zunächst liegt noch die Eisenbahnstrecke zwischen der Straße und dem Fluss, auf der anderen Seite verläuft die Autobahn E25 Richtung Luxemburg - noch kann man dem Ourthetal nicht viel Schönes abgewinnen. Aber keine Sorge, es wird noch werden!

Nach knapp 8 Kilometern durchqueren wir **Tilff**, den ersten ländlichen Ort südlich von Lüttich - dementsprechend ist hier am Wochenende auch was los! Wer möchte, kann natürlich auch hier schon seine Zelte aufschlagen: nachdem wir, dem Straßenverlauf und der Beschilderung nach Hamoir folgend zunächst die Eisenbahn und die Brücke überquert haben, befindet sich links ein großer Parkplatz:

(025) WOMO-Stellplatz: Tilff

GPS: N 50° 34' 11.9" E 5° 35' 10.6";
Rue D'Angleur. **max. WOMOs:** 4-5
Ausstattung/Lage: geschottert, eben, am Fluss, nicht ganz leise wg. Eisenbahn am anderen Flussufer / im Ort.
Zufahrt: Von Lüttich kommend Richtung Hamoir in Tilff direkt nach der Brücke über die Ourthe links.

Viele der für Belgien so typischen gemütlichen Straßencafés und -Restaurants sind in dem netten Örtchen vorhanden.

Marktplatz von Tilff

Esneux im Tal der Ourthe

Aber der Tag ist uns noch zu jung, um ihn hier schon ausklingen zu lassen, also folgen wir weiter der N633 am rechten Ufer der Ourthe und kommen 6 Kilometer später nach **Esneux**. Auch hier sehen wir rechts vor der Brücke über die Ourthe einen großzügigen Parkplatz, der sich hervorragend für Übernachtungen und als Ausgangspunkt für ausgedehntere Wanderungen durch die Landschaft um Esneux eignet.

(026) WOMO-Wanderparkplatz: Esneux

GPS: N 50° 31' 58.6" E 5° 33' 52.3"; Rue de L'Athénée.
max. WOMOs: 2-3
Ausstattung/Lage: Wanderwege / im Ort, ebener, abends ruhiger Parkplatz; Gaststätten und Geschäfte direkt anbei.
Zufahrt: von der N633 Lüttich - Hamoir in Esneux vor der Brücke über die Ourthe rechts.

Sowohl an der Brücke als auch oben am Park des Schlosses, welches unübersehbar über dem Ort thront, sind Tafeln mit einer Wanderkarte. Hier verlaufen 16 (!) markierte Rundwanderwege, insgesamt 116

Uferpromenade von Esneux

Kilometer, mit Längen zwischen 2,2 und 11,4 Kilometern.

Wir folgen weiter der Straße entlang der Ourthe Richtung **Hamoir** und erreichen den Ort nach 18 Kilometern, notieren vor dem Ortseingang auf der rechten Seite eine munter sprudelnde Quelle.

„le clapotis" Terasse mit Flussblick

Wir halten uns links (N66), überqueren die Eisenbahnschienen und fahren auf die Ourthe zu. Vor der Brücke biegen wir rechts ab und finden nach ca. 200 m links einen offiziellen Wohnmobil-Stellplatz am Fluss, auf dem gut und gerne 10 WOMOs Platz finden. Sogar Grillstellen sind vorhanden, wo sie den in der Ourthe geangelten Fisch direkt zubereiten können.

(027) WOMO-Stellplatz: Hamoir

GPS: N 50° 25' 24.2" E 5° 32' 01.6"; Rue Du Moulin.   **max. WOMOs:** 5

Ausstattung/Lage: Grillstellen; Ver- und Entsorgung ca. 100 m weiter am Campingplatz / geschottert, z.T Wiese, eben, teils schattig unter hohen Bäumen, teils Sicht auf die Ourthe; Gaststätten, Geschäfte 300 m entfernt. Toiletten ca. 300 Meter.

Zufahrt: Hauptstraße von Hamoir auf die Ourthe zufahren, vor der Brücke rechts, noch 250 Meter.

Wir machen es uns am Stellplatz gemütlich und setzen uns 300 Meter weiter flussabwärts (Sie können auch den schmalen Fußweg entlang der Ourthe nehmen) auf die Terrasse von „le clapotis". Nach einem *„Leffe blonde"* und einem *„Grimbergen brun"* (wobei das Bier hier wie es sich gehört immer mit einem Schälchen Erdnüsse serviert wird) haben wir den Mut, auch einmal eine weitere belgische Spezialität zu versuchen: Kriek, ein Bier welches aus Kirschen gebraut wird und nicht etwa mit Sirup versetzt ist. Ich denke, man muss mindestens zwei oder drei davon trinken (was wir natürlich nicht machten), um entscheiden zu können, ob es sich nun um eine Spezialität oder eher um etwas anderes handelt ...

Koordinierungsprobleme ?!?

Wir sehen auf der Ourthe auf einmal einen Pulk Kajaks - und erinnern uns, dass wir am Ortseingang einen Hinweis gesehen hatten. Das wollen wir am nächsten Morgen auch einmal probieren!

Nach einer ruhigen Nacht und dem Genuss von frischen Backwaren aus Hamoir am nächsten Morgen gehen wir zu Fuß über die Brücke zur anderen Seite der Ourthe, die dritte Straße links (Route de Xhoris), von der dann links die Route de Xhignesse abzweigt - insgesamt 600 Meter Fußweg. Hier befindet sich unter der Hausnummer 35 „**Kayaks les Remous**" (Tel. 086/38.87.65), die Einer- und Zweierkajaks für Flussfahr-

Die Flusslandschaft der Ourthe

ten von 10, 15 und 27 km verleihen. Wir entscheiden uns für den Anfang für die kurze Strecke und werden mit einem Kleinbus, die Kajaks auf dem Anhänger hinterher, bis kurz hinter Bomal gebracht und dort abgesetzt. Nun ist es also unser eigenes Problem, mit den Booten bis Hamoir zurückzupaddeln! Wir haben paritätisch ein Kinder- und ein Elternkajak besetzt, und bald kommen wir in den Genuss zu erleben, wie die Kinder sehr lautstark bemüht sind, in Einklang zu kommen. Auch wir haben so unsere Probleme, aber wir schaffen es ohne in eine tiefe Ehekrise zu verfallen festzulegen, wer von uns beiden den Takt vorgibt. Bald sind wir dann auch in der Lage, die schöne Flusslandschaft gebührend zu bewundern.

Ruhige Passagen wechseln mit leichten Stromschnellen, aber der Flusslauf ist absolut anfängergeeignet. Nach zweieinhalb Stunden kommen wir glücklich, unbeschadet und reichlich nass in Hamoir an.

„Labyrinthus" in Barvaux

Nach einer heißen Dusche und einer guten Suppe sind wir dann am frühen Nachmittag bereit, die nächsten Orte entlang des Flusses zu erkunden. Wir fahren also vom Stellplatz aus über die Hauptstraße zurück. Wir überqueren die Eisenbahnschienen, nach 50 Metern schräg links und weiter 150 Meter später wieder links auf die N831 der Beschilderung nach *Durbuy* folgend. Die Straße führt gerade und mit konstanter Steigung nach *Tohogne*, während die *Ourthe* zwei, drei Kilometer entfernt, sich durch ihr Tal schlängelt. In **Tohogne** biegen wir links Richtung *Barvaux* ab. Die Straße führt danach wieder bergab ins Ourthetal. Nach zweieinhalb Kilometern, der Blick geht links auf **Barvaux**, sehe ich ein sehr seltsames Maisfeld und steige nach einem Blick in den Rückspiegel auf die Bremse - so etwas habe ich bisher noch nicht gesehen. Es ist im Frühjahr ein komplettes Labyrinth aus Maispflanzen gesät worden, welche nun über 2 Meter hoch stehen - das werden wir uns aus der Nähe ansehen!

Wir fahren weiter die Straße hinunter, bald kommt ein Hinweis nach links zum Labyrinth, der zu ausgedehnten Parkplätzen führt. Der Eintritt beträgt EUR 7,- für Erwachsene, EUR 5,- für Kinder - wobei es nicht nur um einen Irrgarten geht, sondern es werden innerhalb der Anlage von Schauspielern Theaterszenen gespielt, was trotz der französischen Sprache auch für unsere Kinder ein Vergnügen ist - der gesamte Parcour dauert knapp zwei Stunden.

Fährt man am Labyrinth vorbei weiter, kommt man zum Camping „Pré des Moutons":

(028) WOMO-Campingplatz-Tipp: „Pré des Moutons"

GPS: N 50° 21' 52.9" E 5° 30' 20.6"; Rue Haute Commene 50.
Öffnungszeiten: ganzjährig   **Zufahrt:** Siehe Text.
Ausstattung: am Ufer der Ourthe, außerorts (Barvaux: ca. 2 Km); Mountainbikeverleih, Kajakverleih, Café/Restaurant; Spielplatz.

Der Ort Barvaux hat sich ansonsten Wohnmobilen gegenüber komplett verschlossen. Die beiden großen Parkplätze links und rechts der Brücke im Zentrum sind mit 2,20 m - Balken und Verbotsschildern versehen.

Wir überqueren die Ourthe und folgen der Beschilderung rechts nach *Durbuy*. Ungefähr 5,6 Kilometer später - wir folgen der N983, die nach **Petit-Han** in die N833 übergeht - sehen wir abseits der Straße links am Ufer der Ourthe einen geräumigen Parkplatz. Auch hier hat sich ein Kanuverleih niedergelassen, es ist aber auch der letzte kostenlose Parkplatz für **Durbuy**. Von hier aus ist es nur ein Kilometer über den Fußweg entlang der Ourthe bis zum Zentrum.

(029) WOMO-Stellplatz: Durbuy I

GPS: N 50° 20' 51.5" E 5° 26' 30.0"; Rue Du Comte Theodule D'Ursel.
max. WOMOs: 4-5
Ausstattung/Lage: ohne alles / eben, teilweise Sicht auf die Ourthe; Kanuverleih und Imbiss am Parkplatz.
Zufahrt: von Barvaux die N983/N833 kommend vor Durbuy auf der linken Seite abseits der Straße am Ufer der Ourthe.

Falls Ihnen das zu weit ist oder Sie dem zauberhaften Ort einen längeren Aufenthalt widmen möchten, können Sie sich auch durch Durbuy hindurchschlängeln, hinter dem Ort, 500 m nach der Brücke, befindet sich rechterhand ein offizieller Wohnmobil-Stellplatz:

Der Marktplatz von Durbuy

Durbuy hat seit 1331 die Stadtrechte. Sie darf sich daher mit ihren 350 Einwohnern zu Recht als **kleinste Stadt der Welt**

In den Gassen von Durbuy

bezeichnen. Auch wenn die Häuser etwas neueren Datums sind, der Verlauf der Gassen und der Grundriss der Stadt sind noch genauso wie im 14. Jahrhundert! Auch wenn es an manchen Sommertagen recht überlaufen ist - Durbuy muss man gesehen haben!

Wir verlassen Durbuy wieder in die gleiche Richtung, wie wir auch gekom-

Stärkung zwischendurch!

men sind und folgen der Beschilderung *La Roche*. In **Petit-Han** biegen wir rechts auf die N833, auch hier ist *La Roche* ausgeschildert. Nach ca. 8 Kilometern treffen wir in **Hotton** wieder auf die Ourthe, wir notieren ein nettes Ortsbild, einen hohen Felsen, von dem aus man einen herrlichen Blick über das Städtchen und die Ardennenlandschaft hat sowie gute Park- und Übernachtungsmöglichkeiten links und rechts der Brücke über den Fluss. Nach 800 m folgen wir rechts dem Hinweis „**Grottes de Hotton**", nach einem knappen Kilometer teils schmalen und steilen Weges treffen wir auf den geräumigen Parkplatz an der grandiosen Tropfsteinhöhle.

(031) WOMO-Stellplatz: Grottes de Hotton

GPS: N 50° 15' 33.4" E 5° 27' 19.6";
Chemin Du Spéléo Club de Belgique.
max WOMOs: 2-3
Ausstattung/Lage: Tropfsteinhöhle, Toiletten / außerorts, sehr ruhig.
Zufahrt: N833 von Hotton Richtung La Roche 800 m hinter der Brücke in Hotton rechts ca. 1 km den Hinweisen folgen.

Die Höhle gehört zu den prachtvollsten Belgiens, die Führung dauert ca. 70 Minuten; Öffnungszeiten April bis Oktober: 10:00 bis 17:00 Uhr.

Hinter Hotton verläuft die N833 landschaftlich sehr reizvoll durch das Ourthetal, nach ungefähr 15 Kilometern sehen wir das nächste Ziel unserer Etappe, die „Perle der Ardennen" - den malerischen Ort **La Roche en Ardenne**. Unmittelbar, nachdem wir an dem „Hotel La Claire Fontaine" vorbeigekommen sind, biegen wir schräg links den Weg über eine Brücke über die Ourthe ab, fahren am Klärwerk vorbei und finden nach 300 m einen Wanderparkplatz:

(032) WOMO-Wanderparkplatz: vor La Roche en Ardenne

GPS: N 50° 10' 57.1" E 5° 33' 53.6"; Route du Tram. **max WOMOs:** 2-3
Ausstattung/Lage: Wanderwege; La Roche ca. 1 km / außerorts, sehr ruhig.
Zufahrt: N833 von Hotton Richtung La Roche kurz vor La Roche hinter dem Hotel „La Claire Fontaine" links über die Brücke über die Ourthe, 300 m.

Direkt am Ortseingang entdecken wir am Ufer der Ourthe zur linken Seite an der Rue des Echavées den Camping „Le Grillon"

(033) WOMO-Campingplatz-Tipp: Le Grillon

GPS: N 50° 11' 11.3" E 5° 34' 13.1"; Rue des Echavées.
Öffnungszeiten: Ostern bis Ende Oktober.   **Zufahrt:** Siehe Text.
Ausstattung: am Ufer der Ourthe; Lebensmittelladen; Spielplatz; Café 300 m; Schwimmbad, Tennis 500 Meter; Zentrum: 1000 m; in der Nähe Kayak und markierte Wanderwege.

Für eine kurze Ortsvisite fahren Sie mit uns einfach die Rue des Echavées weiter, die in einem halbkreisförmigen Bogen verläuft. Am Ende befindet sich zur Linken eine Sportanlage, ein Stück weiter das Hallenbad, ebenfalls mit einem Parkplatz.

(034) WOMO-Stellplatz: La Roche en Ardenne I

GPS: N 50° 11' 20.2" E 5° 34' 31.6"; Rue d. Echavées. **max. WOMOs:** 2-3
Ausstattung/Lage: ohne alles / im Ort, Zentrum ca. 800 m.
Zufahrt: N833 von Hotton direkt am Ortseingang links in die Rue des Echavées; dem Straßenverlauf ca. 1,8 km folgen.

Ein weiterer schöner Parkplatz befindet sich unmittelbar an der Brücke. Der Großteil ist mit Höhenbegrenzung, am Rand finden jedoch problemlos 2-3 WOMOs Platz:

(035) WOMO-Stellplatz: La Roche en Ardenne II

GPS: N 50° 11' 07.8" E 5° 34' 39.9"; Rue d. Evêts. **max. WOMOs:** 2-3
Ausstattung/Lage: ohne alles / im Ort, Zentrum ca. 200 m.
Zufahrt: N833 von Hotton direkt am Ortseingang links, nach 350 m links in die Rue d. Evêts.

Von hier aus brauchen Sie nur noch zu Fuß bis zu der Brücke laufen und befinden sich mitten im Trubel von La-Roche. Der Ort hat knapp 4.300 Einwohner, ist also sehr überschaubar und gut komplett zu Fuß zu erkunden. Obligatorisch ist

La-Roche-en-Ardenne mit seiner Burgruine

die Treppe vom Marktplatz hinauf zur **Burgruine**, von hier hat man einen schönen Blick auf die Stadt - und vielleicht erscheint Ihnen auch bei schönem Wetter der **Geist der Jungfrau Berthe**, die vom Teufel unschuldig zu Tode gebracht wurde (wie die Sage berichtet) - wobei der Geist natürlich vom Fremdenverkehrsamt engagiert ist ... Im August finden auch immer wieder Aufführungen in historischen Kostümen statt.

Man kann hier sehr gut Essen (und Trinken) gehen, es gibt et-

La Roche - auch bei Zweiradfahrern sehr beliebt!

liche Kanuverleiher, über 100 Kilometer Wanderwege. Suchen Sie zwischendurch die **Touristeninformation** auf. Hier sieht man übrigens auch das Kostüm des Burggespenstes ausgestellt, welches nachts mitunter auf der Ruine herumspukt.

Von La Roche en Ardenne aus brechen wir nun zum letzten Ziel dieser Tour auf, bevor es dann weiter in das Land Luxemburg geht: **Bastogne.** Wir kämpfen uns durch La Roche und folgen der Beschilderung nach Bastogne auf die N834. Nach 8,5 km, in **Ortho**, geht es links auf die N843. Die Straße führt durch **Nisramont**, 4 km weiter sind wir am schönen WOMO-Stellplatz am Fuß des **Ourthe-Staudamms**:

(036) WOMO-Stellplatz: Ourthe-Stausee

GPS: N 50° 08' 28.5" E 5° 40' 15.3";
Rue du Barrage. **max. WOMOs:** 6
Ausstattung/Lage: Grillstellen,
Picknickbänke, Taverne, Kajakver-
leih, Rundwanderweg 14 km, Ba-
destelle / außerorts.
Zufahrt: N843 von Ortho durch Nis-
ramont, dann noch 4 km.

Es ist ein für WOMOs ausgewiesener Bereich auf den Parkplätzen des Stausees. Sie finden hier eine Taverne, einige

Der Ourhte-Stausee

Grillstellen mit Picknickbänken, an Wochenenden einen Kanuverleiher. Sie können auch im Stausee baden, für Wanderfreun-
de gibt es einen 14 km langen Rundweg um den See! Eine
ruhige Nacht ist hier, abseits des Verkehrs, garantiert.

Nun aber weiter nach **Bastogne**! Wir folgen weiter der 843
bis zum Ende, dann rechts nach Houffalize, dort auf die N30
nach Bastogne. Wir biegen rechts zum Zentrum ab, dann links
Richtung Wiltz und entdecken rechts einen großen Parkplatz:

(037) WOMO-Stellplatz: Bastogne

GPS: N 49° 59' 53.7" E 5° 42' 57.9";
Rue Joseph Renquin.
max. WOMOS: 5
Ausstattung/Lage: Ver- und Entsorgung (Frisch-/Grauwasser) / im
Ort, Zentrum 200 m.
Zufahrt: vom Zentrum Bastognes
aus beschildert: an der N84 Richtung Diekirch / Ettelbruck.

Bastogne - Place de General McAuliffe

Wir gehen also zurück zum **Place General McAuliffe**, wobei die Stimmung wegen knurrender Mägen nicht gerade die beste ist. Als wir an der Fußgängerampel stehen, sehen wir auf der anderen Straßenseite einen umgebauten Straßenbahnwaggon: FRITTURE. Wir beschließen, erst einmal so richtig zu sündigen, bevor wir uns der Geschichte widmen.

Marktplatz von Bastogne

Denn wir besuchen Bastogne nicht etwa wegen eines besonders sehenswerten Stadtbildes, sondern weil hier im Winter 1944/1945 im Rahmen der Ardennenoffensive der Deutschen Wehrmacht erbittert gekämpft wurde. Es blieb kaum ein Stein auf dem anderen stehen, und zehntausende Soldaten ließen hier ihr Leben. Auf dem Grande Place erinnern ein Denkmal des amerikanischen Generals McAuliffe und ein amerikanischer Shermanpanzer an die Befreiung Bastognes durch die Alliierten. An Schautafeln kann man in mehreren Sprachen - auch in Deutsch - nachlesen, was sich in Bastogne ereignet hatte.

Fährt man vom Stellplatz aus zurück zum Place de General McAuliffe und dort an der großen Kreuzung rechts, kommt man nach 1,5 km zum Abzweig zum **Bastogne Historical Center**; Sie können es nicht verfehlen, folgen Sie einfach der entsprechenden Beschilderung. Auf dem **Mardasson-Hügel** be-

Mardasson Memorial

finden sich großzügige Parkmöglichkeiten. Hier suchen wir uns eine ruhige Ecke, um nach der Besichtigung des **Ehrenmals** und des **Bastogne Historical Center** auch die kommende Nacht verbringen zu können.

(038) WOMO-Stellplatz: Bastogne Historical Center

GPS: N 50° 00' 38.4" E 5° 44' 23.6";
Chemin d. Bizory.   **max. WOMOs:** 5
Ausstattung/Lage: Toiletten, asphaltiert / außerorts.
Zufahrt: Vom Zentrum Bastognes aus der Beschilderung zum „Historical Center" folgen.

Hier befindet sich ein Kriegsmuseum, in dem die Ardennenschlacht im Modell, in Filmen, Dioramen und nachgestellten Gruppen dargestellt wird. (Eintritt: Erw. EUR 7,50 - geöffnet 20. Febr. bis 30. Dez.).

originales Kriegsgerät

Das beeindruckende **Mardasson Memorial** in Form eines fünfzackigen Sterns wurde 1950 gebaut. Das Dach kann bestiegen werden, von hier oben hat man einen weiten Ausblick auf die wunderschöne Ardennenlandschaft. Am

Abend wird das Monument eindrucksvoll angestrahlt. Nach einer sehr ruhigen Nacht starten wir am nächsten Morgen, zunächst nur 2 Kilometer weiter. Vor dem Abzweig zum Parkplatz auf das Mardasson Memorial ist uns ein Hinweis auf das „Museé Animalaine" aufgefallen, welches sich im nahe gelegenen **Bizory** befindet:

(039) WOMO-Stellplatz: Museé Animalaine in Bizory

GPS: N 50° 01' 09.9" E 5° 45' 51.6"; Bizory. **max. WOMOs:** 1-2
Ausstattung/Lage: ohne alles / im Ort.
Zufahrt: Vom Bastogne Historical Center aus der Beschilderung zum „Museé Animalaine" folgen.

Das Museé Animalaine hat vom 1. April bis 01. Oktober täglich (außer Mittwoch) von 09:30 Uhr bis 16:30 Uhr geöff-

Im Museé Animalaine

net. Gezeigt wird - in einem kleinen Tierpark im Außengelände - und in einer ehemaligen, liebevoll umgebauten Scheune eines

Bauernhofes - alles, was mit Herstellung und Verarbeitung von Wolle sowohl damals als auch heute zu tun hat.

TOUR 3 (185 km / 4-5 Tage)

Clervaux - Wiltz - Obersauer-Stausee - Esch-sur-Sûre - Bourscheid - Ettelbruck - Diekirch - Vianden - Beaufort - Müllerthal - Echternach

Freie Übernachtung: Wiltz, Obersauer-Stausee, Ettelbruck, Diekirch, Vianden, Müllerthal, Echternach

Ver-/Entsorgung: SP Fuussekaul bei Heiderscheid, SP Diekirch

Camping: Camping in Aal und Camping du Moulin a.d.Sauer, Camping Cascade im Müllerthal, Camping de la Sûre und Wies-Neu an der Sauer

Besichtigen: historisches Clervaux, Wiltz und Esch, Burg Bourscheid, Militärmuseum in Diekirch, Burganlage in Vianden, Schloß in Beaufort, Echternach eh. Kloster und Kirche

Baden: im Obersauer-Stausee

Wandern: im Müllerthal und in der Umgebung von Echternach

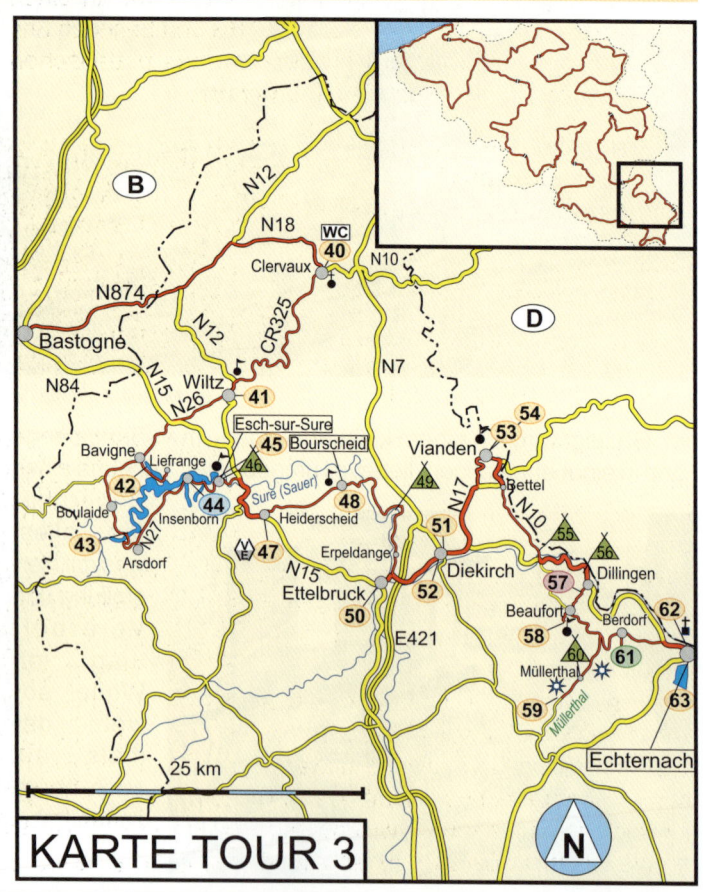

KARTE TOUR 3

Am Morgen verlassen wir Bastogne, zurück zum Grande Place, an der Ampel rechts - hier ist auch schon *Clervaux* ausgeschildert. Wir fahren nun die N874 durch die schöne, hügelige Ardennenlandschaft entlang - ein friedliches Bild, insbesondere wenn man noch die Eindrücke des Kriegsmuseums von Bastogne frisch im Gedächtnis hat, wie sehr diese Region gegen Ende des zweiten Weltkrieges Schauplatz von erbitterten Kämpfen gewesen ist.

Nach ca. 12,5 Kilometern sind wir an der Landesgrenze zu Luxemburg - wobei man von der Grenze, abgesehen von entsprechenden Beschilderungen, kaum etwas bemerkt. Schon lange bevor im Schengener Abkommen sich die meisten europäischen Staaten auf den Abbau der Grenzkontrollen einigten, gab es sie zwischen Belgien und Luxemburg schon nicht mehr. Wir bemerken lediglich, dass der Asphalt der Straßen hier noch etwas glatter ist...

Etwa zwei Kilometer hinter der Grenze - ab hier wird die N874 zur N20 - kommen wir zur N12, der wir links Richtung Clervaux folgen. Nach 5 Kilometern gelangen wir an einen Kreisverkehr, wir biegen rechts auf die N18 und befinden uns nach weiteren 8 Kilometern im Zentrum des malerischen 1.000 Einwohner zählenden Ortes **Clervaux**.

---

(040) WOMO-Stellplatz: Clervaux

GPS: N 50° 03' 22.6" E 6° 01' 49.5";
Rue Du Parc.
max. WOMOs: 1-2
Ausstattung/Lage: WC, teils schattig / im Ort.
Zufahrt: N18 von Westen kommend, in Clervaux auf dieser Straße bleiben, im Zentrum links halten (P-Hinweis).

Zur Linken gibt es einen Parkplatz (gebührenpflichtig), wo man sich mit einem kompakten Wohnmobil problemlos eine Lücke aussuchen kann. Mit einem etwas längerem Fahrzeug fährt man um diesen Parkplatz herum und sieht schon die Längsparktaschen rechts und links der schmalen Straße.

Wir notieren auch noch kurz davor eine öffentliche Toilette - Besitzer von Kassetten-WC haben hier eine einwandfreie Entsorgungsmöglichkeit. Es sind nur wenige Schritte zurück, wir überqueren die Hauptstraße und gehen zuerst

Pfarrkirche von Clervaux

Die Burg in Clervaux

den steilen Weg zur unübersehbaren Burg hinauf. Ein Panzer weist auf das hier befindliche Museum der Ardennenschlacht hin, aber zwei andere Ausstellungen empfinden wir hier als wesentlich reizvoller: zum einen das **Burgenmuseum**, in dem die sehr detaillierten Modelle der 22 bedeutendsten Burgen Luxemburgs zu sehen sind und zum anderen die wirklich weltberühmte **Fotoausstellung „The Family of Man"** des in Luxemburg geborenen amerikanischen Kunstfotografen Edward John Steichen.

Die sehr schöne, wenn auch für den kleinen Ort überdimensioniert wirkende Pfarrkirche ist auch nicht zu verfehlen, anschließend schlendern wir noch über die unterhalb des Schlosses liegende *Grand-Rue* mit netten Geschäften, Restaurants und Brasserien zum Parkplatz zurück. Wer Lust hat, kann rund um diese Stadt hervorragend wandern.

Besorgen Sie sich im *Syndicat d'Initiative de Clervaux* am Schlossberg entsprechendes Kartenmaterial und erkunden Sie die Umgebung auf über 100 Kilometern ausgeschilderten Wegen!

Wir verlassen Clervaux auf der N18, zunächst Richtung Diekirch, dann ca. 850 Meter hinter dem Parkplatz biegen wir in einer Linkskurve rechts auf die CR325, wo bereits das nächste Ziel, nämlich **Wiltz**, ausgeschildert ist. Die nächsten Kilometer schlängelt sich die Straße durch das Tal der Clerve, die dem Ort Clervaux (auf Deutsch: Clerf, auf Letzeburgisch Klierf) den Namen gegeben hat. Nach 13,5 km treffen wir auf die

Das Schloss von Wiltz

N12, der wir links Richtung **Wiltz** folgen. Hinter dem Ortsein-gang, ca. 250 m nach der Q8-Tankstelle, biegen wir rechts in die Rue Du Pont und direkt danach wieder rechts, hier befindet sich nach wenigen Metern ein großer Parkplatz und 300 m weiter der Campingplatz von Wiltz. Von hier aus sind es zu Fuß nur 600 Meter zum Zentrum am Schloss hinauf.

(041) WOMO-Stellplatz: Wiltz

GPS: N 49° 58' 12.1" E 5° 55' 57.1"; Rue Du Pont. **max. WOMOs:** 1-2
Ausstattung/Lage: ohne alles / im Ort; Zentrum ca. 600 m Fußweg.
Zufahrt: N12 von Norden kommend, in Wiltz auf dieser Straße bleiben, ca. 250 m hinter Q8-Tankstelle rechts abbiegen. (P-Hinweis).

Hier lassen wir unser Womo stehen und machen uns zu Fuß auf zur Hauptsehenswürdigkeit des mit 4.000 Einwoh-nern größten Orts der luxemburgischen Ardennen. Im Schloss gibt es das obligatorische Museum über die Ardennenschlacht und auch das *Syndicat d'Initiative de Wiltz,* wo Sie alles We-sentliche über den Ort erfahren können. Wiltz hat im Jahr zwei große Höhepunkte: zum einen findet hier jedes Jahr am Pfingstmontag das **Geenzefest** (Ginsterfest) statt. Zu einem folkloristischen Umzug säumen Tausende die Straßen, um den leuchtendgelb mit Ginster geschmückten Festwagen zuzuwin-ken, gleichzeitig findet ein großer Trödelmarkt statt.

Zum anderen befindet sich im Schlosspark eine Freilicht-bühne, wo alljährlich im Juli die **europäischen Freilichtthea-ter- und Musikfestspiele** stattfinden, zu denen auch regel-mäßig die Stars der Weltbühnen, wie zum Beispiel der Mai-länder Scala, der Arena von Verona oder auch der Wiener Staatsoper zu Gast sind.

Wir haben auf der Landkarte in nicht allzu großer Entfer-nung den großen **Obersauer-Stausee** entdeckt und sind der Meinung, dass dort vielleicht auch das eine oder andere pas-sende Plätzchen für uns zu finden sein müsste - versuchen wir es mal!

Wir fahren also zurück auf die N12 und biegen auf die N26, zunächst der Beschilderung *Bastogne* folgend. Nach 4 km kreuzt die sehr gut ausgebaute N15, rechts ist *Bastogne* aus-geschildert, links *Ettelbrück.* Wir bleiben geradeaus und hal-ten uns an die Beschilderung nach *Bavigne.* Nach knapp 4 1/2 Kilometern sind wir in dem kleinen Ort an einem Kreis-verkehr und halten uns links (270°) der Beschilderung *Lief-range* folgend. Nur 300 Meter später sehen wir links den See und dort direkt einen verführerischen schönen Parkplatz. Ei-nige Angler haben ihre Zelte aufgeschlagen. Hier rund um den Stausee ist das freie Übernachten zwar nicht erlaubt, aber für tagsüber haben wir doch einige schöne Ecken entdeckt

(042)WOMO-Stellplatz: Obersauer-Stausee I

GPS: N 49° 55' 06.7" E 5° 50' 57.8"; Bavigne. **max. WOMOs:** 2-3
Ausstattung/Lage: Mülleimer / teils Schotter, teils Wiese, eben, direkt am Seeufer, absolutes Übernachtungsverbot!
Zufahrt: N26 von Wiltz Richtung Bavigne, dort am Kreisverkehr links Richtung Liefrange, nach 300 m Parkplatz links am Ufer - weitere Parkmöglichkeiten etwas weiter rechts.

Wenn man die Straße Richtung *Liefrange* weiterfährt, überquert man nach gut 2 Kilometern auf einer Brücke diesen Seitenarm des Stausees und kommt nach weiteren 750 Metern an einen sehr schönen Badestrand - aber leider nur mit sehr eingeschränkten Parkmöglichkeiten.

Wir kehren also zum Kreisverkehr nach Bavigne zurück und fahren links auf die CR315, *Harlange* und *Boulaide* sind ausgeschildert. Nach dreieinhalb Kilometern bergauf kreuzen wir die CR309, wir biegen links Richtung *Boulaide* ab. Nach 2 Kilometern erreichen wir das schmucke Örtchen, wir bleiben weiter auf der 315, die nun mit gutem Gefälle wieder zum See führt. Nun müssen Sie aufpassen: 5,3 Kilometer seit der Kreuzung CR315/CR309, in einer scharfen Rechtskurve, noch vor der Brücke „Pont Misère" über den hier sehr schmalen See, führt links ein enges Sträßchen am See entlang bis zu einem kleinen Stauwehr. Hier finden wir auf den nächsten 700

Badestrand am Obersauer-Stausee (045 WOMO-Badeplatz)

Metern etliche schöne Plätze, z.T. auf Wiese, wo wir uns ungestört hinstellen können.

(043) WOMO-Stellplatz: Ober-sauer-Stausee II

GPS: N 49° 52' 26.4" E 5° 50' 14.6";
max. WOMOs: 2-3
Ausstattung/Lage: teils Schotter, teils Wiese, eben, direkt am Seeufer; Außerorts, ruhig; Übernachtungsverbot!
Zufahrt: R309 von Boulaide Richtung Arsdorf, in einer Rechtskurve vor der „Pont Misère" links am Seeufer entlang. Hier auf 700 Metern viele Parkmöglichkeiten.

von Liefrange aus haben wir einen vielversprechenden Badeplatz am südlichen Seeufer ausgemacht, den wir uns etwas genauer ansehen wollen.

Wir fahren zurück auf die CR309 und überqueren die Pont Misère (die ihren Namen von einem bei der Flussüberquerung hier tödlich verunglückten Reiter hat) und kommen kurze Zeit später auf die gut ausgebaute N27 Richtung *Esch sur Sûre / Insenborn* ab. Nach 6 Kilometern biegen wir links nach Insenborn ab und folgen dem Hinweis „P Plagé", Der Parkplatz P1 liegt recht zentral, aber wesentlich schöner ist der zweite Parkplatz (ebenfalls ausgeschildert). Die Zufahrt wird nach ca. 500 Metern einspurig (mit Ausweichstellen), 700 Meter später sind wir am Ziel. Vier Parkreihen auf Rasengittersteinen, zwischen Bäumen und Sträuchern, mit einem schönen Wiesenstrand - genau das Richtige, um einige Badestunden mitzunehmen! Beide Parkplätze sind gebührenpflichtig (EUR 6,-) und von 7:00 bis 19:00 Uhr geöffnet.

(044) WOMO-Badeplatz: Obersauer-Stausee Insenborn

GPS: N 49° 53' 57.2" E 5° 52' 01.4";
max. WOMOs: 2-3
Ausstattung/Lage: Mülleimer / Strandparkplätze EUR 6,-/Tag, von 7:00 - 19:00 Uhr geöffnet. P1 Asphalt, leicht schräg, P2 Rasengittersteine, eben; Übernachtungsverbot!
Zufahrt: von der N27 Arsdorf - Esch sur Sûre links nach Insenborn, „P Plage".

Am Mittag packen wir wieder zusammen und machen uns auf den Weg zurück zur N27, wo wir der Beschilderung *Esch sur Sûre* folgen, einem der schönsten Dörfer des Landes. Nach 5 Kilometern kommen wir an die Staumauer des Sees, auch hier gibt es reichliche Parkmöglichkeiten. Jedoch ist hier, in der sogenannten Zone 1 des Sees, weder Baden noch Boot-

fahren oder Angeln erlaubt, das Ufer ist dementsprechend ab-
gezäunt.

Also weiter, nach einem Kilometer geht die Straße nach einer Rechtskurve in einen Tunnel, direkt danach links liegt ma-

Esch sur Sûre - einfach malerisch

lerisch **Esch sur Sûre**. Aber: der erste große Parkplatz (links)
glänzt mit einem soliden Querbalken in zwei Meter Höhe, der
nächste schöne Parkplatz rechts am Ufer des Flusses Sûre
ebenfalls - man scheint etwas gegen Wohnmobile zu haben!
Aber so schnell geben wir nicht auf. Wir drehen um und biegen rechts in das Örtchen ab und folgen dem schmalen Sträßchen immer dem Lauf der Sûre, der hier einen Bogen um Esch
macht, folgend. Es wird zwar eng, aber auch mit unserem Wüstenschiff passen wir problemlos durch die Gassen. Nach 650
Metern finden wir in der Nähe des Naturpark-Zentrums des
Obersauer-Naturparks einige Längstparkplätze am Ufer.
[045: N 49° 54' 37.4" E 5° 56' 02.5"; Rue de Lultzhausen].
Übernachten oder sich ausbreiten sollte man hier am Straßenrand gegenüber der Wohnhäuser auf gar keinen Fall, aber
für eine kurze Ortsbesichtigung stehen wir gut.

Der Ort ist so klein (320 Einwohner), dass man auch ohne
Stadtplan gut zurechtkommt! Sehenswert ist natürlich die **Burg-
ruine**, unterhalb befindet sich die einzige **Kerzenfabrik** von
Luxemburg. Hier werden Kerzen aller Größen und Farbe in

Handarbeit hergestellt und natürlich auch verkauft.

Nachdem wir eine Stunde im Ort verbracht haben, geht es zurück zum Womo. Es sind noch 100 Meter, bis wir wieder an der N27 sind.

Die Kerzenfabrik in Esch

Wir biegen links ab, fahren wieder durch den Tunnel. Nach einigen hundert Metern liegt rechts am Ufer der Sûre sehr schön der:

(046) WOMO-Campingplatz-Tipp: Camp im Aal

GPS: N 49° 54' 24.8" E 5° 56' 33.1"   **Öffnungszeiten:** ganzjährig
Ausstattung / Lage: Laden, Gaststätte, Ver- und Entsorgung, Entfernung zum Ort: 800 m / schattig, Plätze teilweise direkt am Fluss.
Zufahrt: von Esch-sur-Sûre aus kommend die N27 entlang der Sûre nach 800 m rechts abgehend.

Wir haben übrigens die ganze Strecke entlang des Flusses nicht eine Möglichkeit gefunden, wo man ruhigen Gewissens frei stehen kann - aber es gibt noch einige weitere nette Campingplätze!

Wir wollen jetzt jedoch nicht dem Lauf der Sûre folgen, sondern fahren über die landschaftlich ebenfalls sehr schöne Höhenstraße nach Bourscheid. Also biegen wir anderthalb Kilometer hinter Esch, wo die N27 auf die N15 mündet, rechts Richtung *Ettelbrück* ab. 5,5 Kilometer später kommen wir in **Heiderscheid** an einen Kreisverkehr. Wir fahren weiter Richtung Ettelbrück und kommen ein paar hundert Meter weiter an einen Womo-Stellplatz mit großzügigen Parktaschen auf Rasengittersteinen, jeder Platz mit Stromanschluss sowie einer Ver- und Entsorgungsstation. Alles gehört zum *Camping Fuussekaul*, der Preis beträgt pro Fahrzeug / Nacht EUR 7,50.

(047) WOMO-Stellplatz: Fuussekaul

GPS: N 49° 52' 40.2" E 5° 59' 38.9"; Fuussekaul.   **max. WOMOs:** 15.
Ausstattung/Lage: Ver- und Entsorgung, Stromanschlüsse; Preis EUR 7,50 pro Wohnmobil einschließlich Personen.
Zufahrt: direkt an der N15 von Bastogne nach Ettelbrück in Heiderscheid, ausgeschildert.

Wir kehren zum Kreisverkehr zurück und biegen rechts auf

Burg Bourscheid - eine der größten und sehenswertesten Burgen

die CR308 Richtung Bourscheid. Nach 8 Kilometern mündet die 208 auf die 348, wir fahren links Richtung Bourscheid und halten uns an der Kirche an die Beschilderung „Chateau". 1,8 Kilometer hinter der Kirche, die Straße führt in Serpentinen hinab, liegt rechts der Straße der Parkplatz zur **Burg Bourscheid [048**: N 49° 54' 21.9" E 6° 04' 39.9"; Schlasswee], die weit sichtbar auf einem Felskegel 150 Meter über der Sûre (zu Deutsch: Sauer) liegt.

Über eine Stunde dauert der Rundgang (ohne Führung) durch die Burgruine, deren Geschichte kann man sehr schön dargestellt, im Burgmuseum erfahren. Von hier oben hat man auch einen sehr schönen Blick auf die Sauer, die in einer Schleife um den Felskegel, auf dem die Burg gebaut ist, fließt. Wir sehen am Flussufer einen schön gelegenen Campingplatz, den wir bei unserer Weiterfahrt etwas genauer ansehen wollen. Wir folgen der CR308 weiter den Berg hinunter, nach anderthalb Kilometern - wobei es zum Schluss wieder über Serpentinen geht - befindet sich beidseitig der Sûre der groß angelegte, gut ausgestattete:

Blick auf die Sauerschleife

Wir überqueren die Sûre und wenden uns auf der N27 rechts Richtung *Ettelbrück*. Die Straße verläuft kurvenreich durch das landschaftlich sehr reizvolle Sûretal. Nach 12 Kilometern - hinter dem Ort Erpeldange - kommen wir an einen Kreisverkehr, und halten uns rechts Richtung **Ettelbrück**. 900 Meter weiter biegen wir links Richtung *Wiltz / Bastogne* auf die N15 ab, überqueren die Alzette, kommen an einen Kreisverkehr und biegen rechts der Beschilderung *Centre Sportive* folgend auf einen sehr geräumigen Stadtparkplatz.

Wir beenden den Tag mit einem Bummel durch die für einen Ort dieser Größe (7.500 Einwohner) eigentlich viel zu großzügige Fußgängerzone und nachdem wir noch gemütlich am Markt-platz in der

Im Zentrum von Ettelbrück

Brasserie ein gleichnamiges Bier aus dem benachbarten Diekirch probiert haben.

Gut ausgeruht fahren wir am nächsten Morgen vom Parkplatz wieder zurück an den Kreisverkehr und halten uns einfach an die Beschilderung nach **Diekirch** - man hat kaum eine Chance, den 6 Kilometer entfernten Ort zu verfehlen. Rechts der Verbindung (N7) zwischen Ettelbrück und Diekirch befinden sich einige große Supermärkte, wo man preiswert die Vorräte seines Womos auffüllen kann. Auch das Tanken macht in Luxemburg richtig Spaß: der Preis für Diesel liegt mehr als

15 ct. unter dem in Deutschland. Wir fahren in Diekirch rechts Richtung Larochette, überqueren die Sûre, und biegen 300 m weiter links auf den großzügigen Parkplatz des Sportplatzes.

(051) WOMO-Stellplatz: Diekirch I

GPS: N 49° 51' 51.9" E 6° 09' 51.8"; Rue Joseph Merten.
max. WOMOs: 2-3
Ausstattung/Lage: ohne alles / Zentrum mit allen Geschäften 700 m.
Zufahrt: von Ettelbrück kommend in Diekirch rechts Richtung Larochette, nach 300 m links Parkplatz am Sportplatz von Diekirch.

Wenn Sie direkt nach der Brücke über die Sûre die erste Straße links abbiegen, finden Sie nach 200 m auf der linken Seite WOMO-Stellplätze vor den Campingplatz:

(052) WOMO-Stellplatz: Diekirch II

GPS: N 49° 51' 57.2" E 6° 09' 54.5"; Route de Gilsdorf.
max. WOMOs: 8
Ausstattung/Lage: Ver- und Entsorgung, Strom, gebührenpflichtig / Zentrum mit Geschäften 700 m.
Zufahrt: von Ettelbrück kommend in Diekirch rechts Richtung Larochette, direkt hinter der Brücke über der Sûre links, noch 200 m.

Von hier aus gehen wir zu Fuß wieder zurück über die Brücke und sind insgesamt 700 Meter weiter mitten auf dem Platz vor der sehr sehenswerten Kirche Saint Laurent. Nur einige hundert Meter weiter an der N7 befindet sich das **Musée National D'Historie Militaire** (militärhistorisches Museum) mit sehr beeindrucken-

Diorama im militärhistorischem Museum

den Dioramen der Ardennenschlacht des Winters 1944/1945.
Nach einem kurzen Bummel durch das schöne Zentrum von Diekirch geht's zurück zum Womo - wir wollen zur „Perle der Ardennen"! Vom Sportplatz aus geht es wieder zurück zur N14, wir biegen rechts ab über die Sûrebrücke und halten uns direkt dahinter wieder rechts, der Beschilderung *Vianden/Echternach* auf die N17 folgend. Nach 2 Kilometern kommen wir an einen Kreisverkehr, rechts zweigt Echternach ab, wir blei-

Vianden - die „Perle der Ardennen"

ben auf der N17 Richtung *Vianden*. Nach 6,5 km kommt ein deutlicher Hinweis, dass die N17 Richtung Vianden nicht für LKW geeignet ist. Wir bleiben auf der PKW-Strecke und winden uns die Serpentinen nach **Vianden** hinab. In der letzten Kehre oberhalb des Ortes halten wir an und sind überwältigt vom Blick auf die Burg.

Wir fahren weiter, nach dem Ortseingang macht die ab dort gepflasterte Straße eine starke Rechtsbiegung, dann geht es weiter bergab zwischen schmucken Häusern auf die **Our** zu. Direkt vor der Brücke biegen wir links auf die N10, nach 600 Metern befindet sich direkt vor der Brücke links abgehend an der Our ein schöner Parkplatz!

---

(053) WOMO-Stellplatz: Vianden I

GPS: N 49° 56' 22.3" E 6° 12' 16.6"; Ale Moort.　　**max. WOMOs:** 2
Ausstattung/Lage: gebührenpflichtig / im Ort; am Flussufer; Zentrum 600 m.
Zufahrt: von Diekirch kommend in Vianden links auf die N10, nach 600m vor der Brücke links, zum Ende durchfahren, Parkplatz am Ufer der Our.

Sollte hier alles belegt sein, überqueren Sie die Our und biegen sofort dahinter rechts ab, nach 150 Meter kommt ein weiterer Parkplatz.

(054) WOMO-Stellplatz: Vianden II

GPS: N 49° 56' 12.6" E 6° 12' 19.1"   **max. WOMOs:** 4-5
Ausstattung/Lage: ohne alles / im Ort, Ortszentrum 500 Meter entfernt.
Zufahrt: in Vianden die N10 die Our entlang, direkt hinter der Brücke
rechts abbiegen, 150 m weiter größerer asphaltierte Parkplatz.

Von unserem Stellplatz aus können wir eine Sesselbahn
sehen, die auf den Berg oberhalb der Burg hinaufgeht - die
Talstation ist am gegenüberliegenden Ufer der Our zu sehen.
Wir bewegen uns also über die Brücke, überqueren den Fluss
und gehen am anderen Ufer wieder stromabwärts zurück -
zweihundert Meter weiter ist die Talstation des Liftes. Die Auffahrt ist zwar nicht gerade billig, aber da es sich um den einzigen Sessellift in Luxemburg handelt und unsere Kinder so am
ehesten zur Burgbesichtigung zu motivieren sind, wählen wir
diese Variante. Von der Bergstation aus sieht man von oben
auf die Burg hinab - und muss trotzdem auf dem Weg zu ihr
noch ein Stück bergauf gehen, eine Senke liegt noch
dazwischen. Die Burg ist sehr, sehr sehenswert - es ist schon
eher eine **Schlossburg**, insgesamt gibt es vier große Säle,
eine phänomenale Küche, einen riesigen Weinkeller - hier
wurde eher gefeiert denn gekämpft.

Von der Burg aus gelangt man zur oberen Stadt, wir kommen wieder auf die *Grand-rue*, über die wir auch hinunterge-
fahren sind.

Die Grand-rue von Vianden

Im Haus Nr. 96 wohnte einst der populärste luxemburgische Nationaldichter **Edmond de la Fontaine**, heute ist hier ein **Puppen- und Spielzeugmuseum** und im Nachbarhaus das **Volkskundemuseum**.

Etwas weiter unten befindet sich der Marktplatz mit dem Gerichtskreuz - hier wurde früher unter freiem Himmel Recht gesprochen. Danach kommt man zur 1248 erbauten **gotischen Kirche** des ehemaligen Trinitanerklosters. Geht man über die Brücke über die Our, liegt auf der anderen Seite das **Victor-Hugo-Haus**. Im Jahre 1871 lebte der berühmte demokratische französische Künstler hier im Exil und schuf nicht nur zahlreiche Gedichte, sondern auch etliche Aquarelle.

Wir verbringen eine sehr ruhige Nacht in Vianden. Am nächsten Morgen, es ist blauer Himmel und sehr, sehr warm, ist uns nach einer Abkühlung. Nun, der obere und untere See des Pumpspeicherkraftwerks nördlich von Vianden eignen sich nicht zum Baden, aber wenn man von unserem Stellplatz aus die N10 flussaufwärts fährt, die Our überquert, hinter der Brücke rechts abbiegt und am Ende dieser Straße links bergauf fährt, gelangt man nach 1,4 km zum **Freibad** von Vianden. Es handelt sich um ein richtig schönes, einfaches Bad, welches nicht mit Sprungtürmen und anderen Attraktionen sondern mit einfachen, angenehm temperierten Becken und Liegewiesen mit schöner Aussicht lockt!

Wir fahren anschließend wieder den Berg hinunter nach Vianden zurück und halten uns an die Beschilderung *Diekirch / Bitburg*. Nach 3 km im Ort *Bettel* passen wir auf, dass wir nicht rechts dem Straßenverlauf folgen, (abbiegende Vorfahrt), sondern geradeaus weiter auf der N10 entlang der Our, die hier auch die Grenze nach Deutschland markiert, bleiben. 7,3 km später kommen wir in **Reisdorf** an die N19 und fahren links Richtung *Echternach*. Direkt nachdem wir die Brücke über die Sûre überquert haben, liegt links der:

(055) WOMO-Camping-platz-Tipp:

Camping de la Sûre

GPS: N 49° 52' 05.6" E 6° 15' 52.3"
Öffnungszeiten: Anfang April bis Ende Oktober.
Ausstattung/Lage: am Ufer der Sûre; Spielplatz; Restaurant; Bademöglichkeiten am Fluss; Stellplatz Hochsaison EUR 25,-.
Zufahrt: an der N19 direkt in Reisdorf.

6,2 km weiter, kurz nach dem Ortseingangsschild *Dillingen*

biegen wir links zum Sûre-Ufer ab und sind am nächsten emp-
fehlenswerten Campingplatz:

(056) WOMO-Campingplatz-Tipp:

Camping Wies-Neu

GPS: N 49° 51' 08.5" E 6° 19' 16.7"
Öffnungszeiten: Anfang April bis
Ende Oktober **Ausstattung/Lage:**
am Ufer der Sûre; Laden, Kanuver-
leih; Bademöglichkeiten am Fluss;
Stellplatz Hochsaison EUR 20,-.
Zufahrt: an der N19 direkt in Dillin-
gen an der Brücke über die Sûre.

Gegenüber der Straße zum Campingplatz geht es weiter
nach **Beaufort**. 2 km später entdecken wir links der Straße
einen schönen:

(057) WOMO-Picknick-platz: Dillingen/Beaufort

GPS: N 49° 50' 36.4" E 6° 18' 03.7"
max. WOMOs: 1-2.
Ausstattung/Lage: Tisch & Bank,
Spielplatz, Grillstelle / außerorts.
Zufahrt: direkt an der wenig be-
fahrenen CR364 zwischen Dillin-
gen und Beaufort, ca. 2 km hinter
Dillingen.

Wir bleiben weiter auf dieser Straße und kommen ca. 2 Kilometer später nach Beaufort. Sie müssen nicht durch die engen
Gassen des Ortes - wenn Sie an der Kreuzung der CR364 in
Beaufort rechts fahren, können Sie nach 300 m links auf die
128 und hier bequem und ohne Zirkelei hinunterfahren. Wir besichtigen die sehr gepflegte Schlossruine aus dem 12. Jahrhundert (Erwachsene EUR 2,- Kinder EUR 0,50). Den Kindern
besonders angetan hat es die mittelalterliche Folterkammer -
wo sonst kann man seinem kleinen Bruder mal so richtig die
Daumenschrauben anlegen....

(058) WOMO-Stellplatz: Schloss Beaufort

GPS: N 49° 49' 58.6" E 6° 17' 11.9"; Rue du Château. **max. WOMOs:** 2
Ausstattung/Lage: ohne alles, Übernachtungsverbot / eben, schattig,
am Ortsrand.
Zufahrt: direkt an der CR 128 zwischen Beaufort und Hallerbach.

Anschließend fahren wir zurück nach Beaufort und richten
uns rechts nach der Beschilderung *Echternach / Müllerthal*,
nach 3,5 Kilometern am Ende dieser Straße fahren wir wieder

Die Burgruine von Beaufort

rechts nach **Müllerthal**. Wir befinden uns hier nun im Herzen der **Kleinen Luxemburger Schweiz**. Hier hat der Flusslauf der Schwarzen Enz und ihrer zulaufenden Bäche in jahrzehntausendelanger Arbeit tiefe Schluchten in den hier vorherrschenden Sandstein geschnitten, enge Spalten, Felsgrotten, Klüfte und bizarre Gesteinsformationen geschaffen, die in Verbindung mit

Der Schiessentümpel im Müllerthal

der dichten Buchenbewaldung und dem dadurch entstandenen dichten Moosbewuchs am Waldboden eine verwunschene Naturkulisse bilden. Hier in dieser Region befindet sich das schönste Wandergebiet unserer Touren, das wir Ihnen wärmstens empfehlen können.

Nach 4 Kilometern erreichen wir den Ort Müllerthal, dort fahren wir links und direkt danach wieder rechts, wir befinden uns nun am anderen Ufer der Schwarzen Enz. Nach gut einem Kilometer sehen wir rechts der Straße den berühmten Schiessentümpel liegen. Nach einigen hundert Metern befindet sich auf der linken Straßenseite ein größerer Parkplatz, von dem ein schöner kurzer Wanderweg zum Tümpel führt:

(059) WOMO-Stellplatz: Schiessentümpel

GPS: N 49° 46' 47.9" E 6° 17' 49.4"   **max. WOMOs:** 2-3
Ausstattung/Lage: ohne alles / schattig, außerorts.
Zufahrt: direkt an der CR121 von Müllerthal nach Blumenthal.

Wir fahren zurück Richtung Müllerthal, bald sehen wir am anderen Ufer Wohnwagen und Wohnmobile stehen. Wenn man im Ort zunächst geradeaus und danach wieder links fährt, gelangt man in der *Rue des Moulins* zum:

(060) WOMO-Campingplatz-Tipp: Camping Cascade

GPS: N 49° 47' 21.6" E 6° 18' 15.8"   **Öffnungszeiten:** 01.04.- 01.11.
Ausstattung: schön schattig; am Ufer der Schwarzen Enz; Badestelle am Fluss; Ver- und Entsorgung; Ort: 3 km; Bushaltestelle 500 m.
Zufahrt: Siehe Text.

Wir fahren weiter die CR121 zurück, auf den 4 Kilometern bis zum Abzweig nach Echternach notieren wir noch auf der rechten Seite zwei Picknickplätze. Von hier an steigt die Straße kurvenreich nach **Berdorf** hoch. Nach 2,5 Kilometern kommen wir an einer Felsformation Namens **Predigtstuhl** vorbei, auch hier befindet sich ein kleiner Parkplatz.

Aber viel schöner ist es natürlich, wenn man diese Sehenswürdigkeiten im Rahmen einer Wanderung erkundet. Wir fahren weiter nach Berdorf und halten uns am Ende der Straße links Richtung *Echternach*. Fast einen Kilometer nach dieser

der Predigtstuhl

Abzweigung, am Hotel Perekop, biegen wir rechts in ein schmales Sträßchen, welches schnurgerade Richtung Wald führt. Am Ende befindet sich ein Wanderparkplatz mit einem WOMO-Verbotshinweis.

Aber man muss ja nicht hier übernachten!

(061) WOMO-Wanderparkplatz: Berdorf

GPS: N 49° 49' 00.5" E 6° 21' 34.4"   **max. WOMOs:** 1-2
Ausstattung/Lage: Wanderwege / außerorts; Übernachungsverbot.
Zufahrt: von Berdorf die CR364 Richtung Echternach, am Hotel Perekop links schmale asphaltierte Sackgasse hinein, nach 250 m Parkplatz.

Wir holen unsere dicken Wanderschuhe aus dem Stauraum, kramen die topografische Wanderkarte der Kleinen Luxemburger Schweiz und Untersauer im Maßstab 1:150.000 hervor, die Sie hier in jeder Touristeninformation und an vielen Tankstellen kaufen können und machen uns auf den Weg zu einer kleinen Runde, zu der wir sogar unsere Kinder motivieren konnten:

Wanderung: rund um Berdorf (ca. 6 km)

Vom Parkplatz aus gehen wir in den Wald und halten uns zunächst in westlicher Richtung, dann folgen wir für ein paar hundert Meter rechts dem Weg B1 den Berg hinab und kommen zu einer Höhle. Unten am Bach halten wir uns rechts (Markierung „A") und wandern aufwärts. Wir kommen an eine Straße und gehen ca. 500 m bis wir auf die CR137 treffen. Hier halten wir uns für weitere 500 m links auf der Straße, dann geht es schräg rechts an einem Parkplatz vorbei zunächst durch ein Waldstück, dann über freies Feld bis wir wieder in den Wald kommen. Hier folgen wir dem Weg S2, bis wir zum Predigtstuhl gelangen. Hier wechseln wir auf die andere Straßenseite und folgen der Markierung S1, vorbei und über sehr beeindruckende Felsformationen. An der nächsten Wegkreuzung folgen wir dem B2 rechts, kommen nach 300 m wieder aus dem Wald und wandern nach Berdorf. Dort halten

wir uns an die Markierung B1 und kommen an weiten Mohnfeldern vorbei wieder in den Wald zurück. Von hier aus führt der Wanderweg noch ca. 300 m parallel zum Waldrand in östliche Richtung, dann zweigt der Weg „G" ab, über den wir nach 200 m wieder an unseren Ausgangspunkt zurückkommen.

Wir kehren von unserem Parkplatz zurück bis zum Hotel Perekop und fahren rechts die CR364 Richtung Echternach hinunter. Die Straße führt wieder durch den Wald und an beeindruckenden Felsformationen vorbei - Stoff für eine weitere Wanderung! Aber zunächst geht es weiter. Nach 3,3 Kilometern trifft die 364 die N10, wir halten uns rechts und sind einen Kilometer weiter am Ortseingang von **Echternach**.

Echternach mit der Abteikirche

Direkt links, am Ufer der Sûre, befindet sich der erste Großparkplatz, den man ansteuern kann. Es gibt jedoch noch eine schönere Möglichkeit: Wir richten uns nach der Beschilderung „Toutes Directions". An der zweiten Ampel fahren wir dann links Richtung „Centre". Direkt hinter dem Marktplatz biegen wir links - entlang einer hohen Mauer - in die „Rue de Ecoliers" (Schulstraße) ein. Das gepflasterte Sträßchen führt nun an der Abtei vorbei, man entdeckt den Hinweis „P" und findet hinter der Abtei drei große Parkplätze zwischen der Orangerie, den Tennisplätzen und dem Park, wo wir ungestört und fast absolut ruhig mitten in der Stadt stehen.

(062) WOMO-Stellplatz: Echternach

GPS: N 49° 48' 53.0" E 6° 25' 20.5";
Parvis de la Basiliek. **max. WOMOs:** 3-4
Ausstattung/Lage: ohne alles / im Ort eben, schattig.
Zufahrt: siehe Text -zwischen Abtei und Sûreufer an den Tennisplätzen.

Der Spätnachmittag und Abend gilt natürlich der Erkundung des zauberhaften Zentrums mit ehemaliger Abtei (hier befindet sich auch die Touristeninformation), Rathausplatz und der anschließenden Fußgängerzone mit den Geschäften und den ein-

Der Marktplatz von Echternach

ladenden Eisdielen und Straßencafés. Wir sind froh, dass wir so zentral und doch ruhig stehen können. Am nächsten Morgen, wir haben uns wieder recht gut erholt, locken uns nun doch die Felsformationen, die wir entlang der Straße zwischen Berdorf und Echternach gestern gesehen haben, zu einer weiteren Wanderung. Die Schuhe stehen noch bereit, also auf zu weiteren Taten!

Wanderung: von Echternach entlang des Aesbach (ca. 8 km)

Von unserem Parkplatz aus gehen wir zum Marktplatz, dort über die *Rue André Duchscher* bis kurz vor den Friedhof, dort rechts in die

Rue du Charly. Nach kurzer Zeit zweigt links der Weg „Promenade B" ab. Kurz darauf führt der Weg in den Wald, zunächst recht steil in Serpentinen. Nach ungefähr drei Kilometern kommt man an eine Felsgruppe „Labyrinthe", der Weg läuft ab hier entlang des Aesbachs. Kurz darauf - direkt an der Straße CR364 - befindet sich der „Perekop", nach zwei Kilometern entlang des Weges B1 kommt man an die Höhlen (siehe letzte Wanderung). Hier wechseln wir auf die Markierung „G" und gehen nun zunächst parallel zum bisherigen Weg zurück. Bald überqueren wir die CR354 und gelangen auf der anderen Seite nach einer Schleife über einen Seitenbach parallel zum Hinweg wieder zurück bis zum Sûreufer, dort wenden wir uns rechts zurück bis zum Zentrum von Echternach.

Nach diesem Marsch zieht es uns im Anbetracht der Temperaturen ans Wasser. Ein Blick auf die Landkarte zeigt den nahe gelegenen Echternacher See! Wir fahren von unserem Stellplatz aus am Hallenbad vorbei, kommen an den ersten Parkplatz und biegen dort auf die N10, wo wir wieder der Beschilderung *„Toutes Directions"* folgen, danach richten wir uns rechts nach den Schildern *Luxemburg* (N11/E29). Nach knapp 500 Metern, hier befindet sich auf der rechten Seite eine Q8-Tankstelle, biegen wir links in die Rue Dondelinger, wo es auch schon ein Hinweisschild auf den See gibt. Nach einem Kilometer befindet sich auf der rechten Seite ein Schotterparkplatz am Damm zum See.

(063) WOMO-Stellplatz: Echternacher See I

GPS: N 49° 48' 02.5" E 6° 24' 59.4"; Rue Gregoire Schouppe.
max. WOMOs: 4-5 **Ausstattung/Lage:** ohne alles / am See, außerorts.
Zufahrt: von der N11 von Echternach nach Luxemburg. Noch in Echternach links der Beschilderung zum See folgen, nach einem Kilometer auf der rechten Seite am Seedeich Parkplatz.

Wer lieber auf Asphalt steht (hier kann es Spätabends allerdings zu kleineren „Schleuderkursen" von Jugendlichen kommen) muss noch 400 Meter weiter fahren.

(064) WOMO-Stellplatz: Echternacher See II

GPS: N 49° 47' 50.6" E 6° 25' 02.2"; Rue Gregoire Schouppe.
max. WOMOs: 4-5
Ausstattung/Lage: ohne alles / am See, außerorts.
Zufahrt: von der N11 von Echternach nach Luxemburg In Echternach links den Schildern zum See folgen, nach 1,5 km rechts am Seedeich zweiter Parkplatz.

Wenn man von Echternach die N11 Richtung Luxemburg kommend nicht links zum See abbiegt, sondern noch 500 m weiterfährt, gelangt man links zu einem weiteren großen Parkplatz am Nordufer des Sees:

(065) WOMO-Stellplatz: Echternacher See III

GPS: N 49° 48' 17.8" E 6° 24' 32.3"; Route de Luxembourg.
max. WOMOs: 4-5   **Ausstattung/Lage:** ohne alles / am See, im Ort.
Zufahrt: von der N11 von Echternach nach Luxemburg. Noch in Echternach links hinter der Esso-Tankstelle links der Beschilderung zum P folgen.

Im See ist das Baden zwar nicht erlaubt (obwohl wir einige Köpfe im Wasser gesehen haben), jedoch Boot fahren und vor allem Angeln ist hier sehr populär.

Bei schönem Wetter am Wochenende herrscht hier so etwas wie Volksfeststimmung. Viele bringen ihren Holzkohlegrill, Getränke, Stühle und Tische mit und machen ein ausgiebiges Picknick auf den Wiesen rund um den See. Die asphaltierten Wege am See sind ein Paradies für Inline-Skater, auch ein großer Kinderspielplatz und ein Tretbootverleih runden das Bild ab.

Aber auch die Kultur kommt am Echternacher See nicht zu kurz. Es gibt eine große Römervilla ein Stück nördlich des Parkplatzes, die Wege am Seeufer führen auch dorthin.

Es handelt sich um einen großen Gutsbesitz mit angrenzenden Wirtschaftsgebäuden. In der Saison kann man an Wochenenden die Anlage auch besichtigen.

Römische Villa aus dem 1. Jahrhundert am Ufer des Echternacher Sees

TOUR 4 (131 km / 3-4 Tage)

Echternach - Wasserbillig - Grevenmacher - Ehnen - Wormeldange - Remich - Mondorf - Dudelange - Rumelange - Luxembourg

Freie Übernachtung:	zwischen Grevenmacher und Machtum, Ehnen, Remich, Mondorf, Dudelange, Rumelange, Luxemburg
Ver-/Entsorgung:	SP Dudelange
Camping:	Grevenmacher, Luxembourg
Besichtigen:	Wasserbillig: Aquarium, Pfarrkirche; Altstadt von Grevenmacher; Weinmuseum in Ehnen; Kurpark und St.-Michaelskirche von Bad Mondorf; Tierpark Merveilleux bei Bettembourg; Nationales Grubenmuseum in Rumelange; Landeshauptstadt Luxemburg
Wandern:	5-km Rundgang um Ehnen, 10-km Rundwanderung „Erdgeschichte und Grubenbetriebe" in Rumelange

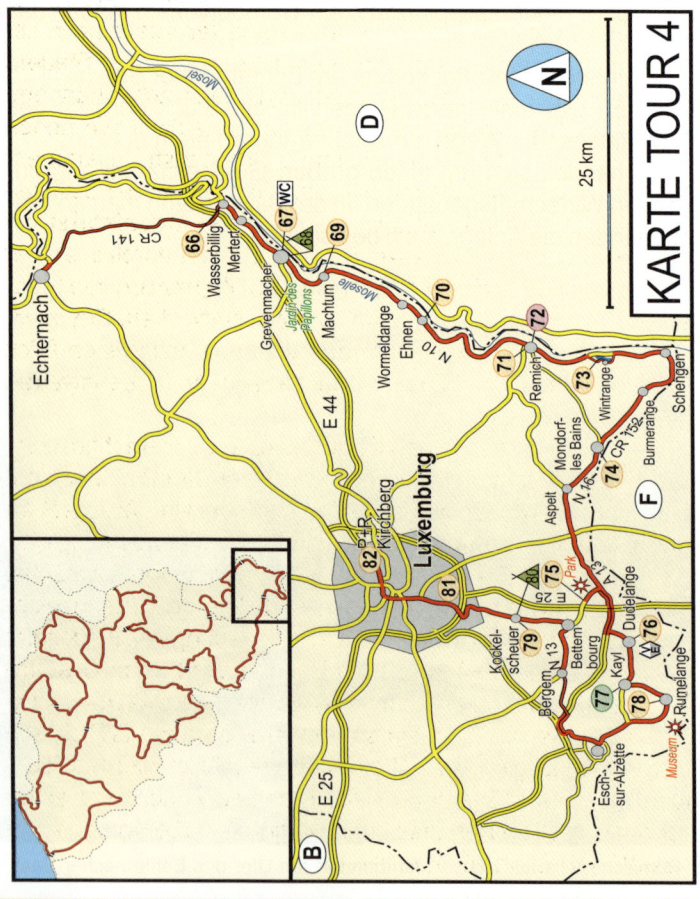

KARTE TOUR 4

Gut ausgeruht brechen wir am Morgen von unserem Stellplatz am Echternacher See auf. Wir fahren zurück zur N11, biegen dort rechts Richtung Echternach ab, nach gut 450 m rechts Richtung *Wasserbillig* der N11 folgend. Nach 950 Metern heißt es aufpassen, wir biegen in einer Linkskurve rechts Richtung *Osweiler / Dickweiler* und befinden uns nun auf der CR141. Schnell haben wir das lebhafte Echternach hinter uns gelassen und befinden uns mitten in der Provinz. Die Straße steigt bergan, dann sehen wir nur noch Felder und vereinzelte Bauernhöfe. Nach 13,5 Kilometern überqueren wir die Autobahn Trier - Luxemburg, danach erreichen wir schon die ersten Häuser von **Wasserbillig**. Nach 1,2 Kilometern gelangen wir auf die N10, wir biegen hier und 250 Meter weiter jeweils rechts Richtung *Centre* ab. Nach 200 Meter befindet sich auf der linken Seite der Bahnhof von Wasserbillig, davor gibt es einem ausgedehnten Parkplatz, den wir direkt ansteuern. [**066**: N 49° 42' 46.0" E 6° 29' 53.3"; Route de Luxemb.] Wasserbillig ist der nächste Ort zur deutschen Grenze, also treffen wir hauptsächlich auf Geschäfte für Spirituosen, Tabakwaren, Kaffee und Parfüm sowie eine Tankstelle nach der anderen - alle diese Dinge sind durch die niedrigeren Steuern in Luxemburg wesentlich günstiger als in den Nachbarländern. Aber auch hier gibt es noch etwas zu entdecken! Wir gehen zu Fuß die rund 600 Meter Richtung Osten zum Zusammenfluss von Mosel und Sauer; hier erblicken wir, an der östlichsten Landesspitze Luxemburgs, eine große **Mosaiktafel** mit allen Provinzen und Flüssen. Ein Stück weiter nördlich an der *Promenade de la Sûre* befindet sich das **Aquarium** von Wasserbillig mit einem 90.000-Liter Süßwasserbecken. Bevor wir zum Womo zurückkehren, werfen wir auch noch einen Blick in die barocke Pfarrkirche mit dem sehens- und hörenswerten Glockenspiel.

Sehr einladend für einen längeren Aufenthalt empfinden wir Wasserbillig nicht, auch der Parkplatz am Bahnhof lädt nicht zum Verweilen oder gar zum Übernachten ein. Wir machen uns also auf - weiter die Mosel entlang, die hier auch zugleich die Grenze nach Deutschland bildet. Wir durchqueren zunächst **Mertert**, inzwischen Teil von Wasserbillig und gekennzeichnet durch den Hafen, danach hört die Bebauung auf. Insgesamt 5,5 km nach dem Parkplatz am Bahnhof sind wir in **Grevenmacher** und halten uns zunächst an die Beschilderung *Luxembourg*, anschließend fahren wir weiter geradeaus Richtung *Centre*. Am Beginn der Fußgängerzone fahren wir links Richtung Moselufer, überqueren die N10 und finden dort einen schönen, großen Parkplatz, den wir gerne in die Kategorie eines WOMO-Stellplatzes erheben.

Top-Stellplatz direkt am Moselufer

(067) WOMO-Stellplatz: Grevenmacher

GPS: N 49° 40' 49.6" E 6° 26' 54.0"; Kurzacht.   **max. WOMOs:** 3-5
Ausstattung/Lage: öffentl. WC, Mülleimer, Spielpl., Skaterbahn / asphaltiert, eben, für einen Stadtplatz ruhig, nette Altstadt mit vielen Loka-
len und Geschäften ca. 300 Meter entfernt.
Zufahrt: in Grevenmacher an der N1 direkt am Ufer der Mosel, etwas
zurückliegend von der Straße.

Grevenmacher ist mit ca. 3.300 Einwohnern der größte der
luxemburgischen Weinorte an der Mosel. Wir machen uns am
Spätnachmittag auf und erkunden die sehr schöne Altstadt mit
ihren liebevoll restaurierten Häusern. Es gibt zwei Kellereien
zu besichtigen: die Genossenschaftskellerei und die **Sektkel-
lerei Bernard-Massard**, die sich in der Rue du Pont vor der
Moselbrücke nach Deutschland befindet. Wem große Schilder mit der Aufschrift **Jardin des Papillons** ins Auge fallen:
ca. 1 km östlich des Zentrums, direkt an der Mosel, befindet
sich der Schmetterlingsgarten der Kellerei Bernard-Massard,
wo auf 600 m^2 in einem tropisch-feuchten Glashaus hunderte
von bunten Schmetterlingen um die Besucher herumflattern.
Wer hier länger verweilen möchte, dem empfehlen wir den:

(068) WOMO-Campingplatz-Tipp: Camping Route du Vin

GPS: N 49° 41' 00.7" E 6° 26' 57.1"; Route de Trevès
Öffnungszeiten: 01.04. - 30.09.
Zufahrt: direkt an der Mosel östlich von Grevenmacher zwischen Stadt
und Schmetterlingsgarten.
Ausstattung: am Ufer der Mosel; Spielplatz; beheiztes Freibad; Tennis-
plätze; Restaurant und Geschäft in unmittelbarer Nähe.
Sonstiges: Stellplatz EUR 3,50, Erwachsene EUR 3,30, Kinder EUR 1,60

Nach einer ruhigen Nacht auf unserem Parkplatz am Mosel-ufer machen wir uns am nächsten Morgen an die Weiterfahrt. Wir biegen links auf die N10 und fahren weiter Moselaufwärts am Ufer entlang. Nach zwei Kilometern entdecken wir einen schönen Parkplatz:

(069) WOMO-Stellplatz: Machtum

GPS: N 49° 39' 56.8" E 6° 25' 34.6"   **max. WOMOs:** 3-5
Ausstattung/Lage: Mülleimer / asphaltiert, eben, direkt am Flussufer, relativ laut, außerorts, nächster Ort 1,5 km.
Zufahrt: an der N10 direkt am Moselufer zwischen Grevenmacher und Machtum.

Weiter geht es, wir kommen nun an **Machtum** vorbei, hier gibt es jedoch keine Parkmöglichkeit. Der nächste Ort ist nun

Kellerei in Wormeldange

Wormeldange, wo wir auf die Ge-nossenschaftskellerei hinweisen wollen. Zum einen gibt es hier den edelsten aller luxemburgischen Weine, den *Grand Premier Cru*, zum anderen beginnt hier der 4 km lange Weinlehrpfad (ausführliche Beschreibung in der Kellerei), auf dem man allerlei über die angebau-ten Rebsorten, aber auch über die sonstigen Aspekte des Weinbaus erfährt. Nur ein kurzes Stück später erreichen wir **Ehnen**, eines der schönsten Weindörfer an der luxemburgischen Mosel.

Gassen in Ehnen

Es gibt einen schönen Parkplatz direkt am Ortseingang links an der Mosel, jedoch mit einem Womo-Verbotsschild. [**070**: N 49° 36' 01.9'' E 6° 23' 11.2''; Route du Vin] Aber zum einen wollen wir ja nur den Ort besichtigen, zum anderen zeugen einige schon länger dort stehende andere Womos davon, dass dieses Verbotsschild vielleicht doch nicht

Rummel und Weinseligkeit in Remich

zu eng gesehen wird. Wir schlendern ein wenig durch die engen Gassen, bewundern die gepflegten, bis aus dem 16. Jahrhundert stammenden Häuser. Direkt an der N10 befindet sich das **Weinmuseum**. Es gibt eine große Sammlung historischer Gerätschaften aus dem Weinbau, hinter dem Haus ist ein kleiner Musterweinberg mit den verschiedenen Rebsorten.

9,5 Kilometer - wir fahren weiter die N10 am Ufer der Mosel entlang - erreichen wir **Remich**, das „touristischste" der Moseldörfer. Am Ortseingang zur linken Seite an der Mosel sind einige Parkplätze, die man gut mit dem Womo ansteuern kann: [**071**: N 49° 32' 46.6" E 6° 22' 22.6"; Esplanade].

Natürlich gibt es auch hier einige malerische, alte Gassen, aber hauptsächlich lebt es sich hier vom Tourismus. Ein Restaurant und Weinlokal nach dem anderen, Andenkenläden, aber auch eine schöne, schattige Promenade entlang der Mosel locken die Besucher an.

Wir können Ihnen in bzw. um **Remich** zwei Stellplätze empfehlen, die sich gegebenenfalls auch für eine Übernachtung durchaus eignen:

(072) WOMO-Picknickplatz: oberhalb von Remich

GPS: N 49° 32' 05.5" E 6° 20' 36.8"
max. WOMOs: 2-3
Ausstattung/Lage: Bänke, Feuerstelle, Aussichtsturm, Mülleimer / geschotterter, ebener Parkplatz, schöner Blick auf das Moseltal, außerorts.
Zufahrt: in Remich hinter der Moselbrücke rechts, der Beschilderung Richtung *Mondorf* folgen auf die N16, nach ca. 3 km links etwas abseits der Straße Picknickplatz.

Die nächste Stelle befindet sich noch in Remich, aber fast am südlichen Ortsende. Wir fahren einfach die N10 weiter die Mosel entlang, auf der linken Seite befindet sich an einem Bootsslip ein Parkplatz, der direkt an der Mosel ein paar Meter von der (nicht sehr stark befahrenen) N10 entfernt liegt.

(073) WOMO-Stellplatz: Remich Mosel

GPS: N 49° 32' 07.4" E 6° 21' 31.0"   **max. WOMOs:** 3-5
Ausstattung/Lage: ohne alles / asphaltiert, eben, direkt am Flussufer, Ortsrand, Zentrum 1 km.
Zufahrt: an der N10 direkt am Moselufer am Ortsausgang von Remich Richtung Schengen.

Wir setzen unsere Fahrt entlang der Mosel fort und entdecken nach 5 km rechts abgehend an einem ehemaligen Kiesabbau ein schönes Naherholungsgebiet. An einem der Seen ist ein Strandbad eingerichtet, andere Seen sind für Angler reserviert oder dienen als Brutgebiet für Vögel dem Naturschutz. Auch hier befinden sich ausgedehnte Wiesenparkplätze, die sich auch zum Übernachten eignen.

Keine zwei Kilometer später endet die luxemburgische Mosel in dem - trotz der nur 300 Einwohner - bis weit über die europäischen Grenzen hinaus bekannten Örtchen **Schengen**. Was aber nicht an dem hier wachsenden ganz hervorragendem Wein liegt, sondern eher an dem hier geschlossenen

Schengener Abkommen liegt, in dem im Jahre 1985 die Aufhebung der Personenkontrollen zwischen den Vertragsländern beschlossen wurde. Wobei die Vertragsunterzeichnung eigentlich gar nicht direkt in Schengen stattfand, sondern auf dem vor dem Ort liegenden luxemburgischen Ausflugsdampfer „Princesse Marie-Astrid" vollzogen wurde. Dieses Schiff fährt übrigens immer noch die Mosel hinauf und hinunter, u.a. in Wasserbillig und Remich kann man zusteigen.

Wir verlassen nun die luxemburgische Mosel und wenden uns dem einzigen Kurort des Landes zu.

In Schengen folgen wir also der Beschilderung nach Mondorf und gelangen auf die CR152. Nach vier Kilometern durchqueren wir den Ort *Burmerange*, 4,5 Kilometer später sind wir in **Mondorf** und halten uns am Ende der Straße am Kreisverkehr links auf die N16, Luxembourg ist hier ausgeschildert. Nach etwa 850 Metern biegen wir an der Ampel rechts ab Richtung Fußballplatz, fahren in eine Sackgasse und biegen direkt rechts auf den Parkplatz am Rathaus. Hier stehen Sie zentral mitten in Mondorf. Von hier aus gehen wir ca. 400 Meter die N16 zurück, wenden uns rechts in die Avenue des Bains und gelangen nach weiteren 300 Metern an das Kurhaus und den Eingang zum sehr, sehr sehenswerten 36 Ha großen **Kurpark**. Hier gibt es auch ein Thermalzentrum (**Le Domain Thermal**) mit einem großen Schwimmbad mit Außenbecken, außerdem gibt es eine Saunalandschaft mit allem, was das Herz begehrt: Saunabadesee mit Geysir, Finnische Saunalandschaft, Römisches Bad, Türkisches Bad usw.

Das gepflegte Kurzentrum von Mondorf

Sofern Sie sich hier so richtig entspannt haben, die passende Garderobe, Ihren Ausweis und genügend Bargeld dabei haben, könnte ein Besuch im einzigen **Casino** Luxemburgs angemessen erscheinen. Sie erinnern sich an den Kreisverkehr am Eingang von Mondorf? Wenn Sie an dieser Stelle nicht links Richtung Luxemburg abbiegen, sondern einfach geradeaus weiterfahren, stoßen Sie nach 270 Metern direkt darauf. Übernachten können sie hier:

(074) WOMO-Stellplatz: Mondorf Friedhof

GPS: N 49° 30' 22.7" E 6° 16' 13.6"; Allée Jean Linster.
max. WOMOs: 1-2. **Ausstattung/Lage:** ohne alles / im Ort, ruhiger P.
Zufahrt: in Mondorf von der N16 aus 1.Ampel hinter dem Rathaus 2x rechts, links um die Kirche St. Michel herum, den Berg hoch zum Ende durchfahren, hier Parkplatz.

Wir machen uns nun auf von der Gegend, wo man das Geld mit beiden Händen ausgeben kann in eine Region, wo es im Schweiße des Angesichts verdient wurde und wird: dem Land der Roten Erde, wie die Landschaft im Süden Luxemburgs heißt - rotgefärbt vom Eisenoxid des Eisenerzes, welches hier abgebaut wurde. Wir fahren also von unserem Parkplatz hinter der Kirche Saint Michel rechts, kommen auf die A13 Richtung Luxemburg/Esch sur Alzette. Nach ca. 7 km geht die Autobahn in Landstraße über, wir kommen an einen Kreisverkehr und fahren „geradeaus" weiter. Nach wenigen hundert Metern kommt der nächste, hier fahren wir „scharf links" und erreichen nach 1,2 km den Parkplatz zum **Parc Merveilleux** [**075**: N 49° 30' 33.7" E 6° 07' 06.2"; Route de Mondorf].

Eingang zum Parc Merveilleux

Der Parc Merveilleux ist ursprünglich Luxemburgs einziger Märchen- und Freizeitpark, inzwischen auch um einen ansehnlichen Tierpark mit Tieren von allen 5 Kontinenten und einer Tropenhalle mit Fauna und Flora aus Madagaskar erweitert. Die Tiere können teilweise gefüttert werden, es gibt einen großen Spielplatz, 3 Fahrattraktionen für kleine Kinder und eine Restauration runden das Bild ab. Kindern kann man eine große Freude mit dem Besuch machen! Der Park ist vom März bis Oktober täglich von 09:30 bis 17:00 Uhr geöffnet.

Wir fahren wieder zurück über die zwei Kreisverkehre zur A13 Richtung Esch sur Alzette, kurz hinter dem Autobahnkreuz Bettemburg kommt die Ausfahrt **Dudelange**. Wir bleiben immer links der Eisenbahnstrecke und kommen schließlich zum WOMO-Stellplatz des Ortes:

(076) WOMO-Stellplatz: Dudelange

GPS: N 49° 28' 17.4" E 6° 04' 41.6"; Rue Reiteschkopp. **max. WOMOs:** 6
Ausstattung/Lage: Ver- und Entsorgung / im Ort, Zentrum 800m, direkt an der Bahnlinie nach Luxemburg, nicht ganz leise.
Zufahrt: Autobahnabfahrt Dudelange (A13), nach Dudelange, westlich der Bahnlinie bleiben.

Interessant ist dieser Stellplatz nicht nur wegen Dudelange selbst, sondern auch weil nur 100 m entfernt die Haltestelle zur Nahverkehrsbahn in die Hauptstadt Luxemburg liegt!

Dudelange hat knapp 20.000 Einwohner und ist einer der wichtigen Industriestandorte des Landes. Sehenswert ist in der Pfarrkirche St. Martin (1904 eingeweiht) vor allem die große Stahlhut-Orgel von 1912. Sie wurde zuletzt im Jahr 2002 renoviert und vergrößert. Auch das Rathaus mit seinem großen Vorplatz, auf dem jeden Donnerstag der Wochenmarkt stattfindet, ist einen Besuch wert!

Pfarrkirche St. Martin

Wir verlassen Dudelange Richtung Kayl auf der N31. Bei [**077**: N 49° 29' 15.1'' E 6° 03' 48.8''; Route de Kayl] befindet sich rechterhand ein Wanderparkplatz. Wir befinden uns am Fuß des Gehansbiérg (Johannesberg), auf dessen Spitze sich die Ruinen des 1552 zerstörten Schlosses befinden. Lediglich die Kapelle ist als Ganzes erhalten, ansonsten

sind nur noch die Grundmauern erkennbar.

Wir fahren weiter nach Kayl, dort links nach *Tetange* auf die CR166. Wir durchfahren diesen Ort und halten uns in **Rumelange** an dem Stoppschild (nachdem wir die Eisenbahn unterquert haben) links und folgen der Be-

Kapelle von Schloss Dudelange

schilderung **Musée National Des Mines**. Nach dreihundert Metern sind wir am Ziel, dem **Bergbaumuseum**.

(078) WOMO-Stellplatz: Bergbaumuseum Rumelange

GPS: N 49° 27' 42.5'' E 6° 01' 04.7''; Rue d'Esch.   **max. WOMOs:** 4-5
Ausstattung/Lage: Mülleimer, Spielplatz, Toiletten / ruhig, im Ort.
Zufahrt: siehe Text; in Rumelange „Musée National des Mines" ausgeschildert.

Abendstimmung im Revier

Hier im Museum werden die Entwicklung des Eisenerzabbaus und die Arbeitsbedingungen der Bergleute in 46 Szenen dargestellt; insgesamt 3 km geht es mit der Eisenbahn unter Tage, dann kommt der Rundweg zu Fuß - in 90 Meter Tiefe führt die Strecke über 650 Meter durch die Stollen. Insgesamt eineinhalb Stunden dauert die Besichtigung. Das Museum ist täglich von 14 bis 17 Uhr geöffnet, Der Eintritt kostet EUR 7,50 für Erwachsene, Kinder zahlen EUR 4,- Hier erhalten Sie auch Informationen zum Rundwanderweg „Erdgeschichte und Grubenbetrieb".

Am Bergbaumuseum in Rumelange

Wir setzen unsere Fahrt fort und halten uns, nachdem wir das Sträßchen vom Museum nach Rumelange zurückgefahren sind, an dem Stoppschild links Richtung *Esch sur Alzette*. Hier wechseln wir auf die N4, gelangen auf die A13 Richtung Saarbrücken, verlassen die Autobahn aber an der nächsten Ausfahrt wieder und halten uns am Ende rechts. Nach 800 Metern biegen wir wieder rechts auf die CR164, in *Bergem* biegen wir rechts auf die N13 Richtung *Bettembourg*, wo wir uns dann zunächst Richtung Centre halten und anschließend links der Beschilderung *Kockelscheuer/Luxembourg* folgen - unserem nächsten Ziel, der **Landeshauptstadt** entgegen! Fünfeinhalb Kilometer hinter Bettembourg, nachdem wir den Ort **Kockelscheuer** schon fast durchquert haben, entdecken wir auf der linken Seite, von der Straße durch Bäume getrennt, einen schönen großen P+R -Parkplatz. Von hier aus fährt die Buslinie 5 direkt in die Stadt!

(079) WOMO-Stellplatz: P+R Kockelscheuer

GPS: N 49° 33' 56.5" E 6° 06' 28.3"; Route de Bettembourg.
max. WOMOs: 7-10
Ausstattung/Lage: Mülleimer, Grillplätze, kleiner See / Busanbindung (Linie 5) nach Luxembourg Stadt; außerorts.
Zufahrt: N31 von Bettenbourg nach Luxembourg, in Kockelscheuer P+R - Parkplatz ausgeschildert.

Wir fahren von dem P+R-Parkplatz wieder zur N31 und biegen links Richtung Luxembourg ab. Nach nur wenigen hundert Metern weist ein Schild links zum Camping Kockelscheuer, wir biegen ab und stehen nach 250 Metern am Eingang:

(080) WOMO-Campingplatz-Tipp: Kockelscheuer

GPS: N 49° 34' 20.2" E 6° 06' 33.0"; Route de Bettembourg.
Öffnungszeiten: Ostern bis 31.10.
Ausstattung/Lage: am Freizeitzentrum Kockelscheuer mit Kunsteisbahn, Minigolf, Tennis, Kegelbahnen, 2 Restaurants; Busanbindung nach Luxembourg; Stellplatz EUR 4,00 Erwachsene EUR 3,50, Kinder EUR 1,75.

Zurück zur N31 geht es, schließlich wollen wir doch noch erkunden, wie die Parkplatzsituation in **Luxemburg** selber aussieht! Nach 700 Metern mündet die N31 auf die N4, wir halten uns rechts nach Luxemburg. Am nächsten Kreisverkehr, ca. 1 km später, bleiben wir weiter geradeaus. Nach einem weiteren Kilometer kreuzen wir die Eisenbahn, 200 Meter weiter kommen wir auf eine große Kreuzung. Wir bleiben weiterhin geradeaus und folgen der Beschilderung *Kirchberg* und sehen nach 2 km links einen Großparkplatz:

(081) WOMO-Stellplatz: „Glaces"

GPS: N 49° 36' 59.2" E 6° 07' 23.8"; Boulevard de la Foire.
max. WOMOs: 7-10   **Ausstattung/Lage:** WC / im Ort, Zentrum 900 m, gebührenpflichtig.
Zufahrt: N4 von Süden kommend nach Luxemburg, der Beschilderung „Kirchberg" folgen, am Parc Municipal.

Wir fahren weiter Richtung *Kirchberg* und rollen über die Robert-Schuman-Brücke. So wie wir auf dem Plateau Kirchberg angekommen sind, verlassen wir die E44, halten uns am nächsten Kreisverkehr 800 Meter später links, nach 200 Metern rechts und folgen dem Verlauf der Straße. Nach weiteren 1,8 km stehen wir auf dem P+R Kirchberg:

(082) WOMO-Stellplatz: P+R Kirchberg

GPS: N 49° 38' 04.1" E 6° 10' 12.4"; Avenue John F. Kennedy.
max. WOMOs: 7-10   **Ausstattung/Lage:** ohne alles / Optimale Busanbindung (Linie 18) nach Luxembourg Stadt. Großes Einkaufszentrum in Parkplatznähe.
Zufahrt: siehe Text; in Luxemburg ist großräumig *Plateau de Kirchberg* ausgeschildert, hier dem P+R am östlichen Ende folgen.

Von hier aus bringt uns die Buslinie Nr. 18 unter der Woche alle 7 Minuten, am Wochenende alle 30 Minuten für EUR 1,10 pro Person ins Zentrum der Hauptstadt - wobei man die Größenordnungen etwas zurechtrücken muss; das Zentrum des Landes hat gerade 80.000 Einwohner, ist also durchaus als überschaubar einzuordnen mit dem großen Vorteil, innerhalb des Stadtkerns alles zu Fuß erledigen zu können.

Hier oben auf dem Plateau du Kirchberg befinden sich neben einem modernen Einkaufszentrum, dem Messegelände und dem Olympiaschwimmbad die „Paläste" zahlreicher europäischer Behörden (Gerichtshof, Rechnungshof, Generalsekretariat des Europaparlaments) sowie viele der weit über 200 Geldinstitute, die beim besten Willen nicht alle im alten Zentrum der Finanzmetropole ihre Prestigebauten aufbauen konnten.

Blick von der Ober- in die Unterstadt

Vom Kirchberg aus führt die Robert-Schuman-Brücke zur auf dem gleichen Höhenniveau liegenden Oberstadt. Vom Busbahnhof aus, an dem wir ankommen, gehen wir über die *Rue de la Poste* und sind nach 200 Metern am **Place des Armes**, wo sich neben dem Dick-Lentz-Denkmal und einigen Straßencafés auch das *Luxembourg City Tourist Office* befindet. Versorgen Sie sich hier mit allem Nötigen, insbesondere mit einem Stadtplan und suchen Sie sich die Attraktionen aus, die Sie am meisten interessieren.

Vom Place d'Armes aus gehen wir über die *Rue du Curé* zum nahen **Place Guillaume II** mit dem **Rathaus**, erblicken geradeaus das **Großherzogliche Palais** (Luxemburg ist ein Großherzogtum!) und halten uns rechts zur **Kathedrale „Unserer Lieben Frau".** Von

hier aus halten Sie sich rechts über *Clairefontaine* und die *Rue du St. Espirit* zum **Plateau du St. Espirit.** Gehen Sie nun von hier aus weiter nördlich am Rand des Plateaus entlang und genießen Sie die unvergleichliche Aussicht auf die Unterstadt! Weiter Richtung Norden fällt der Blick auf die in den Berg

Place Guillaume II

eingemeißelten **Bock-Kasematten.**

Was hat es nun mit diesen Kasematten auf sich? Luxemburg war gegen Ende des 17. Jhd. wohl eine der stärksten Festungen. Als die Österreicher 1714 die Herrschaft über das Herzogtum übernahmen, wurden in den Bockfelsen Gänge, Galerien und Höhlen gesprengt, Schießscharten für Kanonen gemeißelt und Platz geschaffen, um Tausende von Soldaten, Gewehre, Kanonen und sonstiges Kriegsgerät unterbringen zu kön-

Blick auf das Heiliggeist-Plateau

nen. Es gab einen Brunnen, Proviantlager, Küchen usw. Mehr als 23 km Gänge gab es, und selbst als die Festung Ende des 19. Jhd. geschleift wurde, blieben noch 17 km übrig - so konnten 1944 während der Ardennenoffensive der Deutschen noch 35.000 Menschen hier Schutz finden. Auch wir erkunden selbstverständlich die einzigartigen Kasematten. Vom Eingang aus

gelangt man zunächst in die archäologische Krypta, wo man u.a. an einer Multivisionsanlage etwas über die Ursprünge der Stadt Luxemburg erfahren kann. Auch die Überreste der ersten Festung sind hier zu sehen. Weiter gelangt man in die eigentlichen Bock-Kasematten, welche zunächst die untersten Keller der Lützel-

In den Kasematten

burg sind. Immer wieder kann man links und rechts des Haupt-
ganges, der weiter abwärts dem Gefälle des Bockfelsens folgt,
in Nebengänge gehen und von
den Kanonenkammern und
Schießscharten aus herrliche
Ausblicke auf das Alzettetal
genießen. Man gelangt zum
47 m tiefen Brunnen, in die
Räume des Feldmarschalls
von Bender, die er während der
Belagerung von 1794/95 be-
wohnte. Später kommt man
über eine Wendeltreppe sogar
noch unter das Niveau einer

Historische Verteidigung

Brücke. Nach gut einer Stunde lassen wir das kühle Höhlen-
system hinter uns und freuen uns auf Licht und Wärme.

Es gibt einen sehr schönen markierten naturhistorischen
Rundgang Namens „Wenzel", für den man gut anderthalb Stunden benötigt und auf dem man zu vielen sehr schönen Ecken
und Winkeln insbesondere auch in den malerischen Stadtteil
„Grund" kommt.

Von den vielen Museen und Ausstellungen, die die europäische Metropole zu bieten hat, möchten wir Ihnen eines besonders empfehlen, welches kaum woanders als hier in einer
der größten europäischen Finanzmetropolen stehen dürfte

Der Bockfelsen mit den Kasematten

Luxembourg „Grund"

(schließlich gibt es über 200 Geldinstitute in Luxemburg-Stadt): das **Bankenmuseum**, welches sich am Place de Metz befindet. Man entdeckt es direkt hinter der Pont Adolphe, die zu ihrer Bauzeit (1900-1903) mit 85 m Spannweite die größte Steinbrücke der Welt war, in der *Banque et Caisse d'Epargne*.

Der Eintritt ist frei, das Museum ist von 11 bis 17:30 Uhr geöffnet. Die Themenbereichen Geschichte, Sparen, Börse, Finanzplatz, Münzen und Banknoten, Zweigstellen, Tresorraum,

Am Busbahnhof von Luxembourg

E-Banking und technischer Fortschritt werden praktisch und sehr anschaulich, zum Teil sogar interaktiv, dargestellt.

Von hier aus sind es dann nur noch ungefähr 400 Meter bis zum Busbahnhof, wo wir nicht lange warten müssen, bis die Linie 18 eintrifft und uns zurück zum P+R Plateau de Kirchberg bringt.

Noch viele Sachen sind übrig, die wir uns noch nicht angesehen haben: westlich des Busbahnhofes beginnt der kunstvoll gestaltete **Stadtgarten**, in dem sich z.B. auch die Villa Louvigny befindet, ein Gebäudekomplex mit der Verwaltung und den Studios von RTL, oder noch ein Stück weiter nordwestlich der **Friedhof Notre Dame**, wo auch der Hauptmann von Köpenick begraben liegt; aber es steht Ihnen frei, noch weitere Tage hier zu verbringen!

„Die alten Viertel und Befestigungsanlagen der Stadt Luxemburg zeigen, eingebettet in eine faszinierende natürliche Umwelt, beeindruckende Reste der alten Stadtanlage. Luxemburg, das im Jahre 963 gegründet wurde, hat in der europäischen Geschichte jahrhundertelang eine bedeutende Rolle gespielt."

So steht es in der Erklärung, in der Luxembourg am 17.12.1994 zum UNESCO Welterbe erklärt wird - dem ist eigentlich nichts mehr hinzuzufügen!

TOUR 5 (250 km / 3-4 Tage)

Luxembourg - Arlon - Orval - Chiny - Bouillon - Alle, Membre, Bohan - Transienne - St. Hubert - Rochefort - Han-sur-Lesse

Freie Übernachtung: Chiny, Alle, Membre und Bohan (a. d. Semois), im Fourneau St. Michel bei St. Hubert, Rochefort, Han-sur-Lesse

Camping: „Parc la Clusure" zwischen St. Hubert und Rochefort

Ver- und Entsorgen: in Arlon, St. Hubert, Han-sur-Lesse

Besichtigen: Arlon: Luxemburgisches Museum, Fahrradmuseum, St. Dona-tius- Kirche, röm. Thermen; Kloster Orval; Festung von Bouil-lon, Archeoskop; Euro Space Center Transienne; Kathedrale Saint Hubert; Grotten in Rochefort und Han-sur-Lesse

Wandern: im Fourneau Saint-Michel

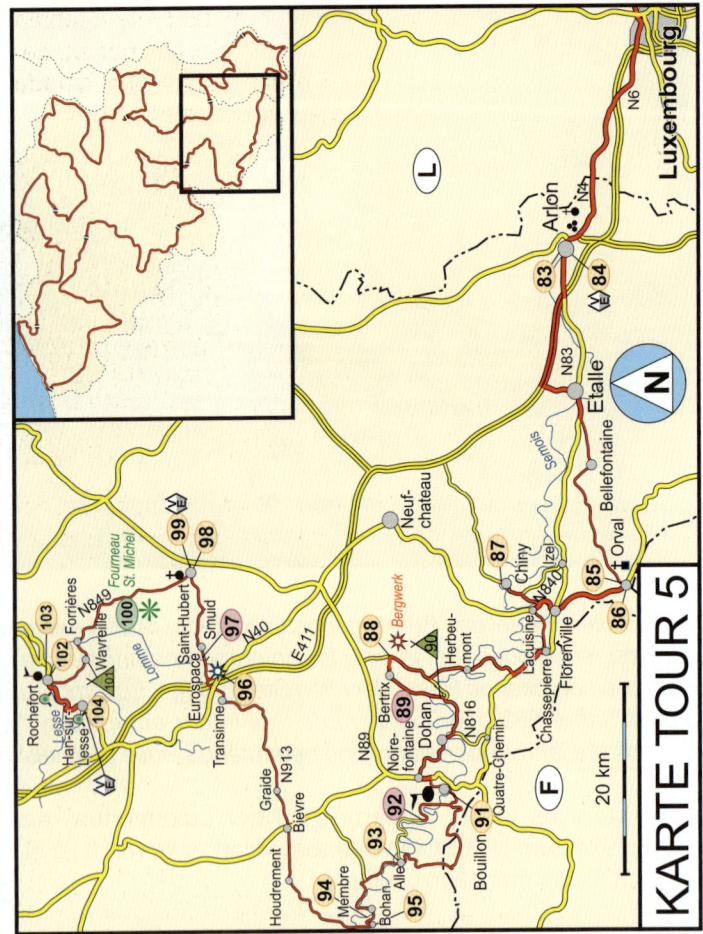

KARTE TOUR 5

Wir verlassen nach einer ruhigen Nacht unseren P+R-Parkplatz auf dem Plateau de Kirchberg und halten uns zunächst Richtung *Centre Ville*. Wir überqueren wieder die Robert-Schuman-Brücke und folgen der Beschilderung *Arlon*, nach einigen hundert Metern geht es rechts auf die N6. Die Straße führt am Stadion vorbei. 2,7 Kilometer nach dieser Abzweigung kreuzt die N6 die Autobahn A6. Sie können uns nun weiter auf der N6 zu unserem nächsten Ziel, der Hauptstadt der belgischen Provinz Luxemburgs **Arlon** folgen, oder aber auf die Autobahn wechseln und die zweite Ausfahrt nach der (kaum sichtbaren) Grenze zwischen Luxemburg und Belgien wieder abfahren. Wenn Sie von dort aus die N81 Richtung Arlon fahren, treffen Sie nach 2,5 km auf die von rechts kommende N4. 900 Meter später, wir haben den Ortseingang von Arlon passiert, können wir nur links oder rechts fahren - geradeaus ist eine entgegenkommende Einbahnstraße. Wir halten uns rechts, es geht in einem Linksbogen bergauf, nach 200 Metern halten wir uns rechts, nach weiteren 100 Metern fahren wir wieder links und sehen links von uns einen schönen, gebührenfreien Parkplatz, auf dem Sie sich, sofern nicht gerade Hauptgeschäftszeit ist, einen Platz aussuchen können.

(083) WOMO-Stellplatz: Arlon

GPS: N 49° 41' 04.4" E 5° 49' 05.3"; Place Des Chausseurs-Aerdennais.
max. WOMOs: 1-2
Ausstattung/Lage: ohne alles / im Ort; Zentrum 300 m.
Zufahrt: von der N81 kommend in Arlon zum „centre ville" rechts abbiegen, nach 300 m links abbiegen; zur linken Hand Parkplatz „Place Des Chausseurs Ardennais".

Alternativ fahren Sie die N4 noch 1,8 km weiter, fahren am Kreisverkehr „rechts" und direkt am nächsten „links" und finden einen offiziellen Stellplatz an der Feuerwehr:

(084) WOMO-Stellplatz: Arlon Feuerwehr

GPS: N 49° 41' 25.0" E 5° 49' 11.2"; Caserne Callemeyn.
max. WOMOs: 5
Ausstattung/Lage: Ver- und Entsorgung, Strom / ruhig, Ortsrand; Zentrum 1,5 km.
Zufahrt: von der N81 kommend in Arlon 1,8 km nach der Kreuzung mit der N4 am Kreisverkehr rechts, nächster Kreisverkehr links.

Saint-Donat

Vom ersten Parkplatz aus können wir bequem das gesamte Zentrum von Arlon zu Fuß erkunden. Wir gehen zunächst vom Parkplatz aus immer bergauf und gelangen über den *Square Elisabeth* mit den schönen Grünanlagen zur **Kirche Saint-Donat**. Früher stand hier die Burg des Grafen von Arlon, im 17. Jhd. erbaute man ein Kapuzinerkloster mit eben dieser sehr sehenswerten Kirche. Auch der Ausblick auf Arlon und die Umgebung lohnt den kleinen Aufstieg. Wir gehen nun die geschwungene steinerne Treppe den Hügel hinab und halten uns rechts zum

Place Leopold

Grand-Place, dem Mittelpunkt der Altstadt von Arlon. Hier geht, hinter dem mittelalterlichen Holzkreuz, eine Treppe hinab zur netten Fußgängerzone (Grand Rue), der wir rechts bis zum Ende folgen, um dann 2 x links zum **Place Léopold** zu kommen, wo auch der obligatorische Panzer als Erinnerung an die Ardennenschlacht nicht fehlt. Hier befindet sich die Tourist Information, auch der Justizpalast und die Verwaltung der Provinz Luxemburg sind repräsentativ untergebracht. Wir gehen links am Justizpalast vorbei und dann die zweite Straße links (*rue des Martyrs*) und gelangen zum **Musée luxembourgeois**

(Werktag außer Montag 9-12 Uhr und 13:30-18 Uhr, Sonn-u. Feiertags 14-18 Uhr, Erwachsene EUR 4,-). Hier sind einmalige Ausstellungsstücke aus der römischen Zeit (Arlon hieß zur Römerzeit *Orolaunum* und lag an der Kreuzung der Heerstraßen Reims-Trier und Tongeren-Metz) ausgestellt. Vom Museum aus laufen wir noch 130 m weiter und biegen links, zur mit dem 97 m hohen Turm unübersehbaren Kirche Saint-Martin. Nachdem wir einen Blick in diese

Zwischendurch ein „Kwak"!

Kathedrale geworfen haben, gehen wir noch 450 m Richtung Osten die *Rue Joseph Netzer* entlang, biegen rechts in die *Rue de Casino* und schräg geradeaus die *Rue des Thermes Romains*, halten uns dann rechts, um nach wenigen Metern auf der anderen Straßenseite vor einem kleinen **Parc Archeologique** zu stehen. Auf den ersten Blick scheint es hier die ideale Kulisse für einen Horrorfilm zu sein: Bäume, die düsteren Schatten werfen, halbverfallene, schiefstehende Grabsteine... Hier sieht man die Überreste (Grundmauern) der ältesten christlichen Kirche Belgiens, einer Basilika

aus dem 5. Jhd., und in einer Ecke des Geländes unter einer vergitterten Überdachung die Überreste eines römischen Thermalbades aus dem 1. Jhd.

Nun geht es weiter in die tiefste Provinz, unser nächstes Ziel ist die **Abtei von Orval** nahe der französischen Grenze. Wir fahren zunächst auf die A4 Richtung Brüssel und Lüttich, aber bereits nach 11 km an der Ausfahrt 29 verlassen wir die Autobahn wieder.

Nun geht es für 26 km über **St. Marie** und **Bellefontaine** über die N891, später N895 und schließlich die N88 entlang der belgisch/französischen Grenze, wobei ab Bellefontaine bereits braune Hinweisschilder nach Orval leiten. Direkt an der

Abtei befindet sich ausreichend Parkraum entlang des Sträßchens:

(085) WOMO-Stellplatz: Abtei von Orval

GPS: N 49° 38' 16.5" E 5° 20' 52.0"; Orval. **max. WOMOs:** 2-3
Ausstattung/Lage: ohne alles / ruhig, außerorts.
Zufahrt: siehe Text.

Die Abtei von Orval

Orval ist ein **Zisterzienserkloster**. Der Sage nach verlor in diesem Tal die Gräfin Mathilde ihren goldenen Ring, der ihr von einem Fisch zurückgebracht wurde.

Die Ruinen von Orval

Aus Dankbarkeit gründete sie das Kloster. 1132 bildete sich eine Klostergemeinschaft. Bald galt Orval als eine der wohlhabendsten Abteien des Reiches. 1793 wurde die Abtei von französischen Truppen geplündert und niedergebrannt, Land- und Forstbesitz, Bergwerke und Dörfer privatisiert.

1926 begannen die Zisterziensermönche der Abtei Sept-Fonts mit dem Wiederaufbau, Fertigstellung war 1948. Das Kloster ist nach wie vor aktiv und kann daher nicht besichtigt werden, ebenso wenig wie Brauerei und Käserei. Die Mönche

Orval - alte Ruinen und neues Kloster

von Orval stellen hier ein hervorragendes, herbes Trappisten-bier und einen Käse her. Mit den Einnahmen werden sowohl der Erhalt des Klosters als auch soziale Projekte finanziert. Die **Ruinen** des alten Klosters jedoch können besichtigt werden, genauso wie der **Kräutergarten**, das **Abteimuseum** in den Kellergewölben sowie das **Biermuseum** im Abraham-Nebengebäude.

Unweit der Abtei befindet sich auf der Zufahrtstraße, in der wir geparkt haben, eine Restauration, in der die Produkte des Klosters auch probiert werden können. Wenn Sie aber richtig schlemmen wollen, empfehlen wir Ihnen die

Im Biermuseum

„Hostellerie d'Orval" 500 m zurück an der Kreuzung der N840 mit der N88:

---

(086) WOMO-Gaststätte: Hostellerie d'Orval

GPS: N 49° 38' 03.9" E 5° 20' 40.6"; Orval.   **max. WOMOs:** 2-3
Ausstattung/Lage: Restaurant / ruhig, im Ort; Einkehr erwartet.
Zufahrt: von der A4 Ausfahrt 29 kommend über St. Marie und Bellefontaine ab Bellefontaine der Beschilderung „Orval" folgen; dort im Ort an der Kreuzung N88/N840.

Von Orval aus geht es nun über Florenville weiter. Dort wechseln wir auf die N85, nach 2,2 km kommt rechts der Abzweig nach **Chiny** zur **Semois**, der wir im Laufe unserer weiteren Tour noch öfter begegnen. Wir halten uns rechts und sind nach wenigen Metern am Ortseingang von Chiny. Wir fahren links an der Kirche vorbei (gegenüber befindet sich die Tourist Information) und bleiben weiter auf der N894. Die Straße macht eine Rechtskurve und führt nun mit 11% Gefälle hinab, nach 500 Metern überqueren wir den Fluss über eine Brücke. 100 m danach, die Straße macht hier einen Rechtsknick, folgen wir links einem Parkplatzschild, das uns nach wenigen Metern zu einem kleinen, lauschigen Flecken oberhalb der **Moulin Cambier** führt.

(087) WOMO-Stellplatz: Chiny

GPS: N 49° 44' 27.5" E 5° 20' 52.4"; Moulin Cambier. **max. WOMOs:** 2-3
Ausstattung/Lage: ohne alles / Grillplatz, Minigolf, Spielplatz an der Mühle; Kanuverleih im Sommer, außerorts, ruhig.
Zufahrt: N894 von Süden durch Chiny hindurch, Brücke über die Semois überqueren, 100 Meter später links P" ausgeschildert, oberhalb Moulin Cambier.

Hier verbringen wir den Rest des Tages und auch die folgende Nacht in der absoluten Ruhe. Natürlich erkundigen wir uns auch beim Kanuverleih - es sind ja nur 250 m zu Fuß bis zum Anlegeplatz an der Brücke, wo sich in der Saison die Mitarbeiter der Auberge de l'embarcadiere (Tel. und Fax 061-311427) mit ihren Kanus aufstellen und auf Kundschaft warten. Am nächsten Morgen versuchen wir uns also an der Strecke von Chiny nach Lacuisine, auf der ein Zwei-

Die Einstiegsstelle in Chiny...

erkajak EUR 20,- und ein Einer EUR 12,- kostet - natürlich mit Rückführung. Wir haben ja schon ein wenig Erfahrung mit den

...und schon gestrandet.

Booten auf der Ourthe sammeln können, also stellten wir uns dieses Mal schon nicht mehr so schlimm an. Das Schöne am Verlauf der Semois ist, dass sie nicht wie viele andere Flüsse in ihrem Tal von einer Straße begleitet wird sondern größtenteils durch ruhige, einsame Natur abseits des Verkehrs fließt. So hört man nach kurzer Zeit eigentlich nur das Vogelgezwitscher, das Eintauchen der Paddel und ab und an das Rauschen von (nicht sehr wilden) Stromschnellen und kann dabei wunderbar entspannen. Außerdem haben wir so genug Zeit, in Ruhe zu überlegen, wie man mit unseren nur rudimentär vorhandenen Französischkenntnissen am Ende der Tour per Handy dem Kanu-Verleih klarmacht, dass man am Zielpunkt angekommen ist und nun gerne abgeholt werden möchte .... Wir haben es auf jeden Fall geschafft und nach einer kurzen Wartezeit werden wir mit einem Kleinbus mit Anhänger, auf dem die Boote verstaut werden, wieder zurück an den Ausgangspunkt bei Chiny gebracht. Nach dem Mittagessen nehmen wir wieder die Straße unter die Räder, der Verlauf der Semois verheißt auf der Landkarte noch einige nette Stellen und Städtchen. Wir fahren also zunächst zurück, wie wir gekommen sind: über die Brücke, durch Chiny hindurch, dann bleiben wir aber geradeaus Richtung *Florenville. Hier* biegen wir rechts auf die N83 Richtung Bouillon. Nach 4,8 km hinter einer Rechtskurve kommen wir an einen Aussichtspunkt [GPS: N 49° 42' 24.8" E 5° 15' 35.6"] oberhalb des kleinen Ortes **Chassepierre** (auch hier könnte man gut an einer Wiese an der Semois stehen), von wo aus man einen wunderschönen Blick

Die Semois bei Chassepierre

über das Semoistal genießen kann. Falls Sie nach Chassepierre herunterfahren möchten: die Zufahrt befindet sich vor dieser Rechtskurve! Wir folgen nun weiter der N83 Richtung *Bouillon.* Es geht noch ganze 3,8 km schnurgerade, dann biegen wir

Die Ardennenlandschaft mit der im Tal verlaufenden Semois

rechts auf die N884 Richtung **Herbeumont** und **Betrix**. Das Sträßchen ist gut asphaltiert, wenn auch schmal und kurvenreich und folgt im Groben dem Verlauf der Semois. Nach weiteren 10,8 km, hinter dem Örtchen Herbeumont, fahren wir auf dieser Straße scharf rechts Richtung Betrix und erreichen 4,5 km später rechterhand den Parkplatz vom **Schieferbergwerk Bertrix**:

(088) WOMO-Stellplatz: Schieferbergwerk Bertrix

GPS: N 49° 48' 46.6" E 5° 16' 23.0"; Rue du Babinay.**max. WOMOs:** 4-5
Ausstattung/Lage: ohne alles / Schieferstollen, Restauration; außerorts.
Zufahrt: N884 von Süden Richtung Bertrix.

Hier wurde zwischen 1889 und 1976, also fast 90 Jahre lang, Schiefer unter Tage aus bis zu 60 Meter Tiefe gefördert - und zwar von Hand! Auf dem Rücken der Männer wurden die 40 -150 Kg schweren Blöcke die Leitern hoch an die Oberfläche gewuchtet, um dort mit Meißel und Fäustel zu 3-4 mm dünnen Platten gebrochen zu werden, welche hauptsächlich

Der Eingang zum Stollen

in der Tiefe

zum Dachdecken benötigt werden. Wir bezahlen unseren Obolus (7 / Erw.), erhalten einen deutschsprachigen Ausdruck der Audioguide- Vorträge (die zum Zeitpunkt unseres Besuches nur in flämischer und französischer Sprache verfügbar waren) und machen uns zu Fuß die Treppe auf 25 Meter Tiefe hinab auf den Weg in die alten Schieferstollen. Hier bekommt man an vielen Punkten anschaulich erklärt, wie der Abbau vonstatten ging.

Ungefähr eine Stunde dauert der Rundgang unter und über der Erde, danach können wir Ihnen nur den Genuss eines herzhaften Omeletts im kleinen Restaurant empfehlen! Frisch gestärkt fahren wir weiter nach Bertrix und halten uns links Richtung Mortehan. Nach 5,7 km entdecken wir rechts den:

(089) WOMO-Picknickplatzplatz: Mortehan

GPS: N 49° 48' 46.7" E 5° 13' 21.7"
max. WOMOs: 1-2
Ausstattung: Tisch/Bänke / außerorts, am Bach.
Zufahrt: von Bertrix kommend Richtung Mortehan kurz vor Mortehan rechts der Straße.

Nach ungefähr einem Kilometer treffen wir auf die N865 Richtung Noirefontaine. Kurz vor der Einmündung sehen wir auf der rechten Seite am Ufer der Semois den schön gelegenen Campingplatz „Les Ochay". Die Zufahrt ist von der N865 aus:

(090) WOMO-Campingplatz-Tipp: „Les Ochay" Mortehan

GPS: N 49° 48' 12.4" E 5° 12' 48.9"; Rue de Lingle.
Öffnungszeiten: 01.04. bis 15.10.
Ausstattung/Lage: Ver- und Entsorgung, Kanu- und Mountainbikeverleih / Am Ufer der Semois, sehr ruhig; Stellplatz EUR 5,50, Erwachsene EUR 4,50, Kinder EUR 2,50.

Es geht weiter die N865 Richtung *Noirefontaine/Bouillon*.

600 Meter hinter dem Ortseingangsschild von Noirefontaine treffen wir auf die N89, der wir links Richtung Bouillon folgen. 1,2 km später biegen wir rechts Richtung Bouillon auf die N828 ab. Diese Strecke ist nur bis 5t ZGG erlaubt, es geht ziemlich lange mit 7% Gefälle abwärts. **Bouillon** empfängt uns mit lebhaftem Treiben. Wir fahren auf das Ufer zu, biegen links ab, kommen an einen kleinen Kreisverkehr und überqueren die Semois über die *Pont de Liége*. Direkt hinter der Brücke fahren wir rechts auf den *Blvd. Heynen* das Ufer entlang und entdecken vor dem alten Stadttor einen Busparkplatz. Aber sowohl hier wie auch auf den umliegenden Parkplätzen prangen WOMO-Verbotsschilder, die allerdings auch großzügig ignoriert werden. Nichtsdestotrotz, fahren Sie einfach immer weiter das Semoisufer entlang, bis Sie an eine schmale Brücke über die Semois kommen; hier hinüber und noch 600m weiter, gelangen Sie zum:

(091) WOMO-Stellplatz: Bouillon

GPS: N 49° 47' 26.6" E 5° 03' 27.0"   **max. WOMOs:** 5
Ausstattung/Lage: ohne alles / ausgewiesene Stellplätze am Sportplatz von Boillon; schön ruhig, Zentrum 500 m.
Zufahrt: in Bouillon am westlichen Ufer der Semois-Schleife.

Wir schlendern am Abend noch die Uferstraße entlang kehren noch auf ein Bier ein, bevor wir uns zur Ruhe begeben.

Abendstimmung in Bouillon

Blick von der Burg Bouillon

Der nächste Morgen steht unter dem Zeichen von **Godefroy de Bouillon**, dem „christlichsten aller Ritter", der einst seine Burg verpfändete, um im Jahr 1095 zum Kreuzzug ins Heilige Land aufzubrechen und bei der Befreiung Jerusalems 1099 dabei zu sein. Wir schauen uns zunächst die sehenswerte Festung an, anschließend gehen wir auf das andere Semoisufer, wo sich nicht weit von der *Pt. de Liége* das **Achéoscope** befindet. Hier wird mit großem technischem Aufwand multimedial das Zeitalter der Kreuzzüge im Allgemeinen und die Taten Godefroy de Bouillon im Besonderen ausführlich und interessant dargestellt.

In Anbetracht des schönen Wetters machen wir uns bald auf den Weg auf die Suche nach Stellplätzen an der Semois. Wir fahren von unserem Stellplatz aus das Semoisufer entlang und kommen auf die N810 Richtung *Corbion*. Die Straße windet sich äußerst kurvenreich durch die Ardennen. In Corbion machen wir einen Abstecher nach rechts Richtung Poupehan. Nach 2,8 km, in einer scharfen Rechtskurve, bleiben wir „geradeaus" und zeigen Ihnen nach 1,3 km den:

(092) WOMO-Picknickplatz-platz: bei Poupehan

GPS: N 49° 49' 25.4" E 4° 59' 41.5"
max. WOMOs: 1-2..
Ausstattung: Tisch/Bänke / außerorts, am Ufer der Semois, schön ruhig.
Zufahrt: siehe Text.

Ohne diesen Abstecher bleiben Sie in Corbion auf der 810 Richtung *Sugny/Pussemange* und überqueren nach 1,5 Kilometern die Grenze nach Frankreich. Nach 3,5 Kilometern kommen wir an eine Kreuzung, wir halten uns rechts Richtung *Alle* und sind nach gut 800 Metern wieder in Belgien. 7 km weiter erreichen wir **Alle**, hier treffen wir erneut auf die Semois. An dem Hinweisschild „Récréalle" biegen wir rechts in die *Rue Chour-de-Vaux* ein und kommen nach gut 500 Metern auf einen großen Parkplatz mit einem ausgewiesenen Bereich für WOMOS:

(093) WOMO-Stellplatz: Alle (Semois)

GPS: N 49° 50' 47.6" E 4° 58' 33.1"; Rue Leon Henrard. **max. WOMOs:** 5
Ausstattung/Lage: ohne alles / für WOMOS ausgewiesener Bereich des Großparkplatzes; Kanuverleih und Freizeitgelände mit Minigolf, Bowling, Tennis und Restauration anbei; ortsnah.
Zufahrt: in Alle von der N945 aus Richtung Süden kommend rechts der Beschilderung „Récréalle" folgen, nach 500 Metern großer Parkplatz am Ufer der Semois.

Nun haben Sie auch die Gelegenheit, Kanus zu mieten und sich dem feuchten und spaßigen Vergnügen hinzugeben. Im Freizeitgelände am Parkplatz kann man Minigolf spielen, auch ein Pferdestall ist direkt in der Nähe.

Wir kehren zurück auf die N945, überqueren (zum wievielten Mal eigentlich?) die Semois und fahren weiter Richtung *Dinant*. Nach 5,5 km gelangen wir nach Vresse, folgen der Beschilderung *Bohan/Membre* und befinden uns nun auf der N914. Falls Ihnen etwas seltsame Holzschuppen, die eigentlich nur aus einem leichten Fachwerk, einem Dach und einem groben Stahlgitter in der Mitte auffallen: es handelt sich um **Tabaktrockenstände**; hier im milden Klima der Semois wird seit 1855 das begehrte Kraut

Tabakspeicher im Semoistal

angebaut. Aber seit einigen Jahren betreiben nur noch ganz vereinzelte standhafte Bauern den aufwändigen Anbau. 3,5 km hinter Vresse erreichen wir **Membre**. Die N914 trifft hier die quer verlaufende N935. Wir überqueren links die Brücke über die Semois und biegen rechts auf die N914 Richtung **Bohan**, wo wir nach 2,2 km eintreffen und noch an diesem Flussufer hinter der Kirche einen schönen, ruhigen asphaltierten Parkplatz direkt am Fluss notieren können :

(094) WOMO-Stellplatz: Bohan I (Semois)

GPS: N 49° 51' 51.7" E 4° 53' 05.5"; Rue du Pont.
max. WOMOs: 1-2
Ausstattung/Lage: ohne alles / am Ufer der Semois; im Ort.
Zufahrt: in Bohan kurz vor der Brücke über die Semois rechts.

Es gibt auch noch eine ganz offizielle Stellplatzmöglichkeit in Bohan: fahren Sie einfach die Uferstraße in nördlicher Richtung weiter, nach 700 m folgen links - kurz vor dem Campingplatz - einige ausgewiesene Parkplätze:

(095) WOMO-Stellplatz: Bohan II (Semois)

GPS: N 49° 52' 14.6" E 4° 53' 05.9"; Rue de Mont-Les-Champs.
max. WOMOs: 5
Ausstattung/Lage: ohne alles / vor dem Campingplatz; Ortsrand; Zentrum ca. 700 m.
Zufahrt: in Bohan kurz vor der Brücke über die Semois rechts am Semoisufer entlang.

Dies ist der letzte, wirklich „gemütliche" Ort an der Semois, die 2,5 Kilometer weiter die Grenze zu Frankreich überschreitet, und empfiehlt sich auch zur Übernachtung, bevor wir die nächste etwas längere Etappe in Angriff nehmen. Wir überqueren also - zum unwiderruflich letzten Mal - die Semois und fahren, stetig ansteigend, die N973 entlang. Nach 4,5 km treffen wir auf die N935, der

Gastlichkeit in Bohan

wir links Richtung *Dinant* folgen. 6,7 km weiter, in *Houdremont*, biegen wir rechts auf die N913 nach *Bièvre* ab. Hier fahren wir am Kreisverkehr geradeaus, das Örtchen *Graide* ist ausgeschildert. Dort bleiben wir einfach auf der Durchgangsstraße, wohingegen wir im nächsten Ort *Our* vor der Kirche rechts abbiegen, *Maissin* ist beschildert. Hier wechseln wir auf die N899 Richtung *Rochefort* ab, verlassen sie aber nach 4,5 km wieder rechts nach *Transinne*. Am Kreisverkehr mit den imposanten Kanonen folgen wir der Beschilderung *Smuid*. Nach 1,2 km kommen wir an die N40 und biegen rechts zur Autobahn ab, die wir überqueren. Abschließend biegen wir die nächste Möglichkeit hinter der Autobahn links ab zum **Euro Space Center**, wo wir nach 300 Metern auf den gigantischen asphaltierten Parkplatz kommen.

---

(096) WOMO-Stellplatz: Euro Space Center

GPS: N 50° 00' 27.2" E 5° 13' 13.4"; Rue Devant Les Hêtres.
max. WOMOs: 4-5
Ausstattung/Lage: ohne alles / asphaltierter Großparkplatz.
Zufahrt: direkt an der E411 Ausfahrt Transinne / N40 Richtung Libin.

Hier wollen wir uns, nachdem wir zuletzt einiges an Natur mitbekommen haben, ein wenig der Hochtechnologie widmen.

Auf dem Außengelände sieht man bereits vor dem Eingang mehrere Raketen und Aggregate stehen und liegen. Natürlich gibt es auch einen themenorientierten Spielplatz, so dass auch die Kleinen so richtig

Euro Space Center bei Transinne

eingestimmt werden können. Im Inneren erwartet uns eine tolle, multimediale Show - vom Urknall bis zu den Projekten der Zukunft, mit etlichen Spezialeffekten anschaulich gemacht. Wir bekommen Kopfhörer mit einem Wiedergabegerät, welches über Infrarotsteuerung zum richtigen Zeitpunkt am richtigen Ort die Erläuterungen (in deutscher Sprache!) abspielt. Modelle in Originalgröße sowohl des Space Shuttle als auch des europäischen ISS-Moduls, sowie „echte" Astronauten-Trainingsgeräte runden das Bild ab. Zum Schluss gibt es noch ein

Wo bitte geht's nach Oben?

wenig Science Fiction (Verfolgungsjagd!) in einem dynamischen Kino. Irgendwie ist das Eurospace Center eine Mischung zwischen Disneyland und Museum - bestimmt nicht uninteressant! Für Erwachsene beträgt der Eintritt EUR 11,- Kinder bezahlen EUR 8,-.

Natürlich würde sich der riesige Parkplatz auch für Übernachtungen eignen, wir möchten Sie aber zu einem viel schöneren Picknickplatz gar nicht weit entfernt führen, wo Sie mit maximal 2 Wohnmobilen sehr schön stehen können. Vom Parkplatz aus also wieder zurück zur N40, dann überqueren wir wieder die Autobahn und biegen die nächste Möglichkeit rechts ab, der Ort „Smuid" ist hier ausgeschildert. Nach 500 m überqueren wir wieder die Autobahn, dann geht das Sträßchen durch den Wald. Nicht ganz 6 km weiter sehen wir auf der linken Seite, direkt am Ufer des kleinen Flüsschens (oder großen Bachs) **Lomme** einen Parkplatz, der sich ideal für eine ausgedehnte Rast einschließlich Badefreuden im Fluß eignet, wo man aber natürlich auch übernachten könnte.

(097) WOMO-Stellplatz: An der Lomme

GPS: N 50° 01' 18.2" E 5° 17' 26.2";
Route de Smuid.   **max. WOMOs:** 1-2
Ausstattung/Lage: ohne alles / am Bachufer, ortsnah.
Zufahrt: an der Verbindungsstraße zwischen N40 und N808 ca. 800 m hinter Eisenbahnüberquerung.

Nur 300 m hinter dem Picknickplatz treffen wir auf die N808, der wir Richtung **Saint Hubert** folgen. Nach 6 km halten wir uns am Ortseingang schräg rechts Richtung Centre, kurze Zeit später sehen wir auf der linken Seite den ersten Parkplatz.

(098) WOMO-Stellplatz: St. Hubert (Finanzamt)

GPS: N 50° 01' 34.7" E 5° 22' 10.8"; Avenue Nestor Martin.
max. WOMOs: 1-2
Ausstattung/Lage: ohne alles / asphaltierter Parkplatz im Ort.
Zufahrt: N808 von Westen kommend am Ortseingang rechts Richtung Centre, nach 300 m links „P".

Von hier aus sind es lediglich 300 Meter bis zur Basilika. So ganz sympathisch ist uns der Parkplatz nicht - schließlich befinden wir uns genau vor dem Finanzamt! Aber es gibt noch eine Alternative: wir fahren die Straße weiter, bis wir vor der Basilika stehen, dann rechts den Berg hoch und vor dem Rathaus links in die Rue Herman abbiegen. Nach 500 m liegt links - vor der Kommunalverwaltung - ein offizieller Stellplatz:

(099) WOMO-Stellplatz: St. Hubert

GPS: N 50° 01' 36.8" E 5° 22' 51.6"; Rue de Lavaux.
max. WOMOs: 3
Ausstattung/Lage: Ver- und Entsorgung; Picknickbank / Zentrum 500 m
Zufahrt: in St. Hubert von der Basilika Richtung Rathaus, dort links, noch 500 m.

Ein unbedingtes Muss in Saint Hubert ist die unvergleichliche **Basilika**, die dem heiligen Hubertus, Schutzpatron der

Hubertus-Basilika

Jäger, geweiht ist - die Jagd ist hier in den großen Wäldern, nördlich von Saint Hubert, auch zu Hause! Sie geht zurück auf eine Benediktinerabtei aus dem 7. Jh. die mehrfach abbrannte und wo Mitte des 16. Jh. die heutige Kirche gebaut wurde. Gegenüber befindet sich das Tourismusbüro, am Rathaus sind wir schon vorbeigekommen, dazwischen spielt sich

Das Rathaus von St. Hubert

das übliche Straßenleben mit kleinen Geschäften und Restaurants ab.

Wir fahren von unserem Parkplatz aus wieder zurück, kommen an der Basilika vorbei, 200 m später an einen Kreisverkehr (mit Hirschbrunnen), an dem wir uns links Richtung *Fourneau St-Michel* halten und auf die N849 gelangen. 2 km hinter dem Kreisverkehr kommen wir an ein großes Wildgehege (**Parc à gibier**) mit Hirschen, Rehen, Wildschweinen und Mufflons - schon hier können Sie stundenlang durch die Wälder streifen. Nach weiteren 5,5 km - Vorsicht, früh genug bremsen, es geht dort mit 13% abwärts - befinden sich rechts und links der Straße Parkplätze am **Fourneau St-Michel**.

(100) WOMO-Wanderparkplatz: Fourneau St.-Michel

GPS: N 50° 05′ 05.2″ E 5° 20′ 22.4″
max. WOMOs: 5
Ausstattung/Lage: Mülleimer; 3-km Rundweg (Waldlehrpfad) oder 9,2 km Rundweg (Markierung: rotes Rechteck) durch die Wälder. Musée du Fer mit Hochofen, und Schmiede aus dem 18. Jahrhundert., Spielplatz, Cafeteria und Ausstellung „Ländliche Architektur" anbei. / ruhig, außerorts.
Zufahrt: von Saint Hubert aus die N849 nach Fourneau St-Michel , links und rechts der Straße großzügige Parkplätze.

Einige hundert Meter weiter die N849 gibt es das nächste Highlight: die **Musées Provinciaux Luxembourgeois**. Auf das Musée du Fer direkt am Womo-Wanderparkplatz haben wir schon hingewiesen, hier oben befindet sich mit dem *Musée de la Vie Rurale en Wallonie* (Museum über das bäuerliche Leben in der Wallonie) ein

erstklassiges Freilichtmuseum mit über 20 Gebäudegruppen aus allen Lebensbereichen und Regionen des wallonischen Teils Belgiens. Ein kleiner Teil ist auch den berühmten Ardenner Kaltblutpferden gewidmet.

Im Freilichtmuseum

Das Museum ist von April bis September von 9-17 Uhr geöffnet.

Wir folgen weiter der N849 Richtung Norden, in *Forrieres* biegen wir am Ende der Straße links ab Richtung *Rochefort*. 2 km später erreichen wir Wavreille, wo wir an einen Kreisverkehr kommen. Wenn Ihnen die Gegend hier sehr gut gefallen hat und Sie gerne ein paar Tage ausspannen wollen, führen wir sie hier zu einem Campingplatz: Fahren Sie die N803 Richtung Saint Hubert, bei Bure direkt an der Kreuzung nach 3,8 km links, nach 800 Metern erreichen Sie den

(101) WOMO-Campingplatz-Tipp: Chemin de la Clusure

GPS: N 50° 05' 48.2" E 5° 17' 07.0"; Route de Rochefort.
Öffnungszeiten: ganzjährig.   **Zufahrt:** Siehe Text.
Ausstattung: beheiztes Freibad, Kinderspielplätze, Tennis, Volleyball, Bar/Restaurant, Lebensmittelladen, Fahrradverleih, Bogenschießen, am Fluss *Lomme* gelegen; EUR 20,00 / Nacht für Fahrzeug mit 2 Personen.

Ansonsten - oder natürlich später vom Campingplatz aus - fahren Sie die N803 Richtung **Rochefort**, wo wir ca. 4 km

Die Burgruine von Rochefort

Das Zentrum von Rochefort

nach obigem Kreisverkehr einen sehr schönen Blick auf die Burgruine haben. Aber Rochefort hat einiges zu bieten, nur keine Parkplätze an der Ruine aus dem 12.Jhd. 500 m hinter dem Ortseingangsschild folgen wir rechts einem kleinen braunen Schild „Grotte de Lorette", wo wir nach steiler Bergauffahrt nach 300 Metern an einen ruhigen Parkplatz direkt zu den berühmten Höhlen kommen - und es sind nur 500 m bis zum Zentrum zu laufen. Wenn man hier oben ist, sollte man sich die **Grotte** natürlich nicht entgehen lassen. Täglich außer Mittwoch finden von 10:30 bis 16:30 Uhr 5 Führungen von jeweils ca. 1 Stunde durch die imposanten Säle, wo Ihnen auch eine Licht- und Klangschau geboten wird, statt.

(102) WOMO-Stellplatz: Grottes de Rochefort

GPS: N 50° 09' 19.3" E 5° 13' 36.8"; Rue de Lorette. **max. WOMOs:** 1-2 **Ausstattung/Lage:** Ohne alles / sehr ruhiger, schattiger Parkplatz für kleine Womos; Zentrum ca. 500 Meter, Burgruine 300 Meter; im Ort. **Zufahrt:** in Rochefort von der N803 aus der Beschilderung *Grotte de Lorette* folgen.

Insbesondere für etwas größere Fahrzeuge können wir auch noch eine andere Alternative anbieten: wenn wir oben nicht rechts dem braunen Schild zur „Grotte de Lorette" folgen, sondern noch 500 m einfach weiter bis zur nächsten großen Kreuzung geradeaus fahren, dort rechts abbiegen, sind wir nach ca. 350 m an einem Kreisverkehr, an dem scharf links ein großer Parkplatz mit einigen Längstaschen lockt:

(103) WOMO-Stellplatz: Rochefort Zentrum

GPS: N 50° 09' 28.7" E 5° 13' 33.5";
Rue de Marche.
max. WOMOs: 1-2
Ausstattung/Lage: Ohne alles /
nicht ganz ruhiger Asphaltplatz;
Zentrum 200 m, Burgruine 300 m;
im Ort. **Zufahrt:** in Rochefort von
der N803 aus auf der zentralen
Kreuzung rechts abbiegen, nach
350 m Kreisverkehr links.

Ins Zentrum mit seinen typischen Restaurants und Brasserien hinunter zu laufen ist einfach; aber sollten Sie im Ort dem bekannten Trappistenbier „**Trappistes Rochefort**" begegnen, seien sie vorsichtig: es wird in den Stärken 6, 8 und 10 angeboten mit 7,5%, 9,2% bzw. 11,3% und schmeckt sehr gut - aber der Weg zum Stellplatz hinauf wird dann etwas schwieriger.

Wir fahren von unserem Parkplatz aus wieder hinunter zur N803, halten uns rechts und biegen nach wenigen Metern an der großen Kreuzung links Richtung *Han-sur-Lesse* ab, wo wir 5,5 km weiter ankommen. Direkt nach dem Ortseingang fahren wir 2x rechts und gelangen auf den offiziellen Womo-Stellplatz von **Han-sur-Lesse**

(104) WOMO-Stellplatz: Han-sur-Lesse

GPS: N 50° 07' 43.3" E 5° 11' 14.2"   **max. WOMOs:** 25.
Ausstattung/Lage: gebührenpflichtig, Mülleimer, Ver- und Entsorgung /
im Ort.
Zufahrt: mitten in Han-sur-Lesse, von der N86 aus mit Womo-Piktogramm ausgeschildert.

Von hier aus sind es nur wenige Schritte bis zum Kassenhaus, wo man die Attraktionen von Han auch direkt „en bloc" buchen kann: Rundfahrt durch den Safaripark, Besichtigung der weltberühmten Grotten und des Museums der unterirdischen Welt für EUR 16,10/ Erw. und EUR 9,20/Kind. Also geht es zunächst in großen, offenen Panorama-Bussen durch die Arden-

Mit der Bahn zum Safaripark

nenlandschaft. Sowohl heimische Tierarten wie Wildschweine, Hirsche, Rehe, aber auch Wölfe, Luchse, Braunbären sind zum Teil richtig aus der Nähe zu betrachten. Über eine Stunde dauert die Rundfahrt. In Han wieder angekommen gilt es um-

zusteigen. Zum Eingang der Höhlen geht es mit einer historischen Eisenbahn. Dann beginnt die 3 km lange Wanderung durch die Gänge und Säle, Einer schöner und imposanter als der Andere. Eine Ton- und Lichtshow im Mysteriensaal gehört auch dazu, der größte Saal hat gar eine Höhe von 145 m! Zurück geht es über einen unterirdischen Flusslauf mittels Elek-

Irgendwo auf dem 3km langen Grottenweg.

trobooten - kurz vor dem Ausgang kann man anhand eines (ohrenbetäubenden) Kanonenschusses noch die Akustik bewundern.

Der Weg zurück zum Stellplatz führt über die kleine Fußgängerzone des Ortes, hier hat man noch etliche Gelegenheiten, Hunger und Durst zu stillen!

TOUR 6 (244 km / 4-5 Tage)

Ciney - Huy - Namur - Dinant - Treignes - Nismes - Couvin - Mariembourg - Lac de la Plate Taille

Freie Übernachtung: Ciney, Huy, Namur, Dinant, Couvin, Lac de la Plate Taille

Ver- und Entsorgen: V+E Huy (Tihange), V+E Givet; V+E Nismes;

Besichtigen: **Ciney**: Marktplatz, Schloss von Janée; **Huy**: Kirche „Notre Dame", Grand Place mit Brunnen, Musée communal, Zitadelle; **Namur**: Parfümwerkstatt, Zitadelle, Archäologisches Museum, Klosterschatz; **Dinant**: Zitadelle, Stiftskirche „Notre Dame", Geburtshaus von Adolphe Sax; Couvin: Abime-Höhlengrotten, Neptun-Grotte; Eisenbahnmuseum Mariembourg

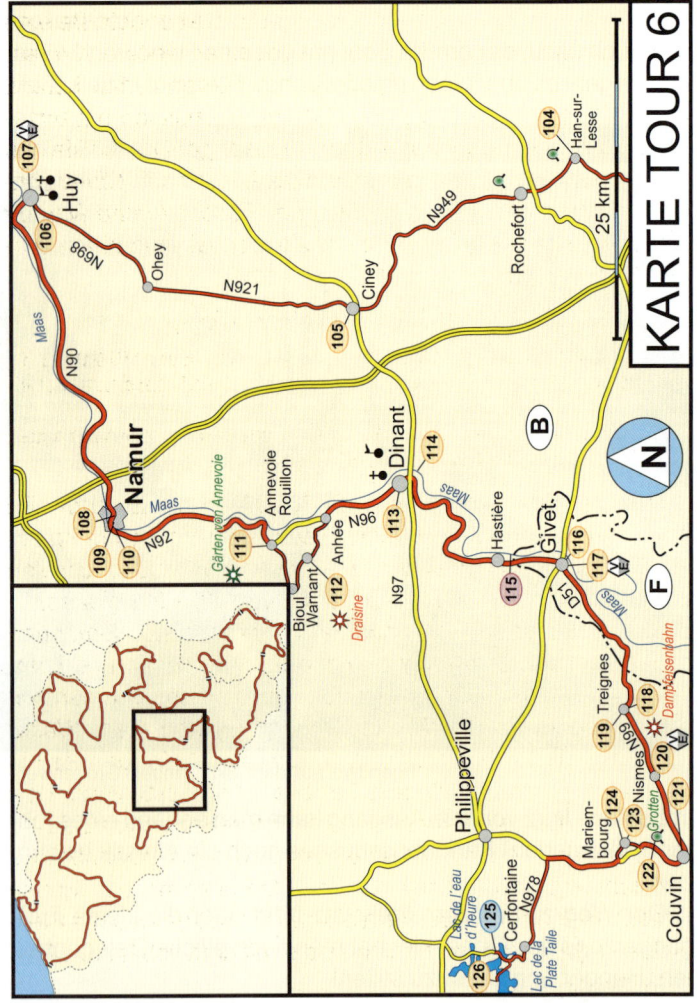

KARTE TOUR 6

Sehr ausgeruht von der absolut ruhigen Nacht geht es nach dem Frühstück weiter. Wir fahren auf die N86 nach *Rochefort*. Aber keine Sorge, wir wollen nicht genau die gleiche Strecke von gestern wieder zurückfahren, es gibt auch ein schönes Nebensträßchen: nach einem Kilometer biegen wir rechts nach *Hamerenne* ab. Der schmale, aber gut asphaltierte Weg führt bergauf durch den Wald, schnell sind wir in der schönen, einsamen Ardennenlandschaft und durchqueren die Dörfer *Hamerenne* und *Lafayette* und kommen schließlich wieder auf die N803, der wir links nach *Rochefort* folgen. Wir bleiben nun immer geradeaus, durchqueren den Ort, notieren hier am Fluss noch einige Parkmöglichkeiten und biegen an der Esso-Tankstelle rechts auf die N949 Richtung *Ciney*. Die nächsten 8,5 km erwarten Sie genau 4 Kurven, ansonsten geht es wie mit dem Lineal gezogen durch die Landschaft. Dann, an einem unübersehbaren Sendemast, macht die Landstraße eine schärfere Linksbiegung, es folgen ein paar weitere Kurven, wir folgen der Beschilderung *Ciney*. Im weiteren Verlauf kommt eine Höhenbeschränkung von 3,20 m, wir passen mit unseren 3,30 m noch problemlos durch. Weiter geht es ein kleines Stück über die N97, dann links auf die N957 nach *Ciney centre*, in **Ciney** richten wir uns nach der Beschilderung *Namur/Andenne*. Auf der linken Seite entdecken wir nun einen großen Parkplatz am *Centre Culturel*.

(105) WOMO-Stellplatz: Ciney

GPS: N 50° 17' 46.5" E 5° 05' 58.5"; Place Monseu. **max. WOMOs:** 3-4
Ausstattung/Lage: Ohne alles / Zentrum am *Grand Place* 300 Meter entfernt; im Ort.
Zufahrt: in Ciney direkt an der N921 von Süden Richtung Namur links am *Centre Culturel / Halles de Sport*.

Von hier aus sind es lediglich 300 Meter ins Zentrum. Es gibt einen recht netten **Grand Place**, aber irgendwie hatten wir mehr erwartet von einem Ort, dessen Namen auf so vielen Biertafeln zu lesen ist ... (drei Sorten von 7% - 9% gibt es).

Wir richten uns weiter nach der Beschilderung *Namur* und folgen der N921, überqueren nach 3,5 km die N4 und kommen nach 11 km in Ohay an einen Kreisverkehr, von dem wir schräg rechts auf die N698 Richtung *Huy* abbiegen. Weiter folgen wir der LKW-Strecke nach **Huy**, selbst hier geht es mit 8% Gefälle über eine längere Strecke ins Maastal hinab. Dort angekommen, halten wir uns rechts und sehen schon bald die Stadt vor uns liegen. Wir unterqueren die Eisenbahnbrücke und fahren dahinter links auf den Parkplatz an der Meuse (Maas). Hier gibt es zwei für Wohnmobile ausgewiesene Stellplätze - freundlicherweise sind es die mit dem schönsten Ausblick direkt am Ufer:

(106) WOMO-Stellplatz: Huy

GPS: N 50° 30' 59.6" E 5° 14' 04.6"; Chausee Napoleon.
max. WOMOs: 2
Ausstattung/Lage: Mülleimer / Zentrum am *Grand Place* 600 Meter entfernt; im Ort.
Zufahrt: direkt am Ufer der Maas in Huy an der N90 an der Eisenbahnbrücke unterhalb der Festung.

Vom Parkplatz aus sind es nur wenige hundert Meter zur unübersehbaren ersten Sehenswürdigkeit, dem **Collégiale Notre-Dame** aus dem 13. Jahrhundert. Nicht nur die Kirche selbst, sondern auch den Kirchenschatz sollte man sich nicht entgehen lassen. In der Nähe der Kirche befindet sich der Grand Place mit dem einzigen noch erhaltenen gotischen Bronzebrunnen Belgiens aus dem Jahre 1406. Der Platz ist mit

Grand Place mit dem berühmten Brunnen ‚Li Bassinia'

seinen vielen Restaurants und Cafés im Schatten des Rathauses aus dem 18. Jhd. sehr gemütlich. Die **Seilbahn**, führt vom westlichen Ufer aus zur Festung und weiter zum Hochplateau **La Sarte**. Natürlich kommt man von unserem Stellplatz aus auch zu Fuß zur **Zitadelle,** aus dem Anfang des 19. Jhd., hinauf. Hier wurde im 2. Weltkrieg von den deutschen Besatzungstruppen ein Gefängnis eingerichtet, welches neben alten Geschützen und anderen Waffen besichtigt werden kann. Wir kehren zurück zu unserem Stellplatz und genießen im Womo einen Kaffee in Verbindung mit herrlich süßen belgischen Teilchen, die wir von einer Bäckerei am Grand Place mitgenommen haben und sehen dabei den Lastkähnen zu, die die *Meuse* entlangschippern. Außer dem vernehmlichen Rauschen der Uferstraße, die oberhalb des Stellplatzes liegt und dem Tuckern der Schiffsdiesel spricht auch nichts dagegen, diesen Platz für eine Übernachtung zu empfehlen.

Ihr Abwassertank ist voll, die Toilette schreit nach Entleerung oder Sie haben akuten Wassermangel? Kein Problem, fahren Sie einfach das Ufer der Maas für 3 km weiter in östlicher Richtung. An der Stelle, wo die Straße das Ufer der Maas am unübersehbaren Atommeiler des Kraftwerks von Tihange verlässt, biegen Sie rechts ab, dann nach 200 m die erste Straße scharf links, dort befindet sich 100 m weiter vor dem örtlichen Campingplatz eine frei zugängliche Ver- und Entsorgungsstation! [**107**: N 50° 31' 59.2" E 5° 15' 34.1"].

Uns zieht es aber weiter, wir wollen der Meuse stromaufwärts zunächst bis zur Provinzhauptstadt *Namur* folgen. Wir biegen also auf die Uferstraße, die N90 und halten uns Richtung Südwest. Die nächsten 28 km bleiben wir immer am südlichen Maasufer auf der gut ausgebauten N90. Es gibt viele Ortsdurchfahrten, oft hat man auch einen schönen Blick auf die Flusslandschaft. Wir entdecken unterwegs manchen Parkplatz direkt am Ufer, auf dem man sich gut ein, zwei Tage aufhalten könnte. Auch wer seine Fahrräder dabei hat, kommt hier voll auf seine Kosten: entsprechende Wege sind, größtenteils von der Straße entfernt direkt am Ufer, angelegt. 1,3 km nachdem wir die Autobahn E411 unterquert haben, wechseln wir, immer der Beschilderung Namur folgend, über eine Brücke auf das nördliche Maasufer. Nun müssen Sie ein wenig aufpassen, damit Sie uns zu den Top-Stellplätzen von **Namur** folgen: Bleiben Sie immer am Ufer der Maas, die Beschilderung richtet sich nun nach *Dinant*. Wir überqueren den Fluss *Sambre*, der hier in Namur in die *Meuse* fließt. 800 m, nachdem wir diese Brücke überquert haben und immer weiter am Maasufer Richtung *Dinant* entlang fahren, sehen wir rechts unübersehbar das **Casino** von Namur liegen. Unmittelbar nachdem wir daran vorbeigefahren sind, biegen wir scharf rechts ab und fahren nun in Gegenrichtung auf einer gepflasterten Straße steil den Berg zur Festung hoch. Es geht über zwei weitere Spitzkehren nach oben, unmittelbar nach einer Linkskurve - wir sind gerade durch eine Unterführung gekommen - sehen wir rechts eine schöne, ebene geschotterte Fläche, die hervorragend als Parkplatz geeignet ist.

(108) WOMO-Stellplatz: Namur I

GPS: N 50° 27' 37.6" E 4° 51' 51.8";
Route Merveilleuse. **max. WOMOs:** 2
Ausstattung/Lage: ohne alles / Schöner Ausblick (siehe unten), Fußweg ins Zentrum; im Ort.
Zufahrt: in Namur von der N92 kommend Richtung Dinant unmittelbar hinter dem Casino scharf rechts den Berg zur Zitadelle hochfahren.

Der Blick auf die Stadt, vor allem am Abend, ist einfach wunderschön, außerdem geht direkt von diesem Parkplatz aus auf der anderen Straßenseite ein Fußweg in die Stadt hinunter. Aber Vorsicht, der Rückweg ist recht anstrengend, Sie haben rund 120 Höhenmeter zu überwinden.

Wenn Sie nun weiter hoch fahren, kommen Sie an Hinweisschilder, dass die Weiterfahrt nur für Fahrzeuge bis 3,5 t und 2 m Breite erlaubt ist; die Pflasterstraße führt hinauf, dann nach 250 m über eine Brücke (unter der wir kurz vor Stellplatz „Namur I" hindurchgefahren sind) welche die Engstelle ist, danach kommt links eine noch schönere Schotterfläche, [**109**: N 50° 27' 34.9" E 4° 51' 50.9"] wo Sie direkt mit Blick auf die Stadt stehen können. Fahren Sie noch weiter die Straße hinauf, gelangen Sie schließlich nach einem weiteren Kilometer auf einen riesigen Platz, wo sich auch der Eingang zur

Namur- die Stadt der Kultur

Zitadelle befindet. Hier bieten sich auch für Besitzer von großen Wohnmobilen entsprechende Stellmöglichkeiten.

(110) WOMO-Stellplatz: Namur III

GPS: N 50° 27' 27.4" E 4° 51' 31.1"; Rte. Merveilleuse. **max. WOMOs:** 10
Ausstattung/Lage: ohne alles / im Ort.
Zufahrt: in Namur von der N92 Richtung Dinant unmittelbar hinter dem Casino scharf rechts den Berg zur Zitadelle hoch, bis ganz nach oben zur Zitadelle hochfahren, hier Zufahrt nur 2 m breit und für max. 3,5 t. alternativ: direkt hinter der Brücke über die Sambre rechts auf die N967 und nach 600 m links die Straße zur Zitadelle hinauf, nach 2,5 km ist man von der anderen Seite hier oben.

Wir gehen von unserem Platz (Namur II) aus zunächst in die direkt gegenüber liegende im Château des Comtes unter-

Kirche „Saint-Jean"

gebrachte **Parfümwerkstatt**. Die Ausstellung über Parfüm ist kostenlos, in den Schulferien Di-Sa bzw. außerhalb der Ferien nur Sa. um 15:30 Uhr kann man in einer geführten Tour alle Phasen der Parfümherstellung kennenlernen (EUR 3,-/2,50 für Erw./Kinder). Danach fahren wir zur Zitadelle hinauf. Am besten fährt man mit dem kleinen Touristikzug durch die Festung, deren Ursprünge bis in die Römerzeit zurückgehen. Am faszinierendsten sind hier die langen, unterirdischen Wehrgänge. Anschließend geht es - nun vom Stellplatz Namur 1 aus - in die Stadt hinunter. Wir überqueren über die Pont de l'Eveche die Sambre und befinden uns schon mitten in der lebhaften City. Neben den üblichen Besichtigungen - **Rathaus, Belfried, Kirchen** - möchten wir Ihnen ein Museum besonders ans Herz legen: das **Musée de Groesbeck-de-Croix.** Hier finden Sie eine schöne Sammlung von Möbeln, Gemälden, Glas und Keramik, jedoch so dargestellt, dass die Atmosphäre der Zeit des 18. Jahrhunderts wie in einem alten Herrenhaus hervorragend zur Geltung kommt. Es ist von 9:00 -12:00 Uhr und 14:00 -17:00 Uhr geöffnet, der Eintritt beträgt EUR 2,-/1,- für Erw./Kinder. Das Wetter ist schön und Sie wollen etwas von der Gegend sehen? In der Hauptsaison finden fast stündlich **Rundfahrten** mit dem **Schiff** über die Maas statt. Wir begeben uns wieder zurück zum Womo und fahren die

In den Gärten von Annevoie

Serpentinen zur Maas hinunter, fädeln uns am Casino rechts auf die N92 ein, die Stadt *Dinant* ist ausgeschildert. Nach gut 14 km am Ufer der Meuse entlang, erreichen wir den kleinen Ort Annevoie-Rouillon und folgen rechts dem Hinweis zu den „**Jardins D'Annevoie**". Nach 650 m erreichen wir einen gro-ßen Parkplatz [**111**: N 50° 20' 46.7" E 4° 50' 39.9"]. Gegenü-ber auf der anderen Straßenseite befindet sich der Eingang zum einzigen Wassergarten Belgiens, einer der schönsten in Europa! 28 Hektar gepflegter Gartenanlage mit zahllosen Was-serspielen warten auf Sie! Nach der Besichtigung fahren wir

die Straße hinauf bis nach Bioul, dort biegen wir links nach **Warnant** ab. Nachdem wir am alten Bahnhof die Gleise überquert haben, bie-gen wir rechts den Schildern „Railbike" folgend ab und er-reichen nach 600 m den Parkplatz der **Draisines de Molignée.**

(112) WOMO-Stellplatz: Draisines de Molignée

GPS: N 50° 18' 48.8" E 4° 50' 02.9";
Rue de la Molignée. **max. WOMOs:** 2
Ausstattung/Lage: ohne alles / Draisinen-strecke; außerorts.
Zufahrt: vom Bioul kommend in Warnant direkt hinter dem Bahnhof links Richtung Denée den Schildern „Railbike" folgen.

Zwischen 1. April und 30. Oktober können Sie täglich außer montags kräftig in die Pedale treten (Abfahrt 10, 12, 14 und 16 Uhr) entweder 8 km bis Falaen (EUR 17,- je 4er-Draisine) und retour oder noch weiter bis Maredsous (EUR 25,50; insgesamt 14 km) und das wunderschöne Tal der Molignée auf ganz spezielle Art genießen! Nur 3 km sind es von hier aus Richtung Osten bis Anhée, wo wir wieder auf die N96 Richtung Dinant abbiegen. Der Ortseingang von **Dinant** sieht zunächst nicht sehr einladend aus, aber folgen Sie uns unbesorgt bis zum ersten Kreisverkehr. Wir fahren hier links auf die Brücke über die Meuse zu, aber bereits 30 m weiter biegen wir wieder links auf die kleine Uferstraße ab. Nun müssen Sie ein wenig aufpassen, am rechten Straßenrand ist ein Streifen zunächst Schrägparktaschen, dann Längsparkplätze.

(113) WOMO-Stellplatz: Dinant

GPS: N 50° 15' 41.1" E 4° 54' 32.8"; Av. Col.Cadoux.   **max. WOMOs:** 2-4
Ausstattung/Lage: Ohne alles / Zentrum 300 Meter; im Ort.
Zufahrt: in Dinant direkt an der westlichen Uferstraße.

Die ersten sind kostenpflichtig (EUR 14,- / Tag), wenn Sie etwas weiter fahren, endet die Zone, in der Sie einen Parkschein ziehen müssen. Von diesem Stellplatz aus haben Sie einen überwältigenden Blick auf das Panorama von Dinant.

So schön kann der Blick aus dem Womo-Fenster sein!

Natürlich lassen wir es uns nicht nehmen, noch am Abend die Gastronomie am anderen Ufer der Maas in Augenschein zu nehmen. Am nächsten Morgen machen wir uns an die Be-

Blick von der Zitadelle

sichtigung der Sehenswürdigkeiten der Stadt. Zunächst der Blick in die imposante Kirche, das **Collégiale Notre Dame**, im Wesentlichen aus dem 16. Jhd. stammend. Natürlich gab es gestern Abend bei den Kindern lange Gesichter - „schon wieder den Berg hinauf zu einer Festung ?!?" Das wird uns in Dinant sehr leicht gemacht - es gibt eine Kabinenbahn hinauf. Wer lieber mag, kann natürlich die über 400 Stufen der fast parallel hochführenden Treppe hinaufgehen. Überwältigend ist der Blick von hier oben auf die Stadt. Die 1821 erbaute **Zitadelle** selbst ist auf jeden Fall auch einen Besuch wert. Sie war im ersten Weltkrieg heftig umkämpft, eine geführte Tour geht über Wehrgänge, eine Bäckerei und das Waffenmuseum. Zum Schluss ist noch ein sehr realistisch nachgebauter Unterstand aus dem 1. Weltkrieg zu begehen. Wenn man einmal hier oben ist und auch noch Kinder dabei hat, sollte man es nicht versäumen, durch den Park zum **Tour Mont-Fat** hinüber zu gehen - es gibt hier neben dem Aussichtsturm einen großen Spielplatz und ein Restaurant.

Von der Talstation des Liftes aus gehen wir auf der Rue Grande, der Hauptgeschäftsstraße Dinants, in südlicher Richtung weiter. Wir kommen am sehr schönen **Rathaus** vorbei, dreihundert Meter weiter befindet sich dann die **Touristeninformation** in der Nähe des **Casinos**. Weiter geht unsere Wanderung wieder zurück ins Zentrum - wir wollen noch dem wohl berühmtesten Sohn von Dinant einen Besuch abstatten: Die wenigsten werden wohl vorher gewusst haben, dass hier in Belgien, in Dinant, **Mr. Adolphe Sax** im Jahre 1814 geboren wurde

Hier wurde das Saxophon erfunden!

und in der Werkstatt des Vaters, der Instrumentenbauer war, das Saxofon als Weiterentwicklung der Klarinette erfand. Vor dem Haus können Sie bequem auf einer Bank neben ihm Platz nehmen!

Uns zieht es nun weiter stromaufwärts die Maas entlang. Zwei schöne Stellplätze direkt am Ufer haben wir auf der Fahrt entdeckt. Der erste befindet sich am östlichen Ufer, 2,4 km nachdem Sie in Dinant über die Brücke gefahren sind, nahe der Stelle, wo das Viadukt der N97 das breite Tal überspannt [**114**: N 50° 14' 27.7" E 4° 55' 08.2"]. Wir fahren das westliche Flussufer Richtung Givet. Hinter dem Örtchen Hastière finden wir am Ufer einen Picknickplatz:

(115) WOMO-Picknickplatzplatz: Hermetan

GPS: N 50° 12' 06.4" E 4° 49' 04.4"; Rue Du Centenaire. **max. WOMOs:** 2
Ausstattung/Lage: Tisch/Bänke, Mülleimer, Wiese / außerorts, am Fluss.
Zufahrt: von Dinant Richtung Givet hinter Hastière links am Maasufer.

Nach 3,5 km erreichen wir die Grenze nach Frankreich und den Ort **Givet**. Wir bleiben auf der D51 Richtung Fumay und finden direkt am Maasufer einen schönen Stadtstellplatz:

(116) WOMO-Stellplatz: Givet

GPS: N 50° 08' 05.7" E 4° 49' 17.9"; Quai Des Fours.   **max. WOMOs:** 2
Ausstattung/Lage: ohne alles / am Flussufer, im Ort.
Zufahrt: von Dinant kommend in Givet der Beschilderung Fumay folgen (N51), am Kreisverkehr am Ufer zum Zentrum abbiegen, 50 m rechts.

Eine Ver- und Entsorgungsstation hat Givet auch noch in der Rue Berthelot [**117**: N 50° 08' 36.3" E 4° 49' 34.7"] zu bieten! Nach knapp 9 km am Ortseingang von Vireux biegen wir rechts auf die D47 Richtung Treignes und Couvin. 2 km weiter befinden wir uns wieder in Belgien. Nach weiteren 1,5 km in **Treig-**

Noch fahrbereit!

nes biegen wir links zum ehemaligen Bahnhof ab und landen auf dem Gelände [**118**: N 50° 05' 24.8" E 4° 40' 49.7"] des Dampfeisenbahnmuseums. Wenn Sie sich nur für das Museum interessieren, sollten Sie es jetzt besuchen. Wenn Sie dies jedoch in Verbindung mit einer Fahrt in historischen Zügen (auch unter Dampf!) durch drei wunderschöne Täler genießen wollen, warten Sie, bis wir sie nach Mariembourg geführt haben! Wir fahren 800 m weiter in den Ort und halten uns scharf links zum Flüsschen „Le Viroin", wo wir hinter dem Brückchen über dem Fluss einen netten Stellplatz empfehlen:

(119) WOMO-Stellplatz: Treignes

GPS: N 50° 05' 27.4'' E 4° 40' 13.8''; Rue Basse Aux Raines.
max. WOMOs: 1-2   **Ausstattung/Lage:** Mülleimer, Bänke / im Ort.
Zufahrt: D47 von Frankreich kommend in Treignes noch vor dem Ortskern scharf links zum Fluss abbiegen.

Von diesem Stellplatz aus haben Sie auch die Möglichkeit, den Fluss „Le Viroin" mit dem Kanu zu erkunden, sie finden eine entsprechende Hinweistafel. Treignes ist ein malerischer, beschaulicher kleiner Ort, der sich schön herausgeputzt hat! Für den Abend

Das Rathaus von Treignes

finden wir um die Kirche herum eine gute Möglichkeit zur Einkehr.
Wir fahren nun auf die N99 weiter Richtung Couvin. Nach 9,2 km biegen wir in **Nismes** rechts Richtung Zentrum ab. 1 km weiter geht es links über eine Brücke, dann rechts, nach einigen Metern kommen wir auf den:

(120) WOMO-Stellplatz: Nismes

GPS: N 50° 04' 25.3" E 4° 32' 53.7"; Rue Longue. **max. WOMOs:** 5
Ausstattung/Lage: Ver- und Entsorgung, Strom / am Flussufer, ruhig, im Ort.
Zufahrt: N99 Richtung Couvin in Nismes rechts zum Zentrum, nach 1,1 km links über Brücke, rechts, nach 100 m rechts.

Nismes bietet - neben dem ruhigen, im Zentrum gelegenen Stellplatz - einen sehr schönen, harmonischen Stadtkern und hinter dem Schloss einen großen, frei zugänglichen Park. Er ist von Wasserläufen durchzogen mit Elektrobooten, die man im

Juli und August zwischen 10:00 und 18:00 Uhr, in den anderen Monaten von Ostern bis Oktober Werktags 10:00 bis 17:00 Uhr, an Wochenenden 11:00 bis 18:00 Uhr mieten kann. Ein sehr schö-

Das Schloss in Nismes

nes Vergnügen, auch Kinder kommen hierbei voll auf Ihre Kosten! Weiter geht es die N99 nach **Couvin**. Hier wollen wir weit in die Vergangenheit, bis in die Zeit der Neandertaler, zurückgehen! Im Ort angekommen, halten wir uns 2-mal links und folgen der Beschilderung zu einem großen Parkplatz [**121**: N 50° 03' 08.5'' E 4° 29' 56.0'' ; Rue A. Colard]. Von hier aus

Eingang zu dem Abime-Grotten

sind es rund 500 m zu den **Cavernes de L'Abîme**, einer halb offenen Höhlengrotte die schon zu prähistorischer Zeit bewohnt war. Sie können direkt ein Kombiticket mit der zweiten großen Attraktion des Ortes kaufen: den Neptun-Grotten (beides zusammen Erw. EUR12,-/Kinder 7,-). Die **Neptun-Grotten** finden wir, indem wir von Couvin aus Richtung Chimay/Philippeville fah-

ren. 2,5 km nach der großen beampelten Kreuzung in Couvin folgen wir rechts der Beschilderung „Grottes de Neptune" und erreichen nach ein paar hundert Metern den großzügigen, teils schattigen und ruhigen Parkplatz:

(122) WOMO-Stellplatz: Grottes de Neptune

GPS: N 50° 03' 58.0'' E 4° 30' 39.5'';
Rue Des Monts.   **max. WOMOs:** 4-5
Ausstattung/Lage: ohne alles / sehr ruhig, außerorts.
Zufahrt: von Couvin kommend nach 2,5 km rechts der Beschilderung „Grottes de Neptune" folgen.

Wir setzen unsere Fahrt Richtung Philippeville fort, biegen aber nach 1,3 km rechts nach **Mariembourg** ab und folgen der Beschilderung „**Train a Vapeur**" bis zum Parkplatz am alten Bahnhof, wo die historische Strecke bis nach Treignes teilweise sogar mit alten Dampfloks und entsprechenden Wagons befahren wird. Die Fahrpläne, an welchen Tagen welche Triebwagen zu welchen Uhrzeiten zum Einsatz kommen, sind sehr kompliziert - generell wird allerdings von April bis Oktober an den Wochenenden, im Juli und August täglich gefahren.

(123) WOMO-Stellplatz: Mariembourg

GPS: N 50° 05' 31.5" E 4° 31' 51.0"; Chaussée de Givet. **max. WOMOs:** 5
Ausstattung/Lage: ohne alles / sehr ruhig, am Ortsrand.
Zufahrt: von Couvin kommend rechts nach Mariembourg abbiegen, der Beschilderung „Train a Vapeur" folgen.

Aber auch für die Freunde des edlen Gerstensaftes hat Mariembourg noch eine Attraktion zu bieten: die **Brasserie des Fagnes**! Von obigem Stellplatz aus fahren wir die 700 m zurück zur Chausée de Philippeville, biegen links ab, fahren 800 m bis zur die Eisenbahntrasse und finden links einen großen Parkplatz:

(124) WOMO-Stellplatz: Brasserie des Fagnes

GPS: N 50° 05' 03.3" E 4° 31' 24.9"; Route de Nismes. **max. WOMOs:** 5
Ausstattung/Lage: ohne alles / ruhig, am Ortsrand.
Zufahrt: von Couvin kommend rechts nach Mariembourg abbiegen, an der Chausée de Philippeville rechts abbiegen, noch 800 m.

Die Brasserie des Fagnes ist Brauerei, Museum und Lokal in einem. Das Bier „Super des Fagnes" kommt - in 4 verschiedenen Sorten - frisch vom Fass, eine reichhaltige Speisekarte ergänzt das Angebot. Den Braumeistern kann man bei der Arbeit über die Schultern blicken. In einem Teil des Schankraums sind Ge-

Gepflegte Gastlichkeit

rätschaften der letzten 150 Jahre der Braukunst ausgestellt.

Wir fahren durch Mariembourg zurück zur Hauptstraße Richtung Philippeville und biegen nach 6,2 km links auf die N978 Richtung Cerfontaine, wo

Im Museumsbereich der Brasserie des Fagnes

wir über die Ortsumgehung den Hinweisen zum Stausee „**Lac de la Plate Taille**" folgen. Unser erstes Ziel hier lautet „**Relais de Falemprise**" - ein sehr schönes Freizeitgelände am Stausee mit Sandstrand, Restauration, großem Kinderspielplatz, Volleyballfeld und Tretbootverleih.

(125) WOMO-Badeplatz: Relais de Falemprise

GPS: N 50° 11' 19.2" E 4° 24' 44.9"; Pré-Barrage de Fallemprise.
max. WOMOs: 3-5   **Ausstattung/Lage:** Sandstrandbad, Restaurant, Spielplatz, Tretboote / außerorts.
Zufahrt: von Cerfontaine kommend auf der N589 / 978 der Beschilderung folgen.

Im Sommer bei schönem Wetter kann man hier wunderbar entspannen und einen schönen Badetag erleben! Wir fahren die N978 wieder 1,3 km zurück Richtung Cerfontaine und biegen rechts auf die N589. Es geht gut bergauf, nach 1,3 km befinden wir uns auf der großen Staumauer; links von uns ist der Lac de la Plate Taille, rechts unterhalb der Lac de L'Eau D'Heure. Am Ende der Staumauer biegen wir links ab, dann direkt wieder links auf den großzügigen Parkplatz direkt am See - Sie werden mit ziemlicher Sicherheit nicht das einzige Wohnmobil sein, welches diesen Platz anfährt!

(126) WOMO-Stellplatz: Lac de la Plate Taille

GPS: N 50° 11' 29.0" E 4° 22' 43.0"
max. WOMOs: 3-5
Ausstattung/Lage: WC / ruhiger, ebener, asphaltierter Parkplatz; Ökomuseum, Taverne anbei; außerorts.
Zufahrt: von Cerfontaine aus auf der N589 der Beschilderung folgen.

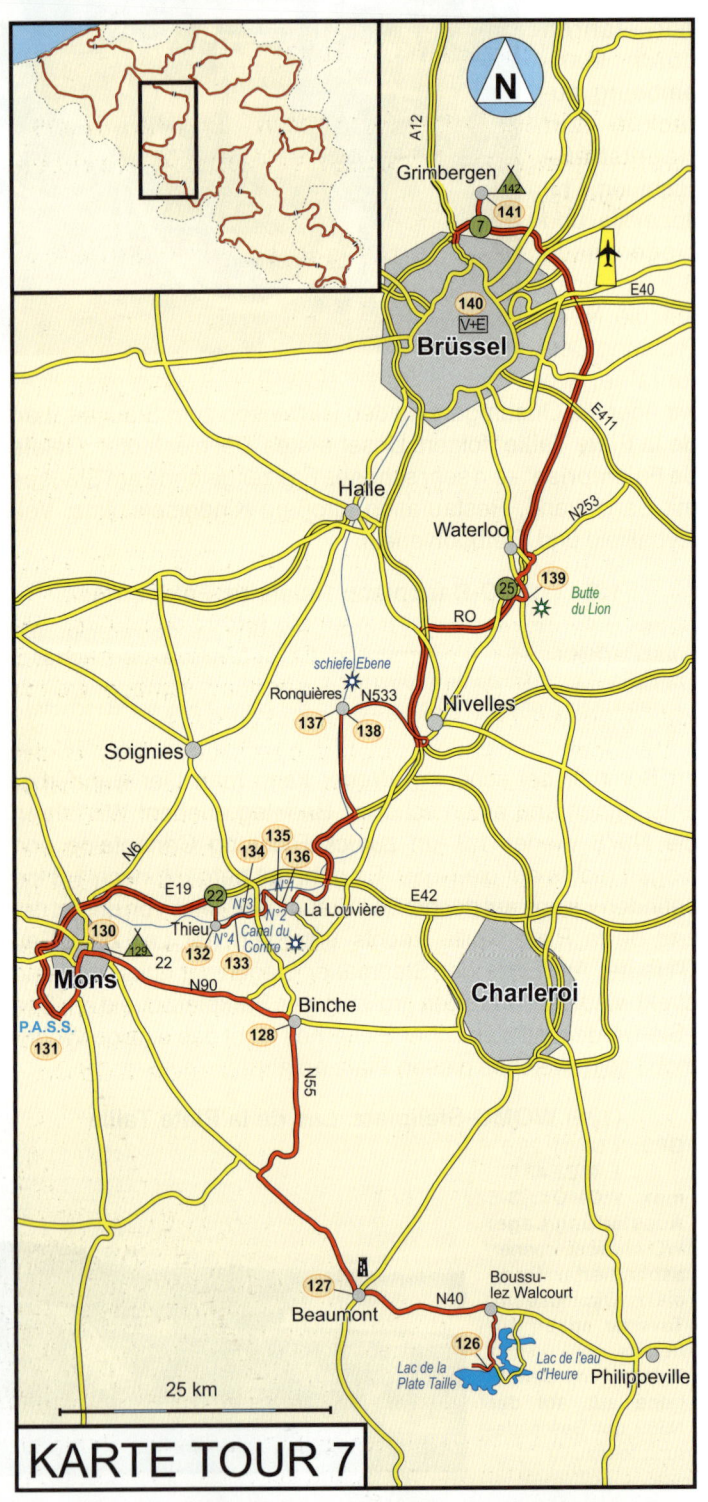

N

A12

Grimbergen
142
141
7

140
V+E
Brüssel

E40

E411

Halle

Waterloo
N253

25
139 Butte
du Lion

RO

schiefe Ebene

Ronquières N533
137 138
Nivelles

Soignies

135
134 136
22 N°3
E19 N°4
Thieu N°2 La Louvière E42
130 Canal du Centre
129 132 133
22
Mons N90

P.A.S.S.
131

Binche
128

N55

Charleroi

N40
127 Boussu-
lez Walcourt
Beaumont
126

Lac de la Lac de l'eau
Plate Taille d'Heure Philippeville

25 km

KARTE TOUR 7

TOUR 7 (184 km / 4-5 Tage)

Lac de la Plate Taille - Beaumont - Binche - Mons - Strepy - Houdeng - Ronquieres - Waterloo - Grimbergen - Brüssel

Freie Übernachtung:	Beaumont, Binche, Mons, Strepy/Schiffshebewerk, Ronquieres, Grimbergen
Camping:	„Camping du Waux-Hall" Mons, „Lammekes" Grimbergen
Besichtigen:	**Beaumont**: Salamanderturm; **Binche**: Rathaus und Karnevalmuseum; **Mons**: historischer Stadtkern mit Belfried und St-Waltrudis-Stiftskirche, Parc d'aventures scientifiques, modernes Schiffshebewerk in **Strepy** sowie 4 historische Schiffshebewerke und Ecomusee in **Houdeng**, schiefe Ebene von **Ronquières**, Löwenhügel von **Waterloo**, Abtei und Biermuseum in **Grimbergen**, Hauptstadt **Brüssel**

Auf dem Womo-Stellplatz am Lac de la Plate Taille haben wir eine ruhige Nacht verbracht. Sollte das Wetter nicht mitspielen und Sie trotzdem Lust auf ein Bad haben: fahren Sie vom Parkplatz aus einfach links die Straße weiter, nach 2,5 km kommen Sie an ein großes Freizeitbad **Aquacentre** mit Hallen- und Freibad, Wasserrutsche, Sauna usw.

Wir fahren von dem Parkplatz aus rechts und direkt wieder links auf die N589. In Boussu-lez-Walcourt, wir sind bisher knapp 5 km gefahren, wenden wir uns links auf die N40 Richtung *Beaumont*. Für die nächsten 10 km führt die gut ausgebaute Landstraße über das leicht hügelige, landwirtschaftlich stark genutzte Land. Auch in **Beaumont** bleiben wir auf der N40, am ersten Abzweig geht es schräg links weiter, nach 250 m rechts - es ist bereits *Mons* ausgeschildert. Genau 150 Meter weiter, direkt hinter der Kirche, biegen wir rechts ab, danach sofort wieder rechts, dann links, 30 m weiter auf der linken Seite ist ein schöner Parkplatz für kleinere WOMOs.

(127) WOMO-Stellplatz: Beaumont

GPS: N 50° 14' 17.5" E 4° 14' 10.2";
Place Du Béguinage.
max. WOMOs: 1-2
Ausstattung/Lage: ohne alles / eben, ruhig, Zentrum 100 m; im Ort.
Zufahrt: von der N40 aus Namur nach Mons in Beaumont direkt hinter der Kirche 2 x rechts abbiegen, direkt wieder links, nach 30 m links.

Von hier aus sind es nur wenige Schritte bis zum Zentrum, welches sich gegenüber der Kirche auf der anderen Seite der

Der Salamandertrum in Beaumont

Hauptstraße befindet. Es ist ein kleiner gemütlicher **„Grand Place"** mit einem schmucken Rathaus und netten Restaurants. Hier am Platz befindet sich auch das Fremdenverkehrsamt. Die bekannteste Sehenswürdigkeit des alten Städtchens ist der **Salamanderturm**. Es ist der letzte von den 30 Türmen, die einst im 12. Jahrhundert den 2,4 km langen Stadtwall krönten. Heute ist im Turm ein Museum untergebracht, wo wir alles über die Geschichte Karls des Großen und das Leben des Prinzen von Carman-Chimay erfahren. Auch Napoleons Durchzug wird behandelt, er übernachtete 1815 hier in Beaumont.

Wir fahren vom Parkplatz aus zurück zur Hauptstraße und wenden uns rechts Richtung *Mons*. Nach 11,5 km, wir befinden uns in Erquelinnes, biegen wir am Kreisverkehr rechts nach **Binche** auf die N55 ab, wo wir nach 12,5 km ankommen. Am Ende der Straße biegen wir an der Ampel links auf die N90, nach 350 m geht es nach links, dann folgen wir NICHT rechts der N90 Richtung Mons sondern fahren geradeaus weiter über den **Grand Place** hinüber. Dahinter biegen wir links ab, das gepflasterte Sträßchen führt bergab, nach 150 Metern befindet sich links ein größerer Parkplatz.

(128) WOMO-Stellplatz: Binche

GPS: N 50° 24′ 34.1″ E 4° 10′ 02.3″; Chemin Du Tir.
max. WOMOs: 2-3
Ausstattung/Lage: ohne alles / eben, ruhig, Zentrum 150 m; im Ort.
Zufahrt: N90 aus Charleroi Richtung Mons in Binche zum Grand Place, danach links abbiegen, nach 150 m links auf „P".

Was treibt uns hier nach Binche? Es ist ein schönes, mittelalterliches Städtchen, dessen **Festungswall** fast vollständig erhalten ist, mit einem schönen **Grand Place**, einer sehenswerten Kirche, den typischen Restaurants und Cafés, die abends so sehr zum Verweilen einladen, aber vor Allem wollen wir Rheinländer erkunden, was die belgische Konkurrenz so treibt: schließlich ist

Das Denkmal für den „Gille" (Narren)

Binche das Hauptzentrum des **belgischen Karnevals**! Natürlich gibt es dementsprechend auch ein großes Museum, das **Musée du masque**. Hier sind Tausende von Kostümen und Masken aus aller Welt zusammen getragen worden - was natürlich nicht nur mit Karneval, sondern auch mit Ethnografie zu tun hat. Wir kehren zum Womo zurück, fahren zum Grand Place hinauf, dann rechts und an der ersten Ampel links auf die N90 Richtung *Mons*. Auf den nächsten 16 km können sie feststellen, ob Ihr Womo wirklich so gut verarbeitet ist, wie Ihnen Ihr Händler versprochen hat. Die Fugen der Betonpiste sind zum Teil doch recht groß, alle paar Sekunden geht ein richtiger Schlag durch das Fahrzeug ... aber von dieser Art von Straßen werden Ihnen in Belgien noch mehrere unter die Räder kommen! In **Mons,** noch bevor wir an den Ring R50, kommen, ist links in die Av. des Saint-Pierre der direkt an einem Park gelegene Campingplatz Waux-Hall ausgeschildert:

(129) WOMO-Campingplatz-Tipp: „Waux-Hall" Mons

GPS: N 50° 27' 05.2" E 3° 57' 47.0"; Av. des Saint-Pierre.
Öffnungszeiten: ganzjährig.   **Ausstattung/Lage:** Ver- und Entsorgung, Spielplatz / An einem Park mit See, ruhig; Zentrum ca. 1 km; Stellplatz EUR 2,50, Erwachsene EUR 5,00, Kinder EUR 3,00.

Für einen Kurzbesuch fahren wir geradeaus, überqueren den R50 und unmittelbar danach biegen wir links in die *Rue Des Armes* abbiegen. Nach 1 km geht es rechts, wir folgen

Das Rathaus von Mons

der Beschilderung „*P Place Nervienne*“. Nach 200 m liegt dann rechts der große Platz [**130**: N 50° 26’ 53.5” E 3° 56’ 48.1”; Place Nervienne]. Das Parken ist kostenlos, ca. 800 m sind es bis zum Zentrum. Wir gehen vom Parkplatz aus 100 m östlich und kommen auf die *Grand Rue*, der wir dann immer weiter bis zum Zentrum folgen. Der **Grand Place** gehört zu

Der Belfried in Mons

den schönsten Belgiens, um das Rathaus aus dem 15. Jahrhundert gruppieren sich nahtlos **Bürgerhäuser** aus der gleichen Epoche. Hinter dem **Rathaus** erhebt sich der 87 m hohe **Belfried** mit seinem einzigartigen Dach und dem **Glockenspiel** (49 Glocken), der zum Weltkulturerbe zählt. Hier rechts neben dem Rathaus befindet sich die Touristeninformation, die man zur weiteren Planung des Besuchs dieser Stadt unbedingt aufsuchen sollte. Zwei Dinge gehören für mich noch zum Muss: die **Stiftskirche Sainte-Waudru** und das gegenüber liegende **Museum der dekorativen Künste Francois Duesberg** wo besonders die Sammlung von Pendeluhren fasziniert.

Wir kehren zum Womo zurück und verlassen Mons in südlicher Richtung auf der N6. Nach 2,5 km biegen wir unmittelbar hinter den Eisenbahnschienen rechts ab, der Beschilderung *P.A.S.S.* und *Frameries* folgend. 2 km später biegen wir rechts auf die Autobahn Richtung *Brüssel*, direkt die nächste Ausfahrt verlassen wir die R5 wieder und fahren links Richtung P.A.S.S. Wir fahren am nächsten Kreisverkehr schräg links Richtung Frameries / P.A.S.S., nach 500 m geht es rechts hoch zum Parkplatz vom - vom **P**arc d'**a**ventures **s**cientifique**s.**

---

(131) WOMO-Stellplatz: P.A.S.S. (Mons)

GPS: N 50° 25' 12.1" E 3° 54' 07.7"; Rue de Mons.　　**max. WOMOs:** 5-8
Ausstattung/Lage: ohne alles / eben, ruhig, am Parcour der Wissenschaften.
Zufahrt: Autobahnzubringer R5 Ausfahrt 2, ab dort ausgeschildert.

P.A.S.S. ist ein einzigartiger Park, in dem man Wissenschaft aller Bereiche interaktiv erlernen und begreifen kann - und das Ganze auf dem Gelände einer denkmalgeschützten ehe-

Der Parc d'aventures scientifiques

maligen Zeche. Wir machen uns auf, diese interessante Stätte zu erkunden. Was ist es eigentlich? Eine Ausstellung? Nicht nur. Ein Museum? Bestimmt nicht. Es ist eher ein interaktiver Parcour durch die Wissenschaften, aufgeteilt in 8 Themengebiete. Die Öffnungszeiten sind von 10 bis 18 Uhr, der Eintritt beträgt EUR 12,50 / 7,50 für Erw./Kinder.

Wir verlassen diese faszinierende Welt, und machen uns

vom Parkplatz aus wieder zurück zum Kreisverkehr, von dort aus weiter zur Autobahnauffahrt Richtung *Brüssel* und *Liège*. Nach 2 km kommt ein Autobahndreieck, wir wechseln auf die E19 Richtung *Liège*. Nach weiteren 11,5 km verlassen wir die Autobahn an der Ausfahrt 22 „Thieu", wo wir am Ende der Abfahrt - immerhin 1 km lang - auf die N552 gelangen, der wir links Richtung *Thieu* folgen, auch Strepy-Thieu ist bald beschildert. Nach 2,2 km müssen wir aufpassen, dass wir nicht dem Verlauf der Straße über den *Canal du Centre* hinüber folgen, sondern geradeaus bleiben. Nach 1,2 km sind wir an der kleinen Kirche von **Thieu**, dahinter biegen wir rechts ab und finden nach 100 m rechts einen wunderschönen Parkplatz am Canal Du Centre mit Blick auf das erste bzw. letzte der vier **historischen Schiffshebewerke**.

(132) WOMO-Stellplatz: Thieu

GPS: N 50° 28' 21.8" E 4° 05' 33.9"; Place Hardat. **max. WOMOs:** 1-2
Ausstattung/Lage: ohne alles / ruhig, am Canal du Centre.
Zufahrt: von der N552 aus Richtung Autobahnausfahrt 22 (E19) kommend nach Strepy in Thieu hinter der Kirche links, nach 100 m rechts Parkplatz.

Was hat es nun damit auf sich? Der **Canal du Centre** war und ist eine sehr wichtige Wasserstraße und verbindet Frankreich mit dem Kanal von Charleroi nach Brüssel. In dieser Gegend musste nun beim Bau des Kanals ein Höhenunterschied von fast 70 Metern überwunden werden. In den Jahren 1888 bis 1917, verzögert durch den 1. Weltkrieg, baute man hierzu **4 Schiffshebewerke**, die jeweils einen Höhenunterschied von 17 m überwinden. Man stelle sich ein System aus zwei Wannen vor, jede auf einem großen hydraulischen Zylinder sitzend und die miteinander verbunden sind. Nun kann mittels Ventilsteuerung die eine Wanne gesenkt werden, während die Andere sich dabei hebt - wobei jede Wanne 45 m lang, 5,8 m breit und 3,15 m hoch ist, genug für die damaligen Frachtschiffe. Die gesamte Anlage dieser 4 historischen Schiffshebewerke ist übrigens zum **Weltkulturerbe der UNESCO** erklärt worden.

Natürlich wollen wir uns auch noch die anderen drei Hebewerke ansehen. Wir fahren vom Parkplatz aus zurück zur Kirche, dann rechts der Beschilderung *„Ascenseurs 1-3"* bzw. *„Strepy Thieu"* folgend. Das nächste Ziel ist jedoch nicht das historische Hebewerk Nr.3, sondern die moderne Anlage **Stre-**

Die moderne Ausführung: 73 Meter auf einen Streich ...

py Thieu. Dieses eine im Jahr 2002 eröffnete Schiffshebewerk, es ist übrigens das größte der Welt, ersetzt die vier historischen und überwindet in einem Schlag 73 Meter Höhenunterschied - wobei die „Wannen", selbst schon 8.000 t wiegen, 112 m lang, 12 m breit und 8 m tief sind und Schiffe bis zu 1.350 t Gewicht aufnehmen können. Nach knapp einem Kilometer kommen wir an einen Kreisverkehr, wo wir auf den großzügigen Besucherparkplatz der Anlage kommen, den wir Ihnen auch als guten ruhigen Übernachtungsplatz empfehlen [**133:** N 50° 28' 43.7" E 4° 06' 29.5"; Val Saint-Pierre]! Natürlich kann man auch diese Anlage besichtigen. (EUR 5,00 / 4,50 für Erw./Kinder). Bequem geht es mit dem Aufzug nach oben. Hier kann man sich nicht nur die Technik, z.B. die Maschinenhallen mit

... und noch einmal die historische Variante - welche ist schöner ?!?

Die Maschinenhalle in luftiger Höhe

ihren 144 jeweils 8,5 cm dicken Stahltrossen ansehen, einen Film und Modelle über den Bau und die Funktion dieser Anlage bestaunen.

Es gibt auch einen interessanten interaktiven Rundgang „Land der Genies", in dem Werke und Taten berühmter belgischer Persönlichkeiten dargestellt und vorgestellt werden. Wir kehren zurück zum Womo und wenden uns nun wieder der alten Technik zu, es geht weiter zum **Ascenseur No. 3**.

Wir fahren zurück zum Kreisverkehr und folgen der Beschilderung *Ascenseur 1,2,3.* 3 km weiter kommen wir an ein Gewirr aus 2 Kreisverkehren, der Autobahn E19 mit seinen Zu- und Abfahrten und den Canal du Centre, der als Brücke(!) über die Straße geht und schaffen es, den richtigen Abzweig zum **Ascenseur No. 3** zu treffen. Die schmale Straße - Kategorie asphaltierter Feldweg - führt ein wenig über Land, dann kommt man an die Häuser von **Houdeng**. 1,8 km nach dem Abzweig stellen wir uns auf den Schotterplatz unterhalb der auf Stelzen geführten Straße [**134**: N 50° 28' 42.9" E 4° 08' 01.4"; Rue de L'Ascenseur] und gehen zu Fuß die 300 Meter zu dem eigent-

Maschinenhalle von Ascenseur No. 3

lich schönsten gelegenen der vier Hebewerke. Man hat die Verbindung von einer handbetriebenen Drehbrücke, dem Schiffshebewerk analog zum Ascenseur 4, und der Maschinenhalle, in der die Hydraulik zur Betätigung der Schleusentore vor und hinter bzw. an den Trögen, die die Schiffe aufnehmen. Es ist die optisch sehr ansprechende Technik des ausgehenden 19. Jahrhunderts, die eben nicht nur funktionell sondern auch schön anzusehen ist! Wir fahren wieder zurück zu dem Autobahn - und Kanalwirrwarr, haben es aber dieses Mal mit der Orientierung wesentlich leichter: um zum Ascenseur 2 und 1 zu kommen, brauchen wir uns dort nur einfach rechts zu halten und kommen auf die N535 Richtung *La Louvière*. Nun heißt es aufpassen: nach 2,4 km, noch vor der alten Stahlbrücke über den Canal, biegen wir links auf die *Rue de Tout y Faut*, **Ascenseur 1** und **Cantine des Italiens** sind ausgeschildert. Nach 500 m befindet sich rechts der Parkplatz [**135**: N 50° 29' 06.7" E 4° 10' 22.6"] zur **Kantine der Italiener**, wo in den 50er und 60er Jahren italienische Gastarbeiter lebten. Von hier aus kann man eine wunderschöne **Rundfahrt zu den Hebewerken** buchen, und zwar von Juni bis Oktober am Samstag und Sonn- und Feiertagen, im Juli und August täglich um 8:45 Uhr morgens: mit einem kleinen Touristikzug geht es zum Lift Nr. 3, man besichtigt die Maschinenhalle, dann geht es auf ein Schiff, mit dem man durch die Drehbrücke und über den Lift Nr. 4 hinunterfährt.

Anschließend geht es zurück- wieder über Hebewerk Nr. 4 bis zum Lift Nr. 3 und mit dem Tourisitikzug zur Kantine. Der ganze Ausflug dauert dreieinhalb Stunden, im Preis von EUR 13,60/11,50 für Erw./Kinder inbegriffen ist auch der Eintritt zum modernen Schiffshebewerk von Strepy-Thieu, wo Sie dann mit Ihrem Fahrzeug hinfahren können.

Nun verlassen wir kurz für einen Abstecher die Welt der Kanäle und Hebewerke und wenden uns einer weiteren historischen Industrieanlage zu. Wir fahren die Rue de Tout y Faut zurück, biegen links auf die Brücke über den Kanal ab und fahren die nächste rechts (Rue de la Grande Louvière). Nach

So wohnte ....

1,2 km halten wir uns links, am Ende dieser Straße dann rechts und stehen nach 900 m vor dem **Ecomusee / Musée de la Mine „Bois du Luc"** [**136**: N 50° 28' 13.9" E 4° 08' 59.6"].

...und arbeitete man wie in einer Festung!

Hier wurde in diesem Patronat seit dem 19. Jahrhundert Kohle gefördert, gewohnt, eingekauft, es gab Pflegeheim und Krankenhaus, Schule, Festsaal und Cafés. Und dies alles in einer, nach kapitalistischen Erwägungen konzipierten regelrechten eigenen Stadt. Heute können Sie in diesem Museum in das Alltags- und Arbeitsleben seiner Bewohner eintauchen. Wir fahren am Haupteingang einfach weiter bis zum Ende nach 1 km, biegen dann links ab und sind nach 600 m auf dem Zubringer zur E19 Richtung Brüssel. Wir bleiben die nächsten 8 km auf der Autobahn bis zur Ausfahrt Nr. 20, hier folgen wir der Beschilderung **Ronquières** und überqueren den Canal du Centre, am östlichen Ufer geht es weiter Richtung Norden. Nach 5 km sind wir bei [**137**: N 50° 35' 28.9" E 4° 13' 16.9"] an der „Bergstation" der **Schiefen Ebene von Ronquières**, einer weiteren **Schiffshebeanlage**. Hier wird ein Höhenunterschied von 68 m derart überwunden, dass die Schiffe - ähnlich wie bei der Hebeanlage - in einen großen Trog fahren, der dann über die Schiefe Ebene auf Schienen hinunter

Die Schiefe Ebene von Ronqières

bzw. hinaufbefördert wird. Auch hier kann man die Maschinenanlage besichtigen, auf den über 100 Meter hohen Turm hinauffahren und eine sehr sehenswerte Ausstellung über die Flussschiffahrt multimedial erleben. Von Mai bis September an Sonn- und Feiertagen kann man auch mit dem Boot von der oberen zur unteren Station die Anlage durchfahren, zurück geht es dann zu Fuß über einen Wanderweg. Die Kombination aus Ausstellung und Boot kostet EUR 8,00/6,50 für Erw./Kinder. Wir fahren noch weiter bis zur Talstation, überqueren die Brücke über den Kanal und finden auf der anderen (westlichen) Seite einen großen, ruhigen Parkplatz, wo wir auch die Nacht verbringen - wobei sich auf der gegenüberliegenden Seite der Brücke eine gemütliche Gaststätte befindet ...

(138) WOMO-Stellplatz: Ronquières

GPS: N 50° 36' 23.7" E 4° 13' 23.4"; Rue Rosemont. **max. WOMOs:** 3-4
Ausstattung/Lage: ohne alles / eben, ruhig, Gaststätte 300 m, im Ort.
Zufahrt: von der Autobahn E19 aus Richtung Mons nach Brüssel Autobahnausfahrt 20 (Feluy) abfahren, hier ist Ronquières bereits ausgeschildert; Parkplatz am unteren Ende der Schiefen Ebene.

Am nächsten Morgen geht es weiter zu geschichtsträchtigen Orten. Wir fahren vom Parkplatz aus auf die N533, überqueren den *Canal du Centre* und richten uns nach der Beschilderung *Nivelles*. Nach 5 km halten wir uns rechts auf die R24, einen guten Kilometer später erreichen wir die Autobahnauffahrt E19, auf die wir Richtung Brüssel auffahren. Nach 8 km kommen wir an ein Autobahnkreuz, wir folgen der Beschilderung **Waterloo** und halten uns rechts auf die R0, an der nächsten Ausfahrt (Nr.25, Butte du Lion) nach 7 km verlassen wir die Autobahn und halten uns an der Ausfahrt rechts, nach 250 m ist auf der rechten Seite der erste Parkplatz, auf dem man sich auch für die Nacht niederlassen könnte.

Der „Butte du Lion" (Löwenhügel) südlich von Waterloo.

in der Stadt: Brigittinenstraat

(139) WOMO-Stellplatz: Waterloo - Butte du Lion

GPS: N 50° 40' 47.5" E 4° 24' 15.4"; Route Du Lion. **max. WOMOs:** 3-4
Ausstattung/Lage: ohne alles / recht ruhig, Besucherzentrum Waterloo, Restaurants, außerorts.
Zufahrt: am Brüsseler Autobahnring R0 Ausfahrt Nr. 25 (Butte de Lion), hier Richtung Südost, nach 250 m 1. Parkplatz rechts.

Und nun, geneigte Leser dieses Buches, tun Sie mir, Napoleon posthum und den Belgiern von Heute bitte einen großen Gefallen: sprechen Sie **nie** „Waterloo" eingedenk des Liedes aus den siebziger Jahren in Englisch aus, sondern einfach genauso, wie es geschrieben wird! Wir befinden uns also auf höchst historischem Boden. Hier, genau in dieser Gegend,

Das Panorama

schlug Napoleon 1815 seine letzte große Schlacht, 55.000 Franzosen, Engländer und Preußen fanden den Tod, die Französische Revolution fand ihr Ende. Natürlich sieht man den Feldern und Äckern den Verlauf des Grauens heute nicht mehr an, aber im **Besucherzentrum**, welches wir zuerst aufsuchen, bekommt man auf einem großen Modell der Schlacht, mit moderner Laser-, Ton- und Bildtechnik einen guten Eindruck über das, was hier geschehen ist. Anschließend gehen wir die 226 Stufen zum **Löwenhügel** empor, an der Stelle errichtet, wo der Prinz von Oranien verwundet wurde, und von dem aus man die Möglichkeit hat, die markanten Punkte, die man vorhin im Besucherzentrum gesehen hat, wieder zu finden. Von hier

Schlachtenszene aus dem Panorama

oben aus sieht man auch das 1912 erbaute 360°-**Panorama**, aufgemalt auf eine Leinwand von 12 m Höhe und insgesamt 110 m lang mit den Szenen der Schlacht. Besucherzentrum, Löwenhügel und Panorama sind von 10 - 17 Uhr (Saison 9:30-18:30 Uhr) geöffnet. Wir machen uns nach diesem sehr lehrreichen Tag an

Parken: Woluwedal 60 am Park Malou vor Löwe

die Weiterfahrt, wir wollen nach den Mächten der Vergangenheit nun das Machtzentrum der Gegenwart, und zwar nicht nur das Belgische, sondern sogar das Europäische erkunden - auf nach **Brüssel**! Aber keine Sorge, Sie müssen nicht unbedingt mitten ins Gewühl dieser Metropole fahren, sondern können auch über den Autobahnring in den Norden etwas außerhalb der Stadt zu zwei Stellmöglichkeiten fahren.

Wenn Sie jedoch lieber mitten in der Stadt stehen möchten, können wir Ihnen auch dies offerieren. Eine genaue Wegbeschreibung wäre sehr schwierig, deshalb vertrauen wir darauf, dass Sie ein Navigationsgerät haben und sich zu den Zielkoordinaten leiten lassen können:

(140) WOMO-Stellplatz: Bruxelles Jugendherberge

GPS: N 50° 51' 11.2" E 4° 20' 04.3"; Olifantstraat 4.   **max. WOMOs:** 5
Ausstattung/Lage: Strom, Wasser, Entsorgung, recht ruhig, gebührenpflichtig (1. Tag EUR 30,- , Folgetage EUR 25,-) / im Ort, Zentrum 1,5 km.
Zufahrt: vom westlichen Autobahnkreuz aus A 10 Richtung Zentrum, unmittelbar nach Autobahnende rechts halten (Zeliksesteenweg), am Ende schräg rechts in den Gentsesteenweg (N9), immer der N9 folgen bis zur Ransfortstraat, dort rechts abbiegen, nach 400 m rechts in die Delaunoystraat, die nächste rechts in die Olifantstraat, Jugendherberge nach 150 m auf der rechten Seite.

Ansonsten fahren wir vom Parkplatz Waterloo aus links, überqueren die Autobahn und biegen rechts auf die N253 Richtung Autobahn nach Brüssel ab. Unmittelbar nach dem 2. Kreisverkehr, seit der Abbiegung sind wir 1,5 km gefahren, kommen wir wieder auf den Autobahnring R0. Die Hauptrichtung für uns ist *Antwerpen* und *Gent*. Wir bleiben immer weiter auf dem R0, es geht am Flughafen vorbei, kurz danach zweigt die Autobahn nach *Antwerpen* ab - wir bleiben Richtung Gent auf dem R0! Die Autobahn geht nun vierspurig in jede Richtung in einem sehr hohen Bogen über den Willebrokse Kanaal, dahinter fahren Sie an der Ausfahrt 7 der E19 rechts Richtung **Grimbergen** ab. Nach ziemlich genau einem Kilometer befindet sich links am Sportplatz ein geräumiger Parkplatz, der sich ideal für die Erkundung von Brüssel eignet. Direkt an der Straße befindet sich nämlich eine Bushaltestelle, die Linie 230 bringt sie von hier aus für EUR 1,40 bis zum Bahnhof Nord.

(141) WOMO-Stellplatz: Grimbergen

GPS: N 50° 55' 39.2" E 4° 21' 56.6"; Brusselsesteenweg.
max. WOMOs: 4-5   **Ausstattung/Lage:** ohne alles / Busanbindung (Linie320) nach Brüssel ; im Ort.
Zufahrt: am Brüsseler Autobahnring R0 Ausfahrt Nr. 7 Grimbergen, rechts Richtung Grimbergen, nach 1 km Parkplatz links am Sportplatz.

Der Parkplatz im Zentrum von Grimbergen ist leider für Wohnmobile verboten. Aber fahren Sie durch das Zentrum hindurch und folgen Sie den Hinweisen zum Campingplatz:

(142) WOMO-Camping-platz-Tipp: Camping Grimbergen

GPS: N 50° 56' 05.9" E 4° 22' 51.6"; Veldkantstraat 64.
Öffnungszeiten: 01.04. bis 31.10.
Ausstattung/Lage: Ver- und Entsorgung, Sportplatz, Schwimm-bad, Restaurant / ruhig; Zentrum 700 m; Nahverkehrsanbindung nach Brüssel; WOMO mit 2 Personen ca. EUR 20,-.

Die Abteikirche und das Biermuseum sind in Fußgänger-entfernung, eventuell am Abend noch ein gutes *Grimbergen Brun* verköstigen und gemütlich etwas Essen gehen? Überhaupt kein Problem! Wie gesagt, auch Grimbergen lohnt einen Besuch. An der Kreuzung befindet sich rechts das Tou-ristenbüro und Sie sehen die große Abteikirche hinter den Häu-sern. Es gibt einen schmucken, überschaubaren Marktplatz, an der Kirche vorbei kommt man zum Biermuseum.

Das Zentrum von Grimbergen mit der Abteikirche

Wir richten unseren Blick jedoch nun nach Brüssel. Mit dem Bus fährt man bis zur Metro Heysel, von hier aus ist das **Ato-mium** schon in Sichtweite. Der 102 Meter hohe Bau stellt die 165-milliardenfache Vergrößerung eines Eisenmoleküls dar, im Inneren erwarten Sie wechselnde Ausstellungen, von der obersten Kugel aus hat man einen sehr schönen Blick über die Stadt. Das Urheberrecht für Bilder vom Atomium liegt noch bis 2075 bei der V.o.G. Atomium, so dass wir Ihnen hier leider keine Fotos zeigen können. Direkt zu Füßen des Atomiums ist der **Brupark** gelegen. Hier gibt es die Bereiche **Mini-Euro-**

Mini Europe im Brupark

pe mit 300 Modellen der berühmten Bauten Europas, eingebettet in eine Parklandschaft, **Océade**, ein großes subtropisches Schwimmbad, **Le Viallage** mit seinen vielen in- und ausländischen Restaurants und einen riesigen Kinokomplex. Die **Métro** Linie 1A bringt uns von dort bis in die Innenstadt (Gare Central). Die Preise sind sehr familienfreundlich. Eine Gruppentageskarte für die Metro kostet für 5 Personen EUR 6,20, auch die Einzeltageskarte ist mit 3,60 / Erwachsene durchaus bezahlbar.

Der Grote Markt von Brüssel, hier die Zunfthäuser

Das Rathaus von Brüssel

Die wesentlichen Sehenswürdigkeiten der Innenstadt kann man ohne weiteres an einem Tag mitnehmen, man erreicht alle markanten Punkte bequem zu Fuß. Von der Metro-Stati-

on aus geht man zunächst zum **Grote Markt**, einem der prächtigsten von Belgien. Das **Rathaus** wurde in direkter Konkurrenz zu Brügge gebaut, es sollte noch prächtiger als dieses werden. Die

Der Marktplatz bei Nacht

Zunfthäuser mit ihren beeindruckenden Fassaden runden das Bild ab, gegenüber dm Rathaus ist das fast ebenso prachtvolle **Maison du Roi**, dem königlichen Gerichtshof. Links vom Rathaus befindet sich im ehemaligen Zunfthaus der Brauer (Nr.10) ein Biermuseum, im Haus quer zum Rathaus ist das Kakao- und Schokoladenmuseum. Direkt am Marktplatz finden Sie auch die Touristeninformation.

Wer hier nicht gewesen ist, war nicht in Brüssel. Wenn Sie vor dem Rathaus stehen und die Straße links davon hinein gehen (Charles Bulsstraat), treffen sie in der Verlängerung dieser Straße nach knapp 250 m an der Ecke zur Eikstraat auf dieses nette Kerlchen. Um den Ursprung der Bronzefigur ranken sich viele Gerüchte und Legenden, die Figur wurde im Lauf der Geschichte mehrfach geraubt, verschleppt, zertrümmert und immer wieder aufgebaut. An hohen Festtagen fließt übrigens nicht Wasser, sondern Bier oder gar Wein aus dem ...

Manneken-Pis

Östlich des Grand Place finden Sie in einem Durchgang eine Bronzeplastik des Everard t'Serclaes. Dieser war ein Schöffe, der während der Verteidigung Brüssels im 14. Jahrhundert zu Tode

Bronzefigur des Everard t'Serclaes

gefoltert wurde. Der Legende nach bringt das Berühren der Figur Glück, was auch heute noch fast jeder der Passanten macht. Nördlich jenseits des Grote Markt die königlichen St.-Hubertus-Galerien, eine Einkaufspassage - nein, viel mehr ein Palast aus Marmor und Glas, in dem sich exquisite Läden und Cafés befinden. Wenn Sie Hunger auf etwas Süßes haben: in der Confiserie und Chocolaterie Neuhaus finden Sie unter 65 verschiedenen Pralinensorten bestimmt die Beste heraus.

In der Umgebung der Galerien gibt es auch eine sehr reichhaltige

Die St. Hubertus-Galerien

Auswahl an hervorragenden Restaurants, die zum Verweilen und Schmausen einladen, und wenn Sie uns bisher nicht geglaubt haben, dass man es in Belgien versteht zu genießen, so tun Sie es bestimmt jetzt. Wir brauchen einen starken Willen, unser Konto nicht zu sehr zu belasten. Von der Unterstadt aus orientieren wir uns nun nach oben - Richtung Kunstberg. Die Bibliothek Albert I mit über 3 Mio. Büchern und unschätzbar

Verführerisch - Auswahl bei Neuhaus

wertvollen Handschriften weckt unser Interesse. Der Kunstberg bildet zudem die Verbindung von der Unterstadt zum Königsviertel. Spätestens in Brüssel wird es Einem bewusst, dass Belgien schließlich eine Monarchie ist. Oberhalb des Kunstberges treffen wir auf den Königspalast mit dem Park. Wir schlagen von hier aus den Bogen zur Kathedrale St. Michel aus dem 15. Jahrhundert mit ihren prachtvollen Glasmalereien. So langsam schmerzen die Füße vom Lauf durch die Straßen, der allgemeinen Stimmung entsprechend machen wir uns am Spätnachmittag auf den Weg zur Métro um so langsam zum Stellplatz zurückzufahren. Werfen Sie bei der Fahrt mit der Métro unbedingt bei den Stationen einen Blick aus dem Fenster! Jede Station sieht anders aus und ist von namhaften zeitgenössischen Künstlern individuell gestaltet.

Appetit auf Meeresfrüchte ?

Vom Kunstberg Richtung Rathaus

Wir haben Sie bewusst nur zu den wirklich wichtigsten Punkten dieser Millionenstadt geführt, das kulturelle Angebot dieser Metropole ist so groß und vielseitig, dass Sie mit Hilfe des Touristenbüros sich die Museen und Ausstellungen, die für Sie interessant sind, heraussuchen können und noch weitere Tage hier verbringen können.

Die Kathedrale St. Michel

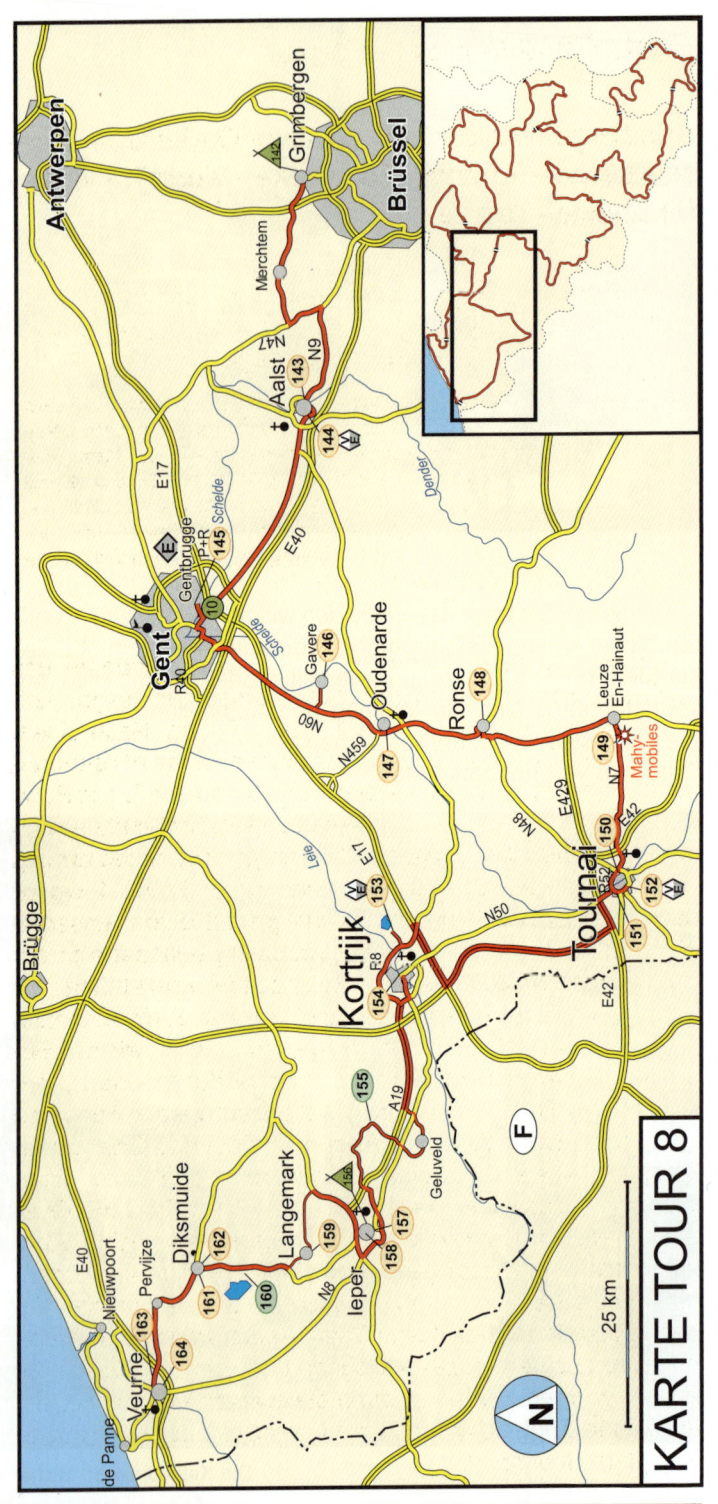

TOUR 8 (273 km / 3-4 Tage)

Grimbergen - Aalst - Gent - Gavere - Oudenarde - Ronse - Leuze - Tournai - Harelbeke - Kortrijk - Ieper - Diksmuide - Veurne

Freie Übernachtung: Gent, Oudenarde, Tournai, Kortrijk, Ieper, Veurne

Ver- und Entsorgen: Stellplatz Aalst; Stellplatz Tournai; Stellplatz Ronse; Stellplatz Harelbeke; Stellplatz Langemark

Besichtigen: **Aalst:** Schepenhuis, Belfried und St. Martinus-Kirche mit Rubens-Gemälde, historische Innenstadt von **Gent**, Stadthuis von **Oudenarde**, Mahymobiles in **Leuze**, ältester Belfried Belgiens und Marktplatz in **Tournai**, Grote Markt und Begijnhof von **Kortrijk**, **Ieper:** Marktplatz mit Lakenhalle, Diksmuide: Marktplatz mit Rathaus und Belfried, Schützengräben aus dem 1. Weltkrieg am Yserturm; **Veurne:** Marktplatz, Bakkerijmuseum

Bei einer unserer Recherchen von Brüssel haben wir uns natürlich auch den Campingplatz von Grimbergen ausgesucht, den wir Ihnen wirklich ans Herz legen können. Nach einem Besuch der Großstadt Brüssel empfinden wir es als sehr angenehm, am Abend in dem kleinen Städtchen den Tag in Ruhe ausklingen zu lassen. Wir verlassen den Platz und halten uns an die Hauptstraße (*Brusselsesteenweg*). Hier halten uns rechts, nach weiteren 400 m kommen wir an die N211, wo wir nach links der Beschilderung Richtung *Aalst* folgen - unserem nächsten Ziel. Hier links an der Kreuzung befindet sich der Busbahnhof, wo auch die Linie 230 nach Brüssel abfährt. Wir fahren nun die N211 entlang, nach 3 km kreuzt die Autobahn A12. Auch im nächsten Ort, Wolvertem, folgen wir der Beschilderung *Aalst*. Leider ist nun die Route der schönen Landschaften zu Ende, es gibt nicht viel Erbauliches auf unseren Zwischenetappen zu sehen. Aber die Städte und Orte, die wir Ihnen auf dieser Tour zeigen, haben es in sich! 5 km hinter Wolvertem sind wir in Merchtem, wo wir links Richtung *Brüssel* fahren, am Gemeindehaus geht es wieder rechts Richtung **Aalst**. Am Ortseingang überqueren wir die Eisenbahnlinie und die *Dender*, stören uns nicht an der direkt rechts liegenden großen Fabrik (keine Chemie auch wenn es so riecht hier wird aus den in dieser Gegend gedeihenden Rüben der Zucker gewonnen), fahren dann die zweite Straße hinter der auffälligen Zugbrücke rechts und gelangen auf den großen Parkplatz *Houtmarkt*.

(143) WOMO-Stellplatz: Aalst

GPS: N 50° 56' 05.2" E 4° 02' 38.6"; Houtmarkt. **max. WOMOs:** 2-3
Ausstattung/Lage: ohne alles / gebührenpflichtig, Zentrum 600 m; im Ort.
Zufahrt: in Aalst die N9 aus Richtung Brüssel kommend über die Zugbrücke über die Dender, danach die zweite Straße rechts ab, Parkplatz *Houtmarkt.*

Wir gehen vom Parkplatz aus einfach die Pontstraat Richtung Nordwest auf die **Sint Martinuskerk** zu, biegen kurz davor links ab in die Sluierstraat, am Ende nach 80 m rechts und sehen kurze Zeit später den **Grote Markt** vor uns. Wenn dann auch noch wirklich Markt ist wie bei unserem Besuch, ist die

Der Grote Markt von Aalst

Atmosphäre richtig stimmig! Sehr schön ist der **Belfried** (= Rathausturm) mit seinem Glockenspiel bestehend aus 52 Glocken am dem **Schepenhuis** (Ratsherrenhaus), ursprünglich aus dem 14. bzw. 13. Jahrhundert. Im Rathaus gibt es auch eine interessante Filmvorführung über die Geschichte der Stadt. Links vom Rathaus fällt ein schönes Gebäude aus roten Backsteinen auf, es handelt sich um die Börse von Amsterdam aus dem Jahr 1645, heute sind hier Restaurant und ein Hotel untergebracht. Aalst ist die Stadt der Blumen - hier in der Umgebung wird die Hälfte der belgischen Schnittblumen gezogen! Auch im **Karneval** ist man sehr aktiv, wenn Sie um diese Zeit kommen, können Sie am Sonntag den „Zug des Riesen" durch die Stadt bewundern, am Rosenmontag findet ein Zwiebelwerfen vom Belfried statt - lassen Sie sich überraschen! Auf dem Rückweg zum Parkplatz sehen wir uns noch die schöne **Sint-Martinuskerk** an. Im Inneren bewundern wir im Seitenschiff das Gemälde „Der hl. Rochus und die Pestkranken" von **Peter Paul Rubens** - wenn man nicht wüsste, dass sich hier ein solch wertvolles Bild befindet, würde man es kaum zwischen den anderen finden.

Der Parkplatz am Houtmarkt ist ideal zur Besichtigung des Zentrums, aber wer hier länger verweilen oder auch nur ver- und entsorgen möchte sollte wieder zurück über die Zugbrücke und Eisenbahnlinie und die nächste große Straße links abbiegen. Nach 450 m geht es rechts Richtung Schwimmbad. Hier hat die Gemeinde einen Stellplatz für zwei Wohnmobile eingerichtet:

(144) WOMO-Stellplatz: Aalst Schwimmbad

GPS: N 50° 56' 17.4" E 4° 03' 30.0"; Zwembadlaan. **max. WOMOs:** 2
Ausstattung/Lage: Ver- und Entsorgung, Strom (gebührenpflichtig, Jettons im Schwimmbad erhältlich) / gebührenfrei, Zentrum 2 km; im Ort.
Zufahrt: in Aalst die N9 aus Richtung Brüssel kommend noch vor der Dender rechts der Beschilderung Schwimmbad folgen.

Wir fahren von unserem Parkplatz aus zunächst links, dann zwei Mal rechts und befinden uns wieder auf der N9, *Westrem* ist ausgeschildert. Dieser Landstraße bleiben wir bis *Gent* treu. Wenn Sie jedoch keine Lust auf Landstraße haben, können Sie alternativ auch 1,1 km hinter dem Parkplatz am Kreisverkehr die N9 verlassen, nach 800 m kommt die Autobahnauffahrt zur E40 nach Gent. Nach 24 km wechseln Sie auf die E17 Großrichtung *Antwerpen* und treffen an der Ausfahrt Nr. 10 (Gentbrugge) wieder auf die N9, wo Sie links Richtung **Gent** abbiegen. Sollten Sie nicht gerne mit Ihrem Wohnmobil in große Städte hineinfahren, sondern lieber außerhalb bleiben und mit öffentlichen Verkehrsmitteln in die City wollen, oder aber wenn Sie die Abwassertanks voll haben, fahren Sie mit uns unmittelbar, nachdem wir die Autobahn E17 unterquert haben, rechts ab. Nach 400 m biegen wir rechts auf die großen P+R-Parkplätze, die sich unter der auf Stelzen geführten Autobahn befinden. Von hier aus können Sie mit der Straßenbahnlinie 22 einfach in eine der schönsten belgischen Städte fahren. Wenn Sie noch 400 m weiter fahren, finden Sie am Parkplatz zwischen Schwimmbad und Sporthalle sogar einen ganz offiziellen Bodeneinlass für die Entsorgung!

(145) WOMO-Stellplatz: Gentbrugge P+R

GPS: N 51° 02' 15.2" E 3° 46' 01.2"; Driebeekstraat.

max. WOMOs: 10   **Ausstattung/Lage:** Entsorgung (Bodeneinlass) Nähe Sporthalle; wegen der Autobahn nicht ganz ruhig, gebührenfrei, Straßenbahn (Linie 22 ins Zentrum) direkt anbei; Zentrum 3,7 km.

Zufahrt: von der N9 aus oder von der Autobahn E17 (Ausfahrt Nr. 10 Gentbrugge) der Beschilderung P+R Gentbrugge folgen; unter der auf Stelzen geführten Autobahn großzügige Parkplätze, nach 800 m am Schwimmbad weitere Parkmöglichkeiten, hier auch Bodeneinlass.

Von hier aus kann man entweder mit der Straßenbahn oder auch mit dem Fahrrad die 3,7 km ins historische Zentrum von Gent zurücklegen - einfach zur N9 und dort die nächsten 2,7 km immer geradeaus, dann schräg links in den Brabantdam, nach 250 m rechts in die Vlanderenstraat und bald ist der mäch-

St. Baafs-Kathedrale mit dem van Eyck-Denkmal

tige Turm der **St. Baafs-Kathedrale** nicht mehr zu übersehen. In einem Nebenraum der Kathedrale steht der weltberühmte **Genter Altar** der Gebrüder van Eyck mit seinen 22 Tafeln der gesamten Heilsgeschichte. Bei gutem Wetter lohnt auch die Besteigung des Turmes, man hat einen schönen Blick auf das Gassengewirr der Altstadt. Nur wenige Meter sind es von der Kathedrale zum **Grote Markt** mit dem **Stadthuis** (hier ist auch die Touristeninformation untergebracht) und dem separaten Belfried. Dieser wurde höher gebaut als der Kirchturm, zudem

Der Rathausplatz in Gent

ziert ein angriffsbereiter Drachen seine Spitze - wer wollte da wohl seine Macht demonstrieren? Direkt am Platz ist die **Lakenhalle**, in der man sich unter anderem auch eine 30-minütige Multivisionsschau über Gent ansehen kann. Wir gehen vorbei an der **St. Niklaaskerk**, überqueren die *Leie* zur **St. Michae-**

Lauter Türme und Türmchen ...

liskerke. Hier entlang der *Koornlei* bzw. am anderen Ufer entlang der *Graslei* befand sich im Mittelalter der alte Hafen mit den prachtvollsten Zunfthäusern und ihren reich verzierten Giebeln. Bei schönerem Wetter lohnen auch die hier startenden Bootsfahrten entlang der Leie und der anderen Genter Binnengewässer. Wir gehen lieber zu Fuß weiter Richtung Norden, überque-

Reich verzierte Giebel der Zunfthäuser

ren den Nebenarm der *Leie* und sehen das etwas unheimlich wirkende **Gravensteen** aus dem 12. Jahrhundert, der Burg des damaligen Grafen von Flandern. Sie ist eine der gewaltigsten Wasserburgen Europas, im Inneren gibt es u.a. einen großen Saal, aber auch ein Gerichtsmuseum mit einer reichhaltigen Sammlung von Folterwerkzeugen und Guillotinen zu sehen. Von der Burg aus schlagen wir den Bogen zum **Vrijdagmarkt**, wo es jeden Freitag und Samstag Wochenmarkt und sonntagvormittags Vogelmarkt gibt. Wenn Sie aber lieber einen Kater als einen Vogel haben möchten, empfehle ich Ihnen hier am Ufer der Leie „De Dulle Griet" - es sind 250 verschiedene Biere im Angebot...

Gravensteen - eine der größten Wasserburgen Europas

Nach einer langen, ruhigen Nacht und nachdem wir den Vormittag noch ein wenig in dieser wunderschönen Stadt verbracht haben, ziehen wir am Nachmittag weiter. Vom Parkplatz aus fahren wir zurück auf die Autobahn und halten uns auf die E17 Richtung Kortrijk. Wir verlassen sie an der ersten Ausfahrt und halten uns rechts auf die N60, Oudenarde ist ausgeschildert. Nach knapp 7 km biegen wir links nach **Gavere** ab. Nach Überquerung der Schelde macht die Straße einen Rechts-, dann einen Linksbogen. Wir biegen dann rechts ab und finden nach 50 m rechts einen ruhigen Parkplatz:

(146) WOMO-Stellplatz: Gavere

GPS: N 50° 55′ 40.4″ E 3° 39′ 28.3″; Sportdreef. **max. WOMOs:** 1-2 **Ausstattung/Lage:** ohne alles / ruhig, Zentrum 200 m; im Ort. **Zufahrt:** Von E17 Gent-Kortrijk 1. Ausfahrt auf N60 Richtung Oudenarde, nach 7 km links Richtung Gavere, im Ort rechts „P" am Sportplatz.

Gavere ist ein netter, kleiner Ort. Der Parkplatz ist ungefähr 100 m von der Schelde entfernt. Dort führen Radwege sowohl am linken wie auch rechten Ufer entlang. 14 km sind es entlang der Schelde in südlicher Richtung bis Oudenarde - eine sehr schöne Tour!

Wir fahren wieder zurück zur N60 und biegen links nach Oudenarde ab. Kurz vor Oudenarde zweigt rechts die N459 Richtung Kruishoutem ab, nach 1,3 km kommt der Abzweig nach **Oudenarde**. Am Ende der Ausfahrt fahren wir links, nach genau 500 m - nachdem die Eisenbahn kreuzt - biegen wir direkt rechts ab, nach 250 m sind wir am Ufer der *Schelde* . Hier ist ein großer Schotterparkplatz, aber es kommt noch viel schöner. Wir halten uns links, fahren am Ufer der Schelde stromabwärts weiter und kommen nach 200 m an einen weiteren Parkplatz, wo Sie mit Glück einen Panorama-Stellplatz mit Blick auf die am anderen Ufer stehende Kirche finden.

(147) WOMO-Stellplatz: Oudenarde

GPS: N 50° 50′ 26.6″ E 3° 36′ 22.6″; Margaretha van Parmastraat. **max. WOMOs:** 2-3 **Ausstattung/Lage:** ohne alles / am Schedekai, Entfernung zum Zentrum 300 m; im Ort. **Zufahrt:** von der N60 aus Abfahrt Oudenarde (N453), am Ende der Ausfahrt links, nach 500 m (hinter Eisenbahn) rechts zum Ufer der Schelde, links, nach 200 m Parkplatz.

Rathaus in Oudenarde

Nachdem wir mit Gent eine Großstadt erlebt haben, ist es nun ein schöner Kontrast, in dem stillen, verträumten Oudenarde zu stehen und zunächst vom Womo-Fenster aus bei einem

Geschäft in der Nähe des Grote Markt

Kaffee den auf der Schelde vorbeituckernden Lastkähnen zuzusehen. Natürlich machen wir uns bald auf, das Städtchen ein wenig zu erkunden - schließlich soll es hier ein eindrucksvolles Rathaus mit einer anschließenden Tuchhalle geben; Oudenarde hatte und hat noch immer eine durchaus beachtliche Tuchindustrie. Wir gehen vom Parkplatz aus noch 200 m weiter bis zur Brücke die Schelde entlang, wenden uns dort links und schlendern die 300 m bis zum Marktplatz. Die Sint-Walburgakerk ist auch recht sehenswert, dahinter befindet sich das Bischofspalais, daneben das Liebfrauenspital von 1382 - alles ist dicht beisammen und lässt sich gemütlich zu Fuß erkunden. Am Abend ist das Rathaus schön beleuchtet, setzen Sie sich einfach in eine der Brasserien oder Restaurants am Marktplatz und betrachten das Treiben!

Am nächsten Morgen geht es weiter, wir fahren von unserem Parkplatz aus die 200 m jetzt entgegen dem Lauf der

Schelde, dann rechts bis zum Kreisverkehr, hier links und fahren nach 500 m auf die N60 Richtung **Ronse**. Nach ca. 10 km erreichen wir den Ort, fahren am ersten Kreisverkehr rechts, 750 m weiter am nächsten „links" und nach weiteren 500m an nächsten „links". Nach weiteren 100 m weist ein WOMO-Piktogramm rechts auf den Parkplatz hinter dem Schwimmbad:

(148) WOMO-Stellplatz: Ronse

GPS: N 50° 44' 38.1" E 3° 35' 19.0"; Engelsenlaan. **max. WOMOs:** 1-2 **Ausstattung/Lage:** Sanitäranlagen des Schwimmbads können während der Öffnungszeiten genutzt werden / Zentrum 800 m; im Ort. **Zufahrt:** von der N60 aus in Ronse am ersten Kreisverkehr rechts,750 m weiter am nächsten „links" und nach weiteren 500m am nächsten wieder „links". Nach 100 m rechts „P" hinter dem Schwimmbad.

Ronse ist ein schmuckes Städtchen mit 25.000 Einwohnern in den flämischen Ardennen. Bis zum Grote Markt mit dem modernen Rathaus sind es gut 800 m, vorher kommt man durch die Hauptgeschäftsstraße. Bemerkenswert ist das Bahnhofsgebäude 500 m südlich

Im Zentrum von Ronse

des Stadtkerns: es handelt sich um den ehemaligen Bahnhof von Brügge, der Stein für Stein ab- und hier wiederaufgebaut wurde.

Nun folgen wir weiter der Beschilderung *Leuze*. Am ersten Kreisverkehr hinter dem Ortseingangsschild von **Leuze** fahren wir rechts Richtung *Tournai* auf die N7. Nach 1,5 km, hinter der Total-Tankstelle, biegen wir scharf links in die *Rue Erna* ab (Achtung: die Rue Erna ist noch VOR den Bahnschienen links). In 300 m sehen wir links den Parkplatz von **Mahymobiles** [**149**: N 50° 35' 52.3" E 3° 36' 16.4"]. Hier befindet sich eine einzigartige Sammlung von ungefähr 1.000 Fahrzeugen

Oldtimer über Oldtimer

aus über 100 Jahren Automobil- und Fahrradgeschichte - wer auch nur ein wenig Benzin im Blut hat, wird mit Begeisterung stundenlang durch die Hallen schlendern und alle paar Meter wieder in Erinnerungen und Träumen schwelgen! Die sehenswerte Ausstellung ist von 1.4. bis 30.9. täglich außer dienstags und mittwochs von 10 bis 17 Uhr geöffnet.

wiedererkannt aus Harry Potter...

Immer noch beeindruckt besteigen wir unser eigenes Gefährt, kehren die 300 Meter zurück zur N7 und fahren nach Tournai weiter. In 14,2 km sind wir am Stadtring, wo wir rechts fahren, nach 2 km auf einer Brücke die Escaut (=Schelde auf frz.) überqueren und dann rechts abbiegen, wo sich bereits ein Hinweisschild auf die **Pont de Trous** befindet. Unten am Ufer halten wir uns rechts, nach 150 m bleiben wir am Längsparkstreifen direkt vor der alten Brücke stehen.

(150) WOMO-Stellplatz: Tournai „Pont de Trous"

GPS: N 50° 36' 47.2"; E 3° 22' 59.3"; Quai Donat Casterman.
max. WOMOs: 1-2 **Ausstattung/Lage:** ohne alles / Entfernung zum Zentrum 750 m; im Ort.
Zufahrt: von der N48 aus Richtung Ronse kommend auf den Ring R52 rechts, nach 1,4 km nach dem Überqueren der Brücke über die Schelde hinter der Tankstelle rechts bis zum Ufer, dort wieder rechts, nach 150 m Längsparkplätze am Ufer vor der *Pont de Trous*.

Wer etwas ruhiger stehen möchte oder wenn Sie mit mehreren Wohnmobilen unterwegs sind, biegen Sie nicht hinter der Tankstelle rechts ab sondern bleiben auf dem Ring R52, kommen an einen Kreisverkehr mit einem Springbrunnen in der Mitte, und fahren geradeaus weiter (*Flughafen* ist ausgeschildert).

Der Ring geht als Allee weiter, zwei Fahrspuren in jede Richtung. An der nächsten Ampel (750 m hinter dem Kreisverkehr) wechseln wir auf die wenige Meter parallel verlaufende Straße und finden nach 100 m rechts den Parkplatz „Maison de la Culture" [**151**: N 50° 36' 19.9" E 3° 22' 43.8"]. Wenn Sie etwas weiter durchfahren, finden sie recht schöne und ruhigere Ecken auf diesem Platz. Wenn Sie nicht zum Maison de la Culture abbiegen sondern noch 100 m weiterfahren, eröffnet sich zur rechten Hand noch eine weitere riesengroße Parkfläche, wo eine Ecke speziell für Wohnmobile ausgewiesen ist (mit Ver- und Entsorgungsstation)

(152) WOMO-Stellplatz: Tournai „Plaine d. Manoeuvres"
GPS: N 50° 36' 14.3" E 3° 22' 50.6"; Avenue Des Frères Rimbaut.
max. WOMOs: 4-5 **Ausstattung/Lage:** Ver- und Entsorgung, Mülleimer / Entfernung zum Zentrum 500 m; im Ort.
Zufahrt: von der N48 aus Richtung Ronse kommend auf den Ring R52 rechts, über einen Kreisverkehr, 750 m später an der Ampel auf die parallel laufende Straße wechseln, nach 200 m auf „P" rechts.

Die Womo-Stellplätze sind gebührenfrei, wir können also in aller Ruhe losziehen, um eine der ältesten Städte (neben Tongeren) von Belgien zu besichtigen, ihr Ursprung liegt im 3. Jahrhundert als Römerstadt „Turnacum" an der Heerstraße Köln - Boulogne, von dieser Vergangenheit ist hier jedoch nichts mehr übrig. Wir gehen vom Parkplatz 2 aus ein Stück zurück bis zur Ampel, überqueren den Ring und gehen an der Kirche

Der „Grand Place" von Tournai

Cathédrale Notre Dame

Ste.-Marquerite vorbei und kommen dann an den dreieckigen **Grand Place**, wo wir direkt auf den ältesten **Belfried** Belgiens (Weltkulturerbe der UNESCO) zu laufen. Im direkt daneben liegenden Verkehrsamt sollte man sich zunächst einen Film „Die Zeitreise" über die Geschichte von Tournai ansehen, dann kann man sich an die 257 Stufen nach oben machen! Auf keinen Fall entgehen lassen sollte man sich die **Cathédrale Notre Dame**, eines der schönsten und bedeutsamsten romanischen Gebäude Westeuropas (wenn auch zur Hälfte gotisch), schon von weitem zu erkennen an den 5 großen Türmen. Eine Beschreibung dieser Kathedrale mit den wunderschönen Glasfenstern, den Gemälden der flämischen Schule, u.a. auch von Rubens, würde den Rahmen dieses Womo-Reiseführers bei weitem sprengen, aber Sie können, einschließlich der Besichtigung des unvergleichlichen Domschatzes, viele Stunden hier verbringen. Auch die weitere Umgebung des *Grand Place* ist beachtenswert. Schlendern Sie mit uns durch die Gassen und bewundern Sie die prächtigen Bürgerhäuser! Wenn Sie vom Grand Place aus zum Belfried gehen und sich dahinter rechts halten, kommen Sie zum Musée de la Tapisserie, dem sehr sehenswerten Teppichmuseum - schließlich war und ist Tournai berühmt für seine Wandteppiche. Sowohl historische wie auch zeitgenössische Exemplare sind hier ausgestellt, auch die Herstellung wird erklärt. Insbesondere in abendlicher Dunkelheit lohnt sich ein Spaziergang entlang der *Escaut* nach Nordwest - der Blick auf die angestrahlte altehrwürdige **Pont des Trous**, die sich in der träge dahinfließenden Schelde spiegelt, ist einfach romantisch-schön. Wir kehren zum Parkplatz zurück und folgen nun dem Ring R52 zurück zum Kreisverkehr, hier fahren wir links auf die N50 Richtung **Kortrijk** - dem nächsten Ziel unserer Städte-Tour. Nach 2 km kommen wir an die Autobahn E42. Wir nehmen die Autobahn zunächst Richtung *Lille*, dann am nächsten Autobahnkreuz Richtung *Kortrijk/ Brügge*. Kurz vor Kortrijk wechseln wir auf die E17 Richtung Gent und fahren dann die zweite Ausfahrt (Kortrijk / Zwevegem) ab. Wir halten uns dort rechts, nach wenigen Metern wieder rechts auf die R8 nach **Harelbeke**. Nach 2,2 km biegen wir rechts in die Zandbergstraat und erreichen nach 2 km das Sportzentrum am **Gavermer**. Hier erwartet uns ein offizieller WOMO-Stellplatz:

---

(153) WOMO-Stellplatz: Harelbeke Gavermeer

GPS: N 50° 50' 47.5" E 3° 18' 39.5"; Stasegemsesteenweg.
max. WOMOs: 8
Ausstattung/Lage: Ver- und Entsorgung, Strom, Mülleimer, gebührenpflichtig / Entfernung zum See 500 m; Ortsrand.
Zufahrt: von der E17 Ausfahrt Kortrijk auf die R8 nach **Harelbeke**. Nach 2,2 km rechts in die Zandbergstraat, noch 2 km.

Das nahe gelegene Gavermeer entstand durch Bodenaushub, der für den Bau der E17 benötigt wurde. Hier wurde ein Naturschutzgebiet mit Rundwanderwegen angelegt. In der südöstlichen Ecke des Sees befindet sich ein Schwimmbad.

Wir fahren zurück Richtung Kortrijk, und kreuzen die R8. Am ersten Kreisverkehr, nachdem wir den Kanal Kortrijk - Bossuit überquert haben, fahren wir rechts, am nächsten links auf die Insel in der Leie. Nun sind es nur noch 300 m, bis Sie Ihr Wohnmobil ganz entspannt auf dem geräumigen **Parkplatz Broeltorens** abstellen können.

---

(154) WOMO-Stellplatz: Kortrijk Broeltorens

GPS: N 50° 49' 57.8" E 3° 16' 02.9"; Izerkaai. **max. WOMOs:** 4-5
Ausstattung/Lage: ohne alles / gebührenpflichtig, asphaltiert, ruhig, Zentrum 600 m; im Ort.
Zufahrt: siehe Text.

Wir gehen über die wunderschöne Brücke **Broeltorens** und wenden uns dann zum **Grote Markt** - überragt von dem Turm der **Sint-Maartenskerk**. Diesen können Sie auch besteigen, man hat einen schönen Blick auf die Stadt von hier oben! Der Belfried mit seinem eigenartigen Dach steht einsam und alleine auf dem Marktplatz. Er ist das Einzige, was von der 1307 erbauten Tuchhalle übriggeblieben ist, die Uhr wird von zwei blankpolierten Kupferfiguren „Manten" und „Kalle" geschlagen.

Die „Broeltorens"

Wir gehen in Richtung auf die Sint-Maartenskerk mit seinem Glockenspiel aus 49 Glocken. Direkt an der Kirche be-

Der Grote Markt von Kortrijk mit der Sint-Maartenskerk

ginnt einer der schönsten **Beginenhöfe** Belgiens, bestehend aus 42 einzelnen weißgetünchten Häusern. Was hat es nun für eine Bewandtnis mit diesen Beginen, deren Zeugnis man in vielen flämischen Städten findet? Sie waren seit dem späten 12. Jahrhundert bzw. sind (bei Gent gibt es noch eine aktive) eine wirtschaftliche und religiöse Gemeinschaft von Frauen, die sich - aus welchen Gründen auch immer (oft auch, um einer von den Eltern bestimmten Ehe zu entgehen) aus dem bürgerlichen Leben zurückzogen, um sich den Armen, Kranken und Alten zu widmen. Die Beginenhöfe waren nun klosterartig abgeschirmte kleine Städte in den Städten, in denen die Beginen teils alleine in winzigen Häusern, teils auch zu mehreren (z.B. im Konvent, der Einfüh-

Der Belfried von Kortrijk

rungsphase) in größeren Gebäuden wohnten. Sie legten kein Gelübde ab, fühlten sich aber der Gemeinschaft verpflichtet. Zu jedem Beginenhof gehört natürlich auch eine Kirche, in der 2-3-mal täglich Gottesdienst abgehalten wurde. Die Beginenhöfe gefallen durch die sehr malerische Anordnung von kleinen und kleinsten Häusern und winzigen Gärtchen.

Im Begijnenhof zu Kortrijk

Wir kehren vom St.-Elisabeth-Beginenhof an der **Onze-Lieve-Vrouwkerk** mit dem im Querschiff befindlichen Gemälde (Kreuzaufrichtung) von Anton van Dyck vorbei wieder zu den Broeltorens und zum Parkplatz zurück. Von hier aus fahren wir links, also weiter am Leieufer entlang und folgen dem R36 Richtung *Flughafen*. Der Ring geht in die N8 über, ca. 4 km hinter dem Parkplatz wechseln wir rechts auf die vierspurig ausgebaute Ringstraße R8. Nach 1 km wechseln wir auf die A19 Richtung Ieper, unserem nächsten Etappenziel. Auch hier bevorzugen wir entgegen unserer normalen Gewohnheiten die Autobahn, auf der Landstraße gibt es nichts Besonderes zu sehen - nur endlose Ortsdurchfahrten mit Kreisverkehren und Ampeln. An der Ausfahrt 3 (Zonnebeke-Beselare) verlassen wir die Autobahn, fahren rechts und direkt wieder links über die Autobahn hinüber. In Geluveld halten wir uns rechts, nach 2,6 km fahren wir wieder rechts und überqueren die Autobahn nochmals. Unmittelbar danach biegen wir links ab und erreichen nach 800 m links einen schönen, mit Büschen zu Nischen abgeteilten Parkplatz:

(155) WOMO-Wanderparkplatz: Polygoonbos

GPS: N 50° 51' 10.9" E 2° 58' 40.5"
max. WOMOs: 2-3
Ausstattung/Lage: Wanderwege/gebührenfrei, ruhig, Restauration anbei.
Zufahrt: siehe Text.

Restauration am Eingang zum Wald

Dieses Waldgebiet wurde nach dem 1. Weltkrieg gepflanzt, diente später als Truppenübungsplatz und wurde nach dem 2. Weltkrieg erneut aufgepflanzt. Inzwischen ist es Naturschutzgebiet, viele Raubvögel leben hier. Ein großes Wanderwegenetz durchzieht den Wald. Im nordöstlichen Teil findet man ein Gräberfeld aus dem 1. Weltkrieg mit gefallenen australischen und neuseeländischen Soldaten.

Wir fahren das Sträßchen weiter und biegen am Ende links ab. 3 km von dort aus kommen wir an die N37, der wir links nach **Ieper** folgen. Am ersten Kreisverkehr fahren wir geradeaus, am nächsten biegen wir rechts ab und finden nach gut 400 m links die Einfahrt zum Campingplatz von Ieper:

(156) WOMO-Campingplatz-Tipp: Jeugdstadion Ieper

GPS: N 50° 50' 46.6" E 2° 53' 50.3"; Bolwerkstraat 1.
Öffnungszeiten: Wohnmobilplatz ganzjährig.
Ausstattung/Lage: Ver- und Entsorgung, Strom, Platz für 18 WOMOs, Fahrradverleih / ruhig; Zentrum 900 m; Schwimmbad 500 m; WOMO EUR 12,-.

Wenn Sie nicht auf den Campingplatz möchten, fahren Sie am letzten Kreisverkehr geradeaus, wir sind dann auf der N37B Richtung *Veurne. Auf* der rechten Seite liegt ein schöner Park. Nach 1,1 km, links befindet sich der Bahnhof von Ieper, biegen wir an der Ampel rechts ab, „P Gratis" ist ausgeschildert. Nach 70 m wieder rechts, schon sehen wir einen recht großzügigen, schönen Parkplatz (nur zum Teil mit Höhenbalken), der sich auch gut für eine Übernachtung eignet.

(157) WOMO-Stellplatz: Ieper I

GPS: N 50° 50' 51.6" E 2° 52' 48.1"; Vooruitgangsstr.   **max. WOMOs:** 3
Ausstattung/Lage: öffentl. WC / ruhig, Zentrum 600 m; im Ort.
Zufahrt: von der N37B gegenüber des Bahnhofes an der Ampel rechts Richtung Zentrum, nach 70 m rechts Beschilderung „P Gratis" folgen.

Sie möchten noch mehr im Grünen stehen, gar nicht mehr sehen, dass Sie eigentlich in einer Stadt stehen? Ihr Wohnmobil ist nicht wesentlich länger als 6 m und sie haben die Dimensionen Ihres Fahrzeuges im Griff? Dann fahren Sie vom obigen Parkplatz aus rechts weiter, nun sieht es so aus, als ob Sie auf einen Fahrradweg kommen. Halten Sie sich rechts, es ist vollkommen legal, links von uns liegt nun die *Majoorgracht*. Nach 50 m sehen wir rechts einen schönen Parkplatz, direkt an der Wiese im Park.

(158) WOMO-Stellplatz: Ieper Stadtpark

GPS: N 50° 50' 48.5" E 2° 52' 51.1"; Eiland.   **max. WOMOs:** 1-2
Ausstattung/Lage: ohne alles / im Ort.
Zufahrt: von der N37B gegenüber des Bahnhofes an der Ampel rechts Richtung Zentrum, nach 70 m rechts „P Gratis" folgen. Dort rechts halten, 50 m an der Gracht entlang.

Lakenhalle von Ieper mit Belfried

Wir gehen von hier aus ins Zentrum der geschichtsträchtigen Stadt, und zwar zurück zum ersten Parkplatz entlang der *Sint-Sebastianstraat* bis zur *Stationsstraat*, dort rechts, dann

Sint-Maartenskerk

schräg links die Tempelstraat entlang, dann rechts die *Boterstraat* bis zum **Grote Markt.** Auch hier können wir das harmonische Ensemble aus **Lakenhalle** mit dem **Belfried**, den man auch besteigen kann, dem **Rathaus** und **Landgericht** sowie schönen Bürger-

häusern bewundern. Im Hintergrund ragen die Türme der **St.-Martenskathedral**, ursprünglich aus dem 13. Jahrhundert, hervor, im **Vleeshuis**, ursprünglich aus dem Jahr 1277, wurde bis zum Jahre 1947 samstags noch wirklich Fleisch verkauft. Aber das Besondere an dieser Stadt ist, dass keines der Gebäude aus seiner ursprünglichen Zeit stammt. Ieper ist im 1. Weltkrieg insgesamt 4-mal überrannt worden, hier stand kaum noch ein Stein auf dem anderen. Erstmals in der Kriegsgeschichte wurde in den Schlachtfeldern in und um Ieper Giftgas mit seinen verheerenden Folgen eingesetzt. In der La-

Giebelhäuser am Marktplatz von Ieper

kenhalle im 1. Stockwerk befindet sich das **In Flanders Fields Museum**, in dem unter Einsatz modernster Museumstechnik mit Computern, Video- und Tonaufzeichnungen der 1. Weltkrieg insbesondere aus der Sicht der kleinen Leute sehr eindringlich nahegebracht wird. Wir können den Besuch nur sehr empfehlen. Aber auch wenn hier an vielen Stellen an den Krieg erinnert wird, es ist eine lebendige und schöne Stadt - vor Allem wenn man bedenkt, dass alle historischen Gebäude originalgetreu wiedererrichtet werden mussten. Eine sehr beachtenswerte Leistung!

Wir fahren zurück bis zum zweiten Kreisverkehr, biegen dort links ab und bleiben bis Sint-Jan auf dieser Straße. Dort halten wir uns rechts und folgen der N313 bis zum unübersehbaren **Canadian WW1 Memorial**. Wir biegen nun links nach **Langemark** ab. Im Zentrum fahren wir links in die Poelkapellestraat und finden nach 400 m rechts den:

(159) WOMO-Stellplatz: Langemark

GPS: N 50° 54' 37.7" E 2° 55' 03.3"; Poelkapellestraat.
max. WOMOs: 8
Ausstattung/Lage: Ver- und Entsorgung, Strom, gebührenpflichtig / ruhig, Zentrum 400 m; im Ort.
Zufahrt: vom Canadian WW1 Memorial Richtung Langemark, im Zentrum links, nach 400 m rechts Stellplatz.

Wir fahren die Straße weiter und kommen nach 4,3 km an die N369, der wir rechts Richtung Diksmuide folgen. Nach gut

10 km liegt auf der linken Straßenseite der Parkplatz zum Naturschutzgebiet De Blankaart:

(160) WOMO-Wanderpark-
platz: De Blankaart

GPS: N 50° 59' 06.3" E 2° 52' 24.1";
Iepersteenweg .**max. WOMOs:** 2-3.
Ausstattung/Lage: ohne alles /
außerorts.
Zufahrt: an der N369 von Ieper
Richtung Diksmuide ca. 10 km hin-
ter Boezinge.

Von hier aus startet die 9,6 km lange **Blankaart-Wander-**

route. Sie führt durch den Ij-
zerbroecken, eine Ebene mit
tief gelegenen, sumpfigen
Weiden und Heuwiesen. Der
Rundweg ist mit sechsecki-
gen Tafeln beschildert. und
beginnt am **Schloss Blank-**
aart. Dort ist das **flämische**
Besucherzentrum „de Ot-
ter" untergebracht. Hier finden Sie die Dauerausstellung
„Natur in der Ijzer- & Handz-

Schloss Blankaart

amevallei", die über die Lebensräume, aber auch die Nutzung
durch die Bewohner im Laufe der Zeit berichtet.

Wir fahren weiter und kommen nach 5,4 km am Marktplatz

Rathaus von Diksmuide

von **Diksmuide** an. Das **Rathaus** mit dem Belfried gehört seit 1999 zum **UNESCO-Weltkulturerbe**. Es bildet mit den umliegenden Häusern ein wunderschönes Ensemble. Aber auch hier, genau wie in Ieper, ist nichts Original - alles wurde nach den Zerstörungen des ersten Weltkriegs 1923 originalgetreu wiederaufgebaut.

Rund 750 m westlich des Zentrums liegt, direkt an der Ijzer, der **Yserturm** - ein Mahnmal für die im ersten Weltkrieg gefallenen flämischen Soldaten, 1930 ein-

Der Yserturm in Diksmuide

geweiht, im zweiten Weltkrieg zerstört. Aus diesen Steinen wurde das Friedenstor errichtet, 1951 begann man mit dem Bau des heutigen Turms, 1965 wurde er eingeweiht. Hier, bei [**161**: N 51° 01' 57.7" E 2° 51' 14.9"], können Sie parken. Wir fahren das Sträßchen am linken Ufer der Ijzer noch 1,8 km in nördlicher Richtung und finden bei [**162**: N 51° 02' 46.1" E 2° 50' 33.6"] den **Dodengang**. Hier sind Schützengräben bewahrt, in denen belgische Soldaten 1918 gekämpft hatten.

Wir fahren zurück zur Hauptstraße, biegen rechts ab und folgen der N35 über Pervijze nach **Veurne**. Kurz vor der Stadt unterqueren wir die Autobahn und biegen die zweite Straße links ab. Nach 2,3 km - direkt am Kreisverkehr - befindet sich bei [**163**: N 51° 03' 31.9" E 2° 40' 02.7"] das **Bäckereimuseum**.

Hier bekommt man alles, was mit der Herstellung von Backwaren zusammenhängt, angefangen von den verschiedenen Getreidesorten (Beispiele im Außengelände) über Windmühlen, Bäckereibetriebe selbst mit der Herstellung von Brot und anderen

Der Eingang zum Bäckereimuseum

Leckereien früher und heute, bis hin zu Brot aus anderen Kulturkreisen sehr anschaulich und liebevoll gestaltet erläutert. In einer angeschlossenen Cafeteria kann man auch hier hergestellte Backwaren direkt probieren.

An dem Kreisverkehr fahren wir nun rechts endgültig Richtung Zentrum. Nach 800 m kommt der erste Kreisverkehr (geradeaus weiter), 300 m weiter der nächste, hier biegen wir rechts ab. Nach 250 m liegt rechts der kleine Jachthafen von Veurne mit einem idealen Stellplatz.

(164) WOMO-Stellplatz: Veurne

GPS: N 51° 04' 14.8" E 2° 39' 58.0"; Kaaiplaats.　　**max. WOMOs:** 2-3
Ausstattung/Lage: WC / Zentrum 400 m; im Ort.
Zufahrt: von der N8 aus Richtung Ieper zum Zentrum, Beschilderung „Bus" folgen, rechts am Jachthafen P.

Vom Parkplatz aus gehen wir rechts, nach 100 m biegen wir an den Busparkplätzen links in den *Houtmarkt* ein, dann wieder links und danach schräg rechts und schon stehen wir auf dem in seiner Gesamtheit wunderschönen **Grote Markt**. Sehr viel mehr als diesen wirklich beachtenswerten Platz mit seiner unproportioniert wirkenden Kirche (nach dem Bau des

![Der Marktplatz von Veurne]

Der Marktplatz von Veurne

Chores sah man ein, dass der Wille erheblich größer gewesen war als der Geldbeutel hergab, stellte dann den Weiterbau ein und setze den viel zu filigranen Turm und ein kleines Querschiff an) hat Veurne nicht zu bieten. Aber ein schöner, ruhiger Stellplatz mit einem Marktplatz, gesäumt von hervorragenden Restaurants, alles in bequemer Fußgängerentfernung, das Ganze am Abend auf das Vortrefflichste beleuchtet - schön!

Der Grote Markt von Veurne - bei Nacht ein Erlebnis!

Zu welcher Gelegenheit und Zeit Sie auch nach Veurne kommen mögen - lassen Sie es sich nicht nehmen, auch am Abend diesen Grote Markt zu besuchen - er wirkt noch einmal so schön wie am Tag!

Wir lassen den Tag hier in einem der belebten Lokale ausklingen - natürlich stilgerecht mit einem leckeren Fischgericht und einigen „Leffe Blond" danach. Sollten Sie an einem Sonntagmorgen vor Ort sein - ein wunderschöner Blumenmarkt ist am Vormittag hier aufgebaut! Auch in der Weihnachtszeit ist Veurne immer eine Reise wert. Dann gastiert auf dem Platz ein netter Markt, typisch belgisch weniger mit Verkaufsständen von Artikeln sondern viel mehr mit gastronomischen Genüssen versehen. Und nicht die Schlittschuhe vergessen - selbst eine Eislaufbahn mitten auf dem Grote Markt ist dann aufgebaut.

Am nächsten Morgen starten wir dann die genaue Erkundung, ob wir Ihnen die großartige belgische Küste „De Kust" auch wirklich weiter empfehlen können !

KARTE TOUR 9

15 km

N

Noordzee

181
Het Zwin
Knokke
N376
NL
Hoeke
E34
182
183
Damme
West-
kapelle
Heist
180
179
178
Zeebrugge
N31
Lissewege
184
185
N348
N376
Dudzele
Brügge
R30
186
Blankenberge
177
Wenduine
de Haan
N317
175
175a
Bredene
174
173
Bredene
aan Zee
172
Oostende
171
N318
170
Middelkerke
169. Koning Ridderdijk
168
Westende
167
Nieuwpoort
Nieuwpoort
166
an Zee
N355
165
Veurne
164
N8
N35
Ostduinkerke
Bad
Kokksijde
N34
de Panne
Duinen van
Westhoek
F
Leopoldkanaal
N371

TOUR 9 (136 km / 3-4 Tage)

de Panne - Koksijde - Niewport - Westende - Middelkerke -Oostende - Bredene - de Haan - Blankenberge - Zeebrugge - Knocke-Heist - Damme - Lissewege - Brügge

Freie Übernachtung: Niewport, Westende, Middelkerke, Oostende, Bredene, de Haan, Zeebrügge, Lissewege, Brügge

Camping: Camping „Astrid", in Bredene; Camping „Hoeke" in Damme

Ver- und Entsorgen: am Stellplatz Niewport; am Stellplatz „Kompas" in Westende; am Stellplatz in Brügge

Besichtigen: **De Panne**: Dünengebiet „Westhoek"; **Oostende**: Visserkai, Segelschiff „Mercator", Atlantik-Wall; **Bredene**: Wasserturm; **Blankenberge**: Pier; **Zeebrugge**: Fischereihafen, „Seafront" Themenpark mit U-Boot- und Feuerschiffbesichtigung; **Knocke-Heist**: „Het Zwin", versandeter Meeresarm (Vogelschutzgebiet); **Damme:** alter Stadtkern, Bootsfahrt nach Brügge; **Brügge**: historisches Zentrum, Beginenhof, Belfried, Onze-Lieve-Vrouwkerk mit Michelangelo-Skulptur, Grachtenrundfahrt

Gut erholt verlassen wir am Morgen nach dem Frühstück unseren Stellplatz im kleinen Jachthafen von Veurne. Wir wollen Ihnen in dieser Tour nun die unvergleichliche **Küste** von Belgien nahe bringen. Erwarten Sie einsame Sandbuchten, malerische Stellplätze direkt am Strand, Ruhe, Einsamkeit, liebliche Dörfer? Dann fahren Sie besser woanders hin. Belgien hat eine Küstenlinie von 67 km Länge, deren Dünenstreifen fast durchgehend schnurgerade verläuft. Die Strände - oder eigentlich der (durchgehende) Strand - sind teilweise mehrere hundert Meter breit, auch bei Flut, so dass für jeden der ca. 10.000.000 Belgier + Touristen genug Platz vorhanden ist. Wie (unterschiedlich große) Perlen an einer Schnur reihen sich die Badeorte

Zwischen den Orten

aneinander, dazwischen unbebaute Landschaft. In den Orten kommt zunächst der Strand, dann die Promenade, dann die Hochhausreihen, die Küstenstraße verläuft, oft vierspurig, hindurch, auf dem Mittelstreifen dann - einzigartig in Europa - die Straßenbahn die gesamte Küstenlinie entlang! Auf den breiten, autofreien Promenaden kann man schlendern, einkaufen, essen, trinken, hier spielt sich das Leben ab.

Typische Promenade an der Küste

Ich hoffe, Ihnen hier kein negatives Bild gezeichnet zu haben. Nur, die belgische Küste ist eben gänzlich anders als die deutsche, niederländische oder französische - und sehr reizvoll und mit viel Atmosphäre. Für WOMOs ist nicht allzu viel Platz hier, aber die eine oder andere Ecke haben wir doch noch entdeckt!

Nun aber genug der Vorrede - los geht's! Vom Stellplatz Veurne aus biegen wir rechts ab, am nächsten Kreisverkehr geht es links Richtung *De Panne* weiter, den folgenden Kreisverkehr fahren wir rechts, den Schildern *De Panne* folgend. Wir befinden uns nun auf der N35. Die nächsten 3,5 km fah-

Strandsegler unterwegs!

ren wir auf die von weitem zu sehenden Hochhäuser zu, dann kommen wir an einer leichten rechts/links- Kombination zum Ortseingang **De Panne**. Wir fahren weiter bis zum ersten Kreisverkehr, den wir schräg links Richtung Hochhäuser überqueren möchten - und stehen vor einem unübersehbaren WOMO-Verbotsschild. Unserer Fahrzeuggattung ist hier im westlichen Teil von De Panne das Parken untersagt. Auch wenn wir, zumindest in der Nebensaison, trotzdem etliche WOMOs hier stehen haben sehen, können wir Ihnen diese Plätze nicht ruhigen Gewissens empfehlen. Nichtsdestotrotz, Sie können die Hauptattraktion dieses Ortes - das Dünengebiet „**de Westhoek**" - auch von den anderen Orten der Küste aus per Straßenbahn oder mit dem Fahrrad erreichen.

Typische Landschaft in „De Westhoek"

Wir halten uns weiter rechts auf die Küstenstraße Richtung Osten. Ab hier befinden wir uns in der Zone von De Panne, wo alle Parkplätze gebührenpflichtig sind. Wir durchqueren den Ort, dann hört für ein paar hundert Meter die Bebauung auf, anschließend kommen wir nach **Koksijde** hinein. An der Ampel fahren wir rechts ab auf die N8 Richtung Veurne. Den ersten Kreisverkehr überqueren wir geradeaus, am zweiten - 450 m weiter - biegen wir „links" auf die großzügig ausgebaute Jaak van Buggenhoutlaan ab. Nach rund 700 m befindet sich auf der linken Seite unübersehbar die wunderschöne moderne **Kirche Onze-Lieve-Vrouw-ter-Duinen**, von außen durch braune Elemente und Formen den Eindruck von Dünen und

Kirche Onze-Lieve-Vrouw-ter-Duinen

Wellen aufnehmend. Sie wurde im Jahre 1965 erbaut. Auch vor der Kirche ist ein sehr großzügiger Parkplatz [**165**: N 51° 06' 46.3" E 2° 38' 04.8"], je nachdem wo man steht bekommt man vom Straßenverkehr nichts mit. Sehr gut gefallen hat uns die Kirche von innen mit ihren hellen, lichtdurchfluteten Fenstern und der modernen Formgebung. Kaum zu glauben: die so leicht schwebend wirkende Skulptur der Onze-Lieve-Vrouw-ter-Duinen rechts im

Lichtdurchfluteter Innenraum

Seitenschiff wiegt immerhin 2,8 t! Wir fahren weiter links, kommen an einen Kreisverkehr und halten schräg links auf den Strand zu. Nach 500 m kommen wir wieder an die Hauptstraße N34 und biegen rechts ab. Der nächste Ort, **Ostduinkerke Bad**, hat seine Schotten für Wohnmobile dicht gemacht. An allen Straßen, die Richtung Strand gehen, sind entsprechende Verbotsschilder, Parkplätze sind mit Höhenbalken versehen. Wir kommen nach **Niewport an Zee** und können Ihnen 450 m nachdem rechts die N355 Richtung *Diksmuide* abgezweigt ist einen großen Parkplatz, wenn auch nicht in der allerschönsten Umgebung, melden. Bitte nicht die grün markierten Parkplätze nutzen, diese sind nur für Anwohner! [**166**: N 51° 08' 40.5" E 2° 42' 43.1"; Elisalaan]. Die nächste Straßenbahnhaltestelle ist auch nicht weit - mit ihr können Sie schließlich auch die gesamte Küste abklappern! Aber es kommt bald noch besser:

850 m weiter geht es scharf rechts weiter, der Fluss *Ijzer* mündet hier ins Meer. Man hat hier die Gelegenheit genutzt, einen der größten Yachthäfen an der Nordsee zu bauen. Für diejenigen unter Ihnen, die schon einmal hier waren und den Hinweis dazu vermissen: der offizielle **Wohnmobilstellplatz Oude Yachthafen** existiert nicht mehr, er wurde von der Stadt aufgelöst und es befinden sich sehr eindeutige Verbotsschilder hier. 3 km nach dem Rechtsknick kommen wir an einen Kreisverkehr wir fahren rechts, überqueren zwei Seitenarme und biegen rechts auf die N367. Nach 650 m liegt links ein WOMO-Stellplatz:

(167) WOMO-Stellplatz: Niewport

GPS: N 51° 07' 49.1" E 2° 45' 54.0"; Brugse Steenweg.
max. WOMOs: 33
Ausstattung/Lage: gebührenpflichtig, Ver- und Entsorgung, Strom, WC, Dusche / Zentrum 15 Min., Ortsrand.
Zufahrt: in Niewport am Kreisverkehr am Jachthafen rechts über zwei Wasserarme, dann rechts auf die N367, nach 650 m links Stellplatz.

Wir fahren die 650 m zurück, biegen rechts ab, überqueren drei weitere Seitenarme, lassen das **König Albert I - Denkmal** links liegen und fahren geradeaus über die N318 weiter. 1,9 km hinter dem Denkmal biegen wir links in die Beukenstraat ab, am Ende wieder rechts und finden dann links den:

(168) WOMO-Stellplatz: Westende „Kompas"

GPS: N 51° 09' 20.9" E 2° 45' 36.4"; Bassevillestraat.
max. WOMOs: >10
Ausstattung/Lage: Stellplatz vor dem Campingplatz. gebührenpflichtig, Ver- und Entsorgung, Strom / Zentrum 500 m., im Ort.
Zufahrt: siehe Text.

Als nächstes können wir Ihnen nun noch einen wunderschönen Stellplatz am Strand zeigen; wir fahren wieder zurück zur N318, biegen dort links ab und nach knapp 500 m wieder links auf die Essex Scottishlaan. Schon bald sind wir an der Hauptküstenstraße, links liegt das Hotel *Sint Laureins*. Wir überqueren die Küstenstraße mit den Straßenbahnschienen und sind an der *Strandlaan. Sie* führt zum *Koning Ridderdijk* hinauf, auf dem sich zumindest **in der Nebensaison** ein Womo-Paradies eröffnet.

(169) WOMO-Badeplatz: Westende „Koning Ridderdijk"

GPS: N 51° 10' 01.6" E 2° 45' 56.7"; Koning Ridderdijk.
max. WOMOs: 10 Ausstattung/ Lage: zeitweise gebührenpflichtig, am Strand / Zentrum 800 m; im Ort.
Zufahrt: von der N34 aus Nieuport am Hotel *Sint Laureins* links abbiegen, nach 200 m rechts auf den Deich.

Wir nehmen die Gelegenheit zu einem ausgedehnten Strandspaziergang wahr, die Kinder freuen sich, die Lenkdrachen auspacken zu können; der Strand ist so weitläufig, dass man keine anderen Leute damit gefährdet!

Wir kehren wieder zurück zur Hauptstraße und fahren nun links endgültig Richtung *Oostende* weiter. Im nächsten Ort, **Middelkerke**, können wir Ihnen auch noch einen Stellplatz anbieten. Mitten im Ort. Dijksmuide ist dort ausgeschildert, halten wir uns rechts in die Kerkstraat. Nach knapp 500 m biegen wir links in die Watervlietstraat, die nächste rechts und nach einigen Metern sehen wir 5 WOMO-Stellplätze, die die Gemeinde gegenüber der örtlichen Feuerwehr hier angelegt hat.

(170) WOMO-Stellplatz: Middelkerke

GPS: N 51° 11' 00.9" E 2° 49' 25.4";
Klein Kasteelstraat
max. WOMOs: 5
Ausstattung/Lage: ohne alles / Zentrum 500 m; Strand 800 m; im Ort.
Zufahrt: von der N34 aus Westende kommend in Middelkerke rechts auf die N325 Richtung Diksmuide, nach 500 m links in die Watervlietstraat, die nächste rechts.

Im nächsten Ort, **Oostende**, gibt es wieder zwei Stellplätze. Wobei „Ort" etwas untertrieben ist - Oostende ist mit knapp 70.000 Einwohner eine richtige Stadt; es ist das meist besuchte Seebad Europas, gleichzeitig Thermalbad, hat den größten Fischereihafen Belgiens, und ist zudem noch Fährhafen nach England. Man kann also ruhig sagen, dass hier ganz schön was los ist. Der erste, wirklich ruhige Stellplatz - aber nur für den Tag! - liegt am westlichen Stadtrand. Wir kommen die N34 von Middelkerke aus herein, wir haben von der Straße aus Seeblick, kurz vor dem Ortseingang fällt uns auf der rechten Seite ein eingezäuntes Areal auf, einige Geschützbatterien sind zu sehen. Wir fahren die zweite Straße nach dem Ortseingang rechts hinunter (*Middenlaan*), nach 450 m kommen wir auf die N318, wo wir rechts abbiegen und nach 200 m rechts auf den großen Parkplatz der **Domein Raversijde** kommen.

(171) WOMO-Stellplatz: Oostende „Domein Raversijde"

GPS: N 51° 12' 17.8" E 2° 51' 36.0"; Westlaan.   **max. WOMOs:** 4-5
Ausstattung/Lage: Park, Freilichtmuseum Antlanitkwall anbei; Übernachtungsverbot! / Strand 200 m; Straßenbahn 150 m; Ortsrand.
Zufahrt: von der N34 aus Middelkerke kommend nach dem Ortseingang Oostende die zweite Straße rechts (Middenlaan) abbiegen, am Ende auf die N318 rechts, nach 200 m „P" ausgeschildert.

Hier in der Domein gibt es einen schönen **Park**, Spielplätze, und das **Freilichtmuseum Atlantikwall.** Es vermittelt eine eindrucksvolle Vorstellung von den deutschen Befestigungswerken an der Kanalküste im Zweiten Weltkrieg. Die Bunker und Geschützstellungen werden durch eine Audio-Führung erläutert; nachgestellte Figuren-Szenen beschreiben die alltägliche Arbeit der Soldaten. Der Strand ist auch in angenehmer Fußentfernung, man könnte es hier gut ein wenig aushalten, wenn - ja wenn das Wetter etwas schöner wäre. Aber heute ist der Himmel wolkenverhangen, es stürmt - also weiter Richtung City von Oostende! Wir kehren vom Parkplatz aus zurück auf die N318 und biegen links ab, rechts von uns sehen wir den „Internationalen Flughafen Oostende" - wo allerdings nicht alle 2 Minuten eine Maschine startet oder landet ... Nach 700 m kommt eine Ampel, wir biegen links Richtung *Centrum* ab, 1,8 km weiter endet die Straße an der R31, wo wir links Richtung *Niewport* weiterfahren. Weitere 350 m später erreichen wir die altbekannte Küstenstraße N34, rechts biegen wir zum Centrum ab. Wir kommen am **Hippodrom**, der berühmten Pferderennbahn Oostendes vorbei, dann kommt zur Linken der Park mit der **königlichen Residenz**, etwas weiter das **Kasino**. Am Beginn der Fußgängerzone geht es dann rechts weiter, nach 700 m kommt ein großer Kreisverkehr, wo wir links der N34 folgen, rechts liegt das Hotel Melinda.. Nach 200 m macht die Straße einen Rechtsknick, 300 m später biegen wir rechts auf einen großen, kostenlosen Parkplatz am Rande des **Maria-Hendrikapark**. Womos dürfen nur auf den ausgewiesenen Parkplätzen und nur für 24h stehen!

(172) WOMO-Stellplatz: Oostende Zentrum

GPS: N 51° 13' 21.6" E 2° 55' 23.9"; lependreef. **max. WOMOs:** 7-10 **Ausstattung/Lage:** max. 24h, Fahrradverleih / ruhig, Zentrum und Strand 1,5 km; im Ort. **Zufahrt:** in Oostende von Niewport aus kommend immer der N34 folgen, im Zentrum am großen Kreisverkehr links der N34 folgen, nach 550 m rechts „P".

Fahrt man zum westlichen Ende des Parkplatzes und biegt rechts um die Ecke, findet sich nach 150 m der nächste für WOMOs ausgewiesene Platz:

(173) WOMO-Stellplatz: Oostende Zentrum II

GPS: N 51° 13' 25.4" E 2° 55' 15.9"; lependreef. **max. WOMOs:** 12 **Ausstattung/Lage:** ohne alles, max. 24h / ruhig, Zentrum und Strand 1,5 km; im Ort. **Zufahrt:** vom SP 172 aus zum westlichen Ende des Parkplatzes, rechts um die Ecke, nach 150 m rechts weitere Plätze für WOMOs.

Direkt am Parkplatz gibt es einen ganz hervorragenden Service der Stadt Oostende: kostenlose Fahrräder! Gegen Hin-

terlegung des Personalausweises bekommt man gratis ein Rad von 8:00 bis 19:00 Uhr zur Verfügung gestellt. Eine bessere Art und Weise, Oostende kennenzulernen, gibt es einfach nicht. Auch wir nehmen diesen Dienst gerne in Anspruch - auf geht es

Wer kann da wiederstehen?

Richtung City! Zunächst radeln wir zum **Visserkaai,** in unseren Mägen grummelt es schon gefährlich und schließlich legt hier die Fischereiflotte Belgiens an! Unsere Hoffnung bestätigt sich, es gibt eine Fischbude nach der anderen, überall Köstlichkeiten aus dem Meer. Frisch gestärkt können wir nun auch viel besser gegen den kräftig blasenden Wind ankämpfen. Das Meer tobt neben uns, der Sand weht über die Promenade - das Auseinandersetzen mit den Elementen ist auch Erholung pur! Von der Strandpromenade aus strampeln wir weiter bis zur königlichen Residenz, dann wenden wir uns wieder dem Zentrum zu. Wir lustwandeln über die Fußgängerzone, sehen uns die Kirche **St. Peter**

St. Peter und Paul

und Paul an und schlagen den Bogen zurück über das ehe-

malige Schulschiff der belgischen Handelsmarine, den Dreimastsegler **Mercator**. Er ist zum Museum umgebaut, worin vor Allem die Mitbringsel von den 41 Reisen ausgestellt sind. Von

Die „Mercator"

hier aus fahren wir zum Womo-Parkplatz, geben unsere Fahrräder wieder ab. Am nächsten Morgen rollen wir weiter die Küste entlang. Vom Parkplatz Oostende aus geht es am Fahrradverleih vorbei zur Auffahrt, wir kommen dort auf die altbekannte N34 und biegen rechts ab. Es geht im Verlauf über 3 Brücken, wir bleiben auf dieser Straße, immer den Schildern *Knocke-Heist* folgend. 1,4 km hinter der dritten Brücke biegen wir links, den Hinweisen zum „**Earth Explorer**" folgend, ab. Nach gut 300 m stehen wir an dem riesigen, für WOMOs reservierten Areal:

(174) WOMO-Badeplatz: Oostende Fort Napoleon

GPS: N 51° 14' 11.1" E 2° 55' 59.6"; Fortstraat.   **max. WOMOs:** >20 **Ausstattung/Lage:** ohne alles / ruhig, Zentrum 4 km, Strand 400 m; Ortsrand.
Zufahrt: N34 von Oostende aus 1,4 km hinter der dritten Brücke am Hafen links am „Earth Explorer" links abbiegen, nach 350 m rechts „P".

Auf der anderen Seite eines Hafenbeckens, kurz vor dem Strand, befindet sich das **Fort Napoleon**. Es wurde 1811 bis 1814 von Napoleon als Stützpunkt für die Invasion Großbritanniens erbaut und wurde auch im 1. und 2. Weltkrieg von den deutschen Besatzungstruppen benutzt. 1995 wurde das Fort restauriert und dient nun als Museum. Es ist in der Saison täglich außer montags von 10.00 bis 18.00 Uhr geöffnet.

Fort Napoleon

Im Fort befindet sich auch ein Bistro/Restaurant mit einer hervorragenden Küche und einem wunderschönen Blick über die Dünen und das Meer.

Strand soweit das Auge reicht...

Hinter dem Fort beginnt wieder der unendliche Sandstrand, gut kann man zur Fuß oder per Fahrrad von hier weiter nach Bredene (knapp 4 km) und De Haan (8 km) kommen.

Wir verlassen das Hafengebiet, wenden uns links auf die Küstenstraße und erreichen bald den nächsten Ort, **Bredene**. Hier hat man den breiten und 4 km langen Dünenstreifen bis auf ein paar Übergänge nahezu unberührt gelassen, dementsprechend ist der Küstensaum hier nicht verbaut und mit Promenade und Hochhäusern „kultiviert" worden. Direkt nach dem Ortseingang biegen wir rechts ab, um nach wenigen Metern wieder links auf die parallel verlaufende N317 zu wechseln. Die erste Stellplatzmöglichkeit eröffnet sich nun 500 m weiter links mit dem Parkplatz „Bredene Duin" **[175: N 51° 14' 55.8" E 2° 57' 49.1"; Kapelstraat]**, 150 m weiter ist der nächste noch geräumigere Parkplatz - ebenfalls kostenlos. Natürlich machen wir uns von hier aus direkt auf den Weg, über die Fußgängerbrücke den schönen Strand zu erkunden. Sie können sicher sein: selbst in der höchsten Hochsaison bei 30°C im Schatten wird dieser Strand nie wegen Überfüllung geschlossen sein ... (zumindest nicht bei Ebbe)! In unmittelbarer Nähe der beiden Parkplätze befindet sich auch ein schöner Campingplatz:

(176) WOMO-Campingplatz-Tipp: Camping Astrid

GPS: N 51° 14' 59.5" E 2° 58' 06.8"; Koningin Astridlaan.
Öffnungszeiten: ganzjährig.   **Zufahrt:** Siehe Text.
Ausstattung: schöner Familiencampingplatz, Spielplatz, zentral und doch ruhig, Strandübergang 100 m, Ver- und Entsorgung vorhanden.

Wir empfehlen Ihnen auch einen kurzen Abstecher nach **Bredene Dorp**; es geht, von Oostende aus kommend, kurz vor dem ersten Parkplatz rechts ab (*Duinenstraat*), nach 1,5 km gelangen Sie an den nicht zu übersehenden **Wasser-**

turm. Hier kann man - in der Saison mittwochs und samstags von 14 bis 16 Uhr den Turm besteigen und die grandiose Aussicht genießen. Wir setzen unsere Fahrt Richtung *Knocke-Heist* weiter fort, in **Blankenberge** gibt es von der N34 am Ende des Ortes hinter dem **Sealife-Center** rechts abzweigend einen ganz offiziellen Womo-Stellplatz, der aber außer einem Mülleimer und Parktaschen für jede Menge Fahrzeuge nichts bietet und pro Tag EUR 12,50 kostet.

(177) WOMO-Stellplatz: Blankenberge

GPS: N 51° 19' 07.6" E 3° 08' 59.1"; Emiel Moysonpad.
max. WOMOs: >10   **Ausstattung/Lage:** Mülleimer / Strand 700 m, Zentrum 1,6 km; Ortsrand.
Zufahrt: in Blankenberge von Oostende über die N34 kommend hinter dem Sealife-Center rechts abbiegen, dort offizieller Womo-Stellplatz.

Sie werden hier wahrscheinlich nie alleine stehen, wir können aber diesem Platz nicht sehr viel abgewinnen und fahren

lieber weiter zum vorletzten Ort an der Küste - unserem persönlichen Favoriten. Nur ca. 2 km sind es von hier aus bis zum Ortseingang von **Zeebrugge**. Nachdem wir 500 m weiter die N34 gefolgt sind, biegen wir links an der Ampel mit dem Schild *Zeebrugge Bad* ab, nach 160

An der Strandpromenade Zeebrugge

m befindet sich rechts ein schöner, offizieller (kostenloser) Wohnmobil-Stellplatz für 8 Fahrzeuge.

(178) WOMO-Stellplatz: Zeebrugge

GPS: N 51° 19' 41.8" E 3° 11' 04.3"; Baron de Maerelaan.
max. WOMOs: 8
Ausstattung: ohne alles / nicht ganz leise; Strand, Zentrum 130 m; im Ort.
Zufahrt: in Zeebrugge von der N34 aus Richtung Oostende kommend an der Ampel links Richtung Zeebrugge Bad abbiegen, nach 160 m rechts off. Stellplatz.

Hier steht man optimal - sowohl zum Baden als auch um am Abend auf der Promenade noch den Tag angenehm aus-

Der Strand von Zeebrugge

klingen zu lassen, ohne danach noch weite Wege gehen zu müssen.

Wir ziehen am nächsten Morgen nur 2 km weiter - die 130 m zurück zur N34, dort links Richtung *Knocke/Heist*. Nach 1 km kommt eine Drehbrücke, danach biegen wir links Richtung *Zentrum* ab. Schon wieder Zentrum?!? Ja, wir waren vorhin in **Zeebrugge-Bad**, nun sind wir in **Zeebrugge-Dorp**. Nach 900 m, wir sehen schon aus der Ferne das Feuerschiff „West Hinder" hier liegen, biegen wir links am **Seafront** ab [**179**: N 51° 20' 04.5" E 3° 12' 29.7"] (nur Besucherparkplatz, kein Stellplatz!). Wir besichtigen sowohl das **Feuerschiff**, wel-

ches bis vor kurzem noch als schwimmender Leuchtturm vor einer Sandbank vor Niewpoort seinen Dienst verrichtete und natürlich auch das fast 100 m lange, für 75 Besatzungsmitglieder gebaute **russische U-Boot** der Foxtrott-Klasse, welches bis 1994 im Dienst war. In der ehemaligen Fischauktionshalle befindet sich zum Abschluss eine Allwetterausstellung zum Thema Meer, die mit Fotos, Videoprojektionen, lebensechten Dekorationen, Dioramen und Modellen, Originalgeräuschen und interaktiven Computeranimationen aufwartet. Eine lohnende Attraktion! Seafront ist in der Saison von 10-19 Uhr (sonst 17 Uhr) offen, der Eintritt beträgt EUR 12,50 / 9,- für Erw. / Kinder.

Wir fahren den Rederskai nun weiter bis zum Ende durch und biegen dann links auf den Graaf-Jansdijk ab. Nach 500 m beginnt dort ein für WOMOS reservierter Parkstreifen - bis zum Ende dieser Sackgasse gehend:

(180) WOMO-Stellplatz: Zeebrugge Dorp

GPS: N 51° 20′ 01.6″ E 3° 11′ 56.6″;
Graaf-Jansdijk.;
max. WOMOs: >10
Ausstattung: ohne alles / ruhig; im Hafengebiet.
Zufahrt: in Zeebrugge Dorp von Zeebrugge aus kommend am „Sealife" links abbiegen, bis zum Ende, dort links, noch 500 m.

Mit großer Wahrscheinlichkeit können Sie beobachten, wie am gegenüberliegenden Kai die großen Übersee-Container-schiffe be- und entladen werden. Insbesondere bei Dunkel-heit ein faszinierendes Schauspiel!

Wir fahren nun weiter Richtung Knocke-Heist, biegen am Sealife links auf die N34 ab. Nach 500 m geht es über die Brücke, 300 m später treffen wir wieder auf die N34. 1,2 km weiter, wir befinden uns bereits in **Heist**, sehen wir ein nach rechts weisendes Schild „P 300 m", wir biegen ab und entde-cken einen großen, kostenlosen **Parkplatz.** Auch wenn die Entfernung zum Seedeich und damit zum Strand nur 400 m beträgt, wagen wir nicht, eine Womo-Stellplatzempfehlung aus-zusprechen - zu wenig gibt es, was man hier machen könnte. Weder in Heist noch in Knocke können wir Ihnen einen Platz bieten, wohin wir Sie aber führen möchten ist ein einzigartiges Naturschutzgebiet jenseits des mondänen Badeortes. Wir blei-ben immer weiter auf der N34, kommen an einen großen Kreis-verkehr, an dem rechts die E34 Richtung Antwerpen abzweigt. Wir bleiben geradeaus. Am nächsten Kreisverkehr schräg links, dann insgesamt 800 m hinter dem großen Kreisverkehr biegen wir rechts in die *Zoutelaan*. Nun führt die Straße die nächsten 2 km schnurgerade - Vorsicht! Es gibt einige Auf-pflasterungen! - durch ein Villenviertel. Am Ende der Straße fahren wir links, nach 250 m biegen wir scharf rechts der Be-schilderung **„Zwin"** folgend ab. Die Bebauung hört auf, die Straße führt die nächsten 3 Kilometer durch eine Weideland-schaft und endet am Parkplatz „Het Zwin", in der Natur.

(181) WOMO-Wanderparkplatz: Heist „Het Zwin"

GPS: N 51° 21' 28.5" E 3° 20' 47.3";
Graaf Leon Lippensdreef.
max. WOMOs: 7-10   **Ausstattung/Lage:**
Wanderwege, Naturschutzzentrum / außerorts; Übernachtungsverbot!
Zufahrt: von Heist aus: siehe Text - das Naturschutzgebiet liegt östlich des Badeortes im Grenzgebiet zu den Niederlanden.

So schön dieser Parkplatz auch ist, das Übernachten in Wohnmobilen ist hier ausdrücklich untersagt. Aber zumindest tagsüber kann man ja nach einer ausgiebigen Wanderung wenigstens in Ruhe die Füße etwas hochlegen und gegen Abend weiterfahren! Sie finden hier, nachdem Sie Ihren Obolus von EUR 4,50/2,90 für Erw./Kinder entrichtet haben, das einzigartige Naturschutzgebiet der Salzwiesen. Hier ist der versandete Meeresarm, der einst bis *Brügge* reichte. Die Landschaft wird durchzogen von einem Netz von Rinnsalen, die je nach Ebbe und Flut verlaufen. Über 100 verschiede Vogelarten nisten hier, die man in freier Wildbahn beobachten kann, die aber auch in der Nähe des Eingangs in Volieren gehalten werden.

Es geht zunächst den gleichen Weg wie wir gekommen sind auch wieder zurück, also durch die Weidelandschaft bis zum Ortseingang, dort links und die nächste rechts durch das Villenviertel und zurück zum großen Kreisverkehr. Dort biegen wir links zunächst Richtung Antwerpen auf die N49 /E34 ab. Nach gut 6 km verlassen wir die Schnellstraße an dem Ort **Hoeke**. Wir überqueren den Kanal und fahren unmittelbar danach rechts. Nach gut 200 m liegt rechterhand der:

(182) WOMO-Campingplatz-Tipp: Camping Hoeke

GPS: N 51° 17' 22.7" E 3° 20' 02.5"; Damse Vaart Oost 10.
Öffnungszeiten: 1. März bis 15. Oktober.
Zufahrt: E34 von Knocke-Heist nach Antwerpen ca. 6 km hinter Heist bei Hoeke die Schnellstraße verlassen, Brücke über den Kanal, danach rechts, nach 200 m auf der linken Seite.
Ausstattung: kleiner, gemütlicher Platz in der Polderlandschaft direkt am Radwegenetz.

Dies ist ein schöner Platz, um vor allem mit dem Fahrrad die Umgebung (Heist, Damme, Brügge) zu erkunden und ein wenig die Ruhe der Polderlandschaft zu genießen.

Nach 5,5 km weiter entlang des Kanals erreichen wir den malerischen Ort **Damme**. 400 m weiter, immer noch entlang des Kanals, folgt links ein größerer Parkplatz, auf dem auch 2 Plätze für WOMOs ausgewiesen sind (nur für tagsüber!):

Damme ist ein zauberhafter, kleiner Ort mit einem sehr gut erhaltenen gemütlichem historischem Dorfkern und einigen

Marktplatz von Damme

sehr guten Restaurants. Damme ist aber aus einem weiteren Grund sehr interessant: 5 x täglich fährt von hier aus der Rad-

Die „Lamme Goedzak" in voller Fahrt

dampfer „Lamme Goedzak" binnen 35 Minuten nach Brügge. Die Hin- und Rückfahrt kostet EUR 10,-. Das Boot verkehrt vom 01.April bis 15.Oktober, Abfahrt in Damme jeweils um 09:15, 11:00, 13:00, 15:00 und 17:20 Uhr. Die letzte Rückfahrt ab Brügge ist um 18:00 Uhr.

Wir fahren zurück nach Damme und biegen dort links über den Kanal ab. Nach 6 km durchqueren wir Dudzele, danach geht es über den Boudewijnkanaal, bis wir auf die N31 treffen. Ihr folgen wir rechts Richtung Zeebrugge, nach 3 km biegen

Die trutzige Kirche in Lissewege

wir rechts nach **Lissewege** ab und überqueren nach 150 m die Eisenbahnschienen, bleiben immer geradeaus und finden nach 400 m auf der rechten Seite einen schönen Parkplatz direkt an der mächtigen Backsteinkirche.

(184) WOMO-Stellplatz: Lissewege Kirche

GPS: N 51° 17' 41.7" E 3° 11' 57.6"; Oude Pastoriestr.   **max. WOMOs:** 2
Ausstattung/Lage: ohne alles / Restaurants anbei, im Ort.
Zufahrt: Von der N31 Brügge-Zeebrügge aus in den Ort Lissewege abbiegen, immer geradeaus und links um die Kirche herum, dort rechts Parkplatz.

Lissewege ist ein kleiner, wirklich romantischer, typisch westflandrischer Ort mit seinen weißgetünchten Backsteinhäuschen - und seien Sie gewarnt, man kann hier ganz hervorragend, aber auch nicht billig Essen gehen - was wir auch machen, bevor wir am Abend hier unser Haupt zur Ruhe betten. Sollte am Parkplatz Kirche alles belegt sein, können Sie auch

Typisches Backsteinhaus in Lissewege

direkt nach Überqueren der Bahnschienen links auf den Parkplatz ausweichen. Der Eisenbahnverkehr nach Zeebrügge hält
sich nachts in durchaus noch erträglichen Grenzen.

(185) WOMO-Stellplatz: Lissewege Bahn

GPS: N 51° 17' 44.1" E 3 11 40.2"; Pol Dondtstraat. **max. WOMOs:** 4-5
Ausstattung/Lage: ohne alles / an der Eisenbahn, im Ort.
Zufahrt: Von der N31 Brügge-Zeebrügge aus in den Ort Lissewege abbiegen, nach Überqueren der Eisenbahnschienen links auf den ausgeschilderten Parkplatz.

Wer am nächsten Morgen keine Lust hat, uns mit dem
Wohnmobil nach **Brügge** zu folgen, kann sein Fahrzeug auch
hier stehen lassen und einfach mit der stündlich verkehren-
den Bahn von hier aus dorthin kommen.

Wir fahren von Lissewege aus zurück zur N31 und biegen
dort links Richtung *Brugge* ab. Nach 4,5 km kreuzen wir die
N371, wir folgen weiter der Beschilderung *Brugge*, nach weiteren 4,5 km kommen wir auf den Ring R30, wo wir uns rechts
halten. Für uns maßgebend sind jetzt die Schilder zum „P Bus
Katelijnepoort" - wobei wir nur immer auf dem Ring R30 bleiben müssen. Zwischendurch verläuft der Ring kurz unter der
Erde, dort liegt rechts auch ein unterirdisches Parkhaus - wir
bleiben auf der linken der beiden Spuren. Nachdem die Straße wieder aufgetaucht ist, kommt ein großer Kreisverkehr, den
wir gerade überqueren, dann fahren wir am Bahnhof vorbei,
danach läuft die Ringstraße auf eine Brücke hoch und nun
biegen wir rechts zum Katelijnenpoort ab. Rechts befindet sich
ein großer Bus- und PKW-Parkplatz (mit Höhenbeschränkung),
und ein offizieller Womo-Stellplatz für ca. 40 Fahrzeuge.

(186) WOMO-Stellplatz: Brugge

GPS: N 51° 11' 45.8" E 3° 13' 31.0";
Bargeweg.
max. WOMOs ca. 40
Ausstattung/Lage: V+E, Strom, gebührenpflichtig! / annehmbar ruhig, Zentrum
1,5 km, Pendelbus.
Zufahrt: In Brugge auf den Ring R30 fahren und der Beschilderung Katelijnenpoort folgen. Unterhalb des R30 offizieller Wohnmobil-Stellplatz.

Vom Parkplatz aus verkehrt ein kostenloser Pendelbus in
den Stadtkern von Brügge, aber man kann sich genauso gut
zu Fuß auf den Weg machen - direkt auf der anderen Seite
der Ringstraße fängt der Altstadtbereich an. Das Hervorragende an dieser Stadt ist der geschlossene Gesamteindruck -
innerhalb des Ringes gibt es keine Ampeln, keine Leuchtrek-
lame, die Stadt kaufte systematisch die Substanz auf, restaurierte sie und vermietet die Gebäude nun. So präsentiert sich
die Innenstadt komplett im mittelalterlichen Flair.

Wir gehen vom Stellplatz aus unter der Ringstraße entlang,
auf der anderen Seite überqueren wir noch die Straße und
befinden uns schon im **Minnewaterpark**, wo wir uns zunächst
links halten. Brügge hat auch Grachten, und hier im Süden

Brügge mit einem der schönsten Marktplätze Belgiens.

am alten **Sluithuis** (Schleusenhaus) staut sich der Wasser-
weg zum romantischen Minnewater. Von hier aus gehen wir
ein Stück weiter nördlich, nach nur 200 m sind wir am **Begijnhof**, der 1245 gegründet wurde, die heutigen Häuser stam-

Im Begijnenhof von Brügge

men aus dem 17. Jahrhundert und bilden eine harmonische Einheit. In einem der kleinen Häuschen ist ein Museum eingerichtet, in dem man einen sehr guten Eindruck vom Leben einer Begine bekommt. Heutzutage wird der Hof von Benediktinerinnen genutzt. Wir verlasen den Begijnenhof über die *Wingaardstraat* und biegen die nächste Gasse links ab, hier finden wir die Hausbrauerei „**De Halve Maan**", wo der „Straffe

Romantische Ausblicke

Hendrik" kreiert wird. Wir biegen danach rechts in die *Walstraat*, die nach 80 m in die Katelijnestraat, die Hauptader Richtung Marktplatz, mündet. Hinter einer kleinen Brücke mit einer schönen Aussicht auf die romantische Grachtenwelt kommt

Auf zur Grachtenrundfahrt!

rechts die imposante **Onze Lieve Vrouwekerk**, worin als absoluter Höhepunkt neben vielen anderen Kunstwerken die Michelangelo-Skulptur „Maria mit dem Kind" zu sehen ist. Die nächste Straße, *Gruuthusestraat*, gehen wir rechts und kommen sowohl am **Gruuthusemuseum**, welches schon

Brügge - auch zu Wasser ein Erlebnis!

von außen (bzw. vom Innenhof her) ein Augenschmaus ist, als auch am **Groeningemuseum** (flämische Kunst) vorbei und ent-

Der Belfried von Brügge

decken danach auf der linken Seite eine sehr angenehme Art, die Besichtigungstour durch Brügge fortzuführen - auf dem Wasser. Von hier aus lernt man die Stadt aus einem anderen und sehr schönen Blickwinkel kennen. Nach dieser Rundfahrt geht es über die Wollestraat endgültig zum Marktplatz. Hier lassen wir es uns nicht nehmen, nachdem wir vor den Markthallen an einer Bude die bisher besten belgischen Fritten gegessen haben, die 366 Stufen des **Belfrieds** hinaufzusteigen, um einen grandiosen Blick über die Stadt zu genießen. Von hier aus sind es über die *Breidelstraat* nur noch 200 Meter zum **Rathausplatz**, **Heiligblutbasilika** und der **Touristeninforma-**

Mit 1 PS durch Brügge

tion, wo Sie sich vor Allem mit einem Stadtplan versorgen sollten. Zurück zum Marktplatz nehmen wir nun, nachdem wir die Stadt vom Wasser aus betrachtet haben, die nächste bequeme Möglichkeit wahr, die weiteren Sehenswürdigkeiten diesmal aus einer etwas höheren Perspektive an uns vorbeiziehen zu lassen. Es ist eine wunderschöne, halbstündige Tour per Pferdekutsche die uns wirklich zu den schönsten Ecken der historischen Stadt führt.

Die Heilig-Blut-Prozession zu Himmelfahrt

Wir könnten Ihnen jetzt noch etliche Seiten von den Schönheiten dieser Stadt vorschwärmen, viele Bilder einfügen, aber eigentlich wollen wir Sie animieren, selbst dieses in Europa seinesgleichen suchende Ziel zu erkunden.

Wir haben Brügge mehrfach besucht, hervorheben möchte ich noch die am Himmelfahrtstag stattfindende Heilig-Blut-Prozession, zu der Fußgruppen und Wagen, die die biblische Geschichte illustrieren, durch die festlich geschmückte Stadt ziehen, während zehntausende die Wege säumen. Im Dezember hingegen haben wir hier, in einer vor dem Bahnhof aufgebauten mit Kühlaggregaten versehenen Zelthalle, die Eisskulpturenausstellung bewundern können, was man auch sehr gut mit einem Besuch des Weihnachtsmarktes im Zentrum, der sogar mit einer Schlittschuhbahn glänzt, verbinden kann.

Im Eisskulpturenzelt

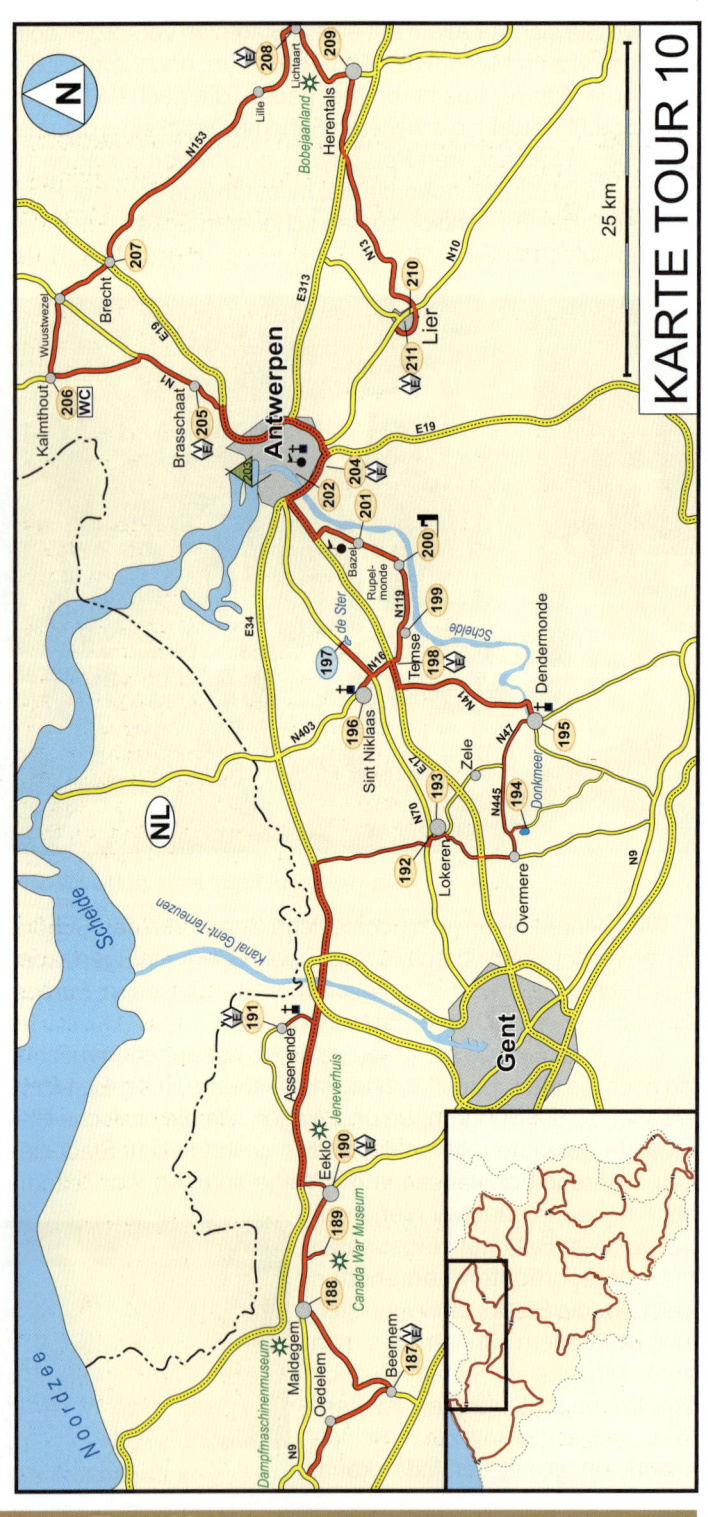

25 km

N

208
209
Lichtaart
Herentals
Lille
Bobejaanland
N153
207
Brecht
Wuustwezel
Kalmthout
206 WC
205
Brasschaat
E19
N1
Antwerpen
203
202
201
204
200
Bazel
Rupel-monde
de Ster
N119
199
197
N16
Temse
198
N41
Dendermonde
Scheldte
E34
N403
196
Sint Niklaas
E17
Zele
N47
195
193
194
Donkmeer
NL
N70
192
Lokeren
N445
Overmere
N9
Kanaal Gent-Terneuzen
Schelde
Gent
191
Assenende
Eeklo
190
Jeneverhuis
189
Canada War Museum
188
Maldegem
Dampfmaschinenmuseum
Oedelem
187
Beernem
N9
Noordzee
E313
E19
N3
N10
210
Lier
211

TOUR 10 (293 km / 6-7 Tage)

Beernem - Maldegem - Adegem - Eeklo -Assenede - Lokeren - Donkmeer - Dendermonde - Sint-Niklaas - Temse - Rupelmonde - Bazel - Antwerpen - Brasschaat - Kalmthout - Brecht - Kasterlee - Herentals - Lier

Freie Übernachtung:	Jachthaven Beernem, Adegem, Jachthaven Eeklo, Assenede, Lokeren, Donkmeer, Dendermonde, Temse, Rupelmonde, Bazel, Antwerpen, Brasschaat, Kalmthout, Brecht, Kasterlee, Herentals, Lier
Ver- und Entsorgen:	V+E Jachthaven Beernem, V + E Jachthavem Eeklo, V + E Temse bei Alpha Motorhomes, V + E Brasschaat, V + E Kasterlee, V+E in Lier
Besichtigen:	**Maldegem:** Dampfmaschinenzentrum; **Adegem:** Canada War Museum, Französischer, Englischer und Japanischer Garten; **Eeklo:** Jenevermuseum; **Dendermonde:** Grote Markt mit Vleeshuis, (Städt. Museum), Onze-Lieve-Vrouwkerk, Begijnhof mit Museum; **Sint-Niklaas:** größter Grote Markt Belgiens, Sint-Niklaaskerk, Walburg; **Temse, Rupelmonde und Bazel:** gemütliche alte Orte mit guten Restaurants; **Antwerpen:** Weltstadt mit historischem Zentrum, Fotomuseum, Diamantmuseum, Plantin-Moretus Museum (Buchdruckerei und Büchersammlung), Schifffahrtsmuseum; **Brasschaat:** Schlosspark; **Kasterlee:** Freizeitpark „Bobejaanland"; **Herentals:** Altstadt, Beginenhof; **Lier:** schöner Grote Markt mit Stadthuis, Vleeshuis und Zunfthäusern, Sint-Gummaruskerk, Zimmertoren mit großer astronomischer Uhr

Nach 2 sehr interessanten Tagen im wunderschönen Brügge geht es nun weiter durch die Landschaften Oostvlanderens. Von unserem Womo-Stellplatz aus fahren wir rechts, dann die Rampe zum Ring hoch, den wir im Uhrzeigersinn befahren. Die 2. Ausfahrt biegen wir rechts auf die N337 ab. Nach 5,5 km, am Ortseingang von Oedelem, geht es rechts auf die N370 bis zum Ortseingang von **Beernem**. Am Kreisverkehr halten wir uns rechts, überqueren den Kanaal Gent - Oostende, biegen links ab und finden am Jachthafen den:

(187) WOMO-Stellplatz: Jachthaven Beernem

GPS: N 51° 08' 03.7" E 3° 20' 05.0";
Oude Vaarstr. **max. WOMOs:** 6
Ausstattung/Lage: V+E, Strom, gebührenpflichtig / ruhig, Zentrum 500 m.
Zufahrt: vom Ring Brügge auf die N337, ab Oedelem auf die 370, 1, Kreisverkehr Beernem rechts, über Kanal, dort links, noch 600 m.

Jachthafen von Beernem

Wir stehen nun direkt am über-schaubaren Jachthafen von Beernem. In dieser ruhigen Umgebung lässt es sich wunderbar ausspannen! Und natürlich ist auch Beernem am Knotenpunkt-Radwegenetz angeschlossen, welches sich fast durch ganz Belgien zieht! Weiter geht die Fahrt zurück nach Beernem, dort am Kreisverkehr rechts, direkt danach links, in Hoorn dann wieder links, nach 2,5 km rechts Richtung Maldegem. Dort biegen wir links in die *Stationsplein* ab und stehen nach 100 m vor einem Museum, welches vor allem das Herz vieler Männer und Kinder höher schlagen lässt: das **Dampfmaschinenzentrum** von Maldegem:

(188) WOMO-Stellplatz: Dampfmaschinenzentrum Maldegem

GPS: N 51° 12' 18.9" E 3° 26' 44.2"; Stationsstraat. **max. WOMOs:** 1-2
Ausstattung/Lage: ohne alles / ruhig, im Zentrum.
Zufahrt: in Maldegem von der N9 aus am Kreisverkehr link nach Zentrum, hinter dem Bahnübergang links, am Museum vorbei, dahinter „P".

Obwohl das Museum täglich von 10-18 Uhr geöffnet hat, empfehle ich Ihnen, an einem Sonn- oder Feiertag hierher zu

Das Dampfmaschinenzentrum von Maldegem

kommen. Denn dann können Sie nicht nur im Dampfmaschinenzentrum die ausgestellten Dampflokomotiven, Fabrikma-

Ausstellungsgelände am Bahnhof

schinen, Feuerwehrspritze, Lokomobil und sogar eine dampf-
betriebene Modelleisenbahn be-

Im Dampfmaschinenzentrum

wundern, sondern auch erster
Klasse auf der Museumseisen-
bahnlinie von Maldegem nach
Eeklo (natürlich unter Dampf)
fahren. Das Familien-Kombi-Ti-
cket (2 Erw., 3 Kinder) kostet
EUR 22,30 - eine sehr lohnende Ausgabe! Wir fahren vom
Bahnhof aus zurück zum Kreisverkehr und bleiben geradeaus.
Nach 600 m biegen wir links ab, überqueren 400 m weiter die
N44. Das Sträßchen (*Krommewege*) windet sich durch ein kleines Industriegebiet, 1,5 km später an einem kleinen Kreisverkehr ist nach rechts bereits das *Canada War Museum* ausgeschildert. Nach 1 km, an der nächsten größeren Kreuzung,
geht es geradeaus weiter, 250 m später links, dann biegen wir
nach 200 m rechts auf das geräumige Parkplatzgelände des
Canada War Museum ein:

(189) WOMO-Stellplatz: Canada War Museum

GPS: N 51° 11' 20.2" E 3° 29' 57.3"; Staalijzer.   **max. WOMOs:** 1-2
Ausstattung/Lage: ohne alles / ruhig, außerorts.
Zufahrt: von Maldegem aus über die N9 Richtung Osten, in Adegem
rechts der Beschilderung „Canada War Museum" folgen.

Man kann zwei Dinge miteinander kombinieren: das Canada War Museum und eine Landschaft bestehend aus dem
Französischen, Englischen und Japanischen Garten. Das Museum bietet einen sehr guten Einblick in den Befreiungskampf
um Flandern zum Ende des zweiten Weltkrieges, der

größtenteils von Kanadischen Truppen bestritten wurde. Viele Szenen sind originalgetreu in voller Lebensgröße nachgebaut worden und machen das besondere dieses Museums aus, welches täglich außer Mo. von 10-18 Uhr geöffnet ist. Kombinieren kann man diesen Besuch mit dem Französischen, Englischen und Japanischen Garten, den man allerdings nur mit einer Füh-

Diorama im Canada War Museum

rung betreten kann, wo man mit den Besonderheiten dieser

im Japanischen Garten

grundverschiedenen Landschaftsgestaltungsformen und deren Philosophie vertraut gemacht wird.

Wir fahren vom Parkplatz aus zurück bis zur Straße und biegen dort rechts ab. Nach 2 km, wir haben gerade einen Kanal überquert, biegen wir rechts auf die Ringstraße um **Eeklo** ab. Wir folgen der Straße immer weiter bis zum Ende und biegen rechts zum Jachthafen am Kanal mit einem schönen Stellplatz ab:

(190) WOMO-Stellplatz: Jachthaven Eeklo

GPS: N 51° 10' 43.1" E 3° 32' 56.8"; Jachthaven. **max. WOMOs:** 12 **Ausstattung/Lage:** Ver- und Entsorgung, Strom, gebührenpflichtig / ruhig, im Ort, Zentrum 1,3 km. **Zufahrt:** von Maldegem aus über die N9 Richtung Osten, direkt am Ortseingang Eeklo rechts in die Ringlaan.

In **Eeklo** sehen wir den höchsten Kirchturm Flanderns. 300 m entfernt, an der N434 Richtung *Bentille* finden wir das **Jeneverhuis „Van Hoorebeke"**, in dessen Museum die Geschichte und Herstellung des Wacholderschnapses anschaulich erklärt wird.

Wir fahren zurück über die Ringlaan, überqueren die N9 und biegen danach rechts auf die als Schnellstraße ausgebaute N49. Nach 12 km biegen wir links nach **Assenede** ab. Im Ort umfahren wir die Kirche, fahren die Sportstraat bis zum Ende, dann links und sehen nach 300 m links die Sporthalle liegen. Hier hat die Gemeinde 4 Stellplätze eingerichtet:

(191) WOMO-Stellplatz: Assenede

GPS: N 51° 13' 49.7" E 3° 45' 00.6"; Kapelledreef.   **max. WOMOs:** 4
Ausstattung/Lage: Ver- und Entsorgung, Strom, gebührenpflichtig / ruhig, im Ort, Zentrum 500 m.
Zufahrt: von der Schnellstraße N49 aus nach Assenede abbiegen, im Zentrum an der Kirche in die Sportstraat abbiegen, am Ende links, nach 300 m links an der Sporthalle.

Nur 500 m sind es zurück ins Zentrum. Assenede ist eine der ältesten Gemeinden Flanderns, schon seit dem 10. Jahrhundert urkundlich erwähnt. Sehenswert sind die St. Peter und Martinskirche und das alte Gemeindehaus. Das Meetjesland, in dem auch Assenede liegt, ist Muschelland! Empfehlen können wir diesbezüglich das Restaurant „den Hoed" in der Klosterstraat 3, nur ca. 50 m südöstlich der Kirche!

Wir fahren wieder zurück auf die N49 Richtung Osten. Nach gut 12 km, bei Kruisstraat, verlassen wir die Schnellstraße rechts und fahren über Moerbeke nach **Lokeren**. Wir kommen über die N70 in die Stadt hinein, hier befindet sich der erste Stellplatz an der Sint Anna Kirche:

(192) WOMO-Stellplatz: Lokeren Sint Anna Kerk

GPS: N 51° 06' 35.9" E 3° 58' 16.6"; Veerstraat.   **max. WOMOs:** 2
Ausstattung/Lage: 2 ausgewiesene Stellplätze auf Parkplatz / nicht sehr ruhig, Ortsrand, Zentrum 1,5 km.
Zufahrt: in Lokeren von der N70 kommend direkt nach Ortseingang auf der linken Seite an der Kirche.

Sehr behaglich ist dieser Platz nicht, auch die nahe N70 verspricht einiges an Geräuschbelästigung - und es gibt noch einen schöneren Stellplatz in der Stadt! Wir fahren noch 850 m weiter die N70 und biegen rechts in die Groendreef. Unmittelbar hinter der Eisenbahnunterführung fahren wir hinter dem alten Stadttor scharf links in die Nijverheidstraat. An der Ecke, wo diese wieder links unter die Eisenbahntrasse abbiegt, biegen wir rechts in einen Weg ab, der nach 150 m auf einen Schotterparkplatz im Stadtpark endet:

(193) WOMO-Stellplatz: Lokeren Verloren Bos

GPS: N 51° 06' 35.7" E 3° 59' 43.0"; Aardecken. **max. WOMOs:** 2
Ausstattung/Lage: 2 ausgewiesene Stellplätze auf Parkplatz / sehr ruhig, in Ort, Zentrum 700 m.
Zufahrt: in Lokeren von der N70 kommend 500 m nach der Brücke über die Durme rechts in die Groendreef, nach Eisenbahnunterführung links in die Nijverheidstraat, am Ende rechts auf Weg zum „P".

Lokeren ist eine schöne überschaubare Stadt mit rund 40.000 Einwohnern. Nicht nur der Stadtkern ist sehenswert, es gibt auch sehr viel Grün innerhalb und in der näheren Umgebung. Die Stadt wurde im 12. Jahrhundert gegründet, den

Der Marktplatz von Lokeren

Jahrhunderte alten Marktplatz säumen das 250 Jahre alte Rathaus, die alte Jacobs-Apotheke, das jetzige Stadtcafé von 1699. Der gesamte Marktplatz ist 2012 komplett erneuert worden, von vielen Terrassen aus mit ihrer Gastronomie hat man einen schönen Blick. Jeden Mittwoch während des Wochenmarktes bedient ein Glockenspieler die 49 Glocken des Turmes der Sint-

Gracht in Lokeren

Laurens-Kirche. Die Küche Lokerens ist weit über die Region hinaus unter Anderem bekannt für ihre Würste aus Pferdefleisch.

Vier verschiedene lokale Biere werden hier gebraut.

Die nähere Umgebung bietet viel Grün und lädt insbesondere zum Fahrrad fahren ein. Direkt an unserem Stellplatz beginnt ein Waldstück, hin-

Häuser am Marktplatz

ter dem ein kleiner Wildpark und Streichelzoo beginnt. Es gibt einen markierten Wanderweg (ca. 5 km) durch die städtischen Anlagen.

Wir fahren wieder zurück auf die N70, wie wir gekommen sind. Hinter dem Stellplatz 192 geht es links auf die N47, nach gut 1 km rechts auf die N407 bis Overmere. Dort angekommen biegen wir links ab, nach 2 km an einem Kreisverkehr folgen wir rechts dem Hinweis zum Donkmeer. Insgesamt 800 m nach dem Kreisverkehr befindet sich rechts der erste Parkplatz „Wandelpaad", hier fahren wir aber noch vorbei. Nach weiteren 400 m wird rechts wieder ein Parkplatz angezeigt. Wir nehmen die Zufahrt, am Ende halten wir uns rechts und finden ein Wiesenareal, speziell für WOMOs reserviert!

(194) WOMO-Stellplatz: Donkmeer

GPS: N 51° 02' 32.7" E 3° 58' 58.8"; Donklaan. **max. WOMOs:** ca. 15 **Ausstattung/Lage:** ausgewiesene Stellplätze auf Wiesengelände / ruhig, im Ort, Zentrum 700 m. **Zufahrt:** von der N445 Gent - Zele aus Richtung Gent kommend hinter Overmere am nächsten Kreisverkehr rechts Richtung Berlare fahren, nach 1,2 km rechts abbiegen.

Hier am Donkmeer finden sie zu Saisonzeiten ein reichhaltiges Angebot. Surfen, Bootfahren, Baden, Spielplätze, alle möglichen Wasserfreizeitaktivitäten werden geboten. Es gibt Wand-

Das Donkmeer

erwege an und um den See, ebenso ein ausgedehntes Netz von Fahrradwegen (Am VVV Donk können Sie auch Räder ausleihen).

Eine weitere Spezialität dieses „Meeres" ist der Aal („paling" auf flämisch). In diesem See wird er, aus Dänemark oder den Niederlanden lebend in großen Tankwagen kommend, ausgesetzt, später geangelt und in den umliegenden Restaurants aufs Vortrefflichste zubereitet - empfehlen können wir Ihnen das „Palinghuis De Pluim" direkt an der Hauptstraße (*Donklaan 152*), wo es als Spezialität „Paling in 't groen" gibt.

Wir verbrin-
gen eine schö-
ne, ruhige
Nacht am
Donkmeer. Am
nächsten Tag
fahren wir
wieder zurück
zur N445 Rich-
tung Zele. 6
km später
kommen wir an

Gastlichkeit am Donkmeer

die N47und biegen rechts Richtung *Dendermonde* ab. Am
nächsten Kreisverkehr bleiben wir rechts Richtung *Dendermonde*, wir überqueren die Schelde, fahren an der dahinter
liegenden Ampel wieder rechts und sehen schon rechts am
Ufer der Schelde einen großen geschotterten Parkplatz.

(195) WOMO-Stellplatz: Dendermonde

GPS: N 51° 02' 00.7" E 4° 06' 09.7"; A. Noordlaan.   **max. WOMOs:** 5-7.
Ausstattung/Lage: ohne alles / am Scheldeufer, Zentrum 500 m; im Ort.
Zufahrt: von der N47 aus Lokeren kommend in Dendermonde nach dem
Überqueren der Schelde an der Ampel rechts fahren, nach 300 m gro-
ßer geschotterter Parkplatz direkt an der Schelde.

Von hier aus ist es nicht mehr weit ins historische Zentrum
von Dendermonde. Erste Adresse ist natürlich der **Grote Markt**
mit dem **Rathaus**, welches ursprünglich als Tuchhalle gebaut
wurde und 1914 bis auf den Belfried niederbrannte, es wurde

Der Grote Markt von Dendermonde

Das Vleeshuis in Dendermonde

in den 20er Jahren originalgetreu wieder aufgebaut. Ebenfalls am schönen Marktplatz liegt das **Vleeshuis**, in dem heute das städtische Museum untergebracht ist, der Eintritt ist frei. Der Name (Fleischhaus) zeigt auch gleichzeitig den Ursprung: im Erdgeschoss standen bis 1862 die Bänke, auf denen die örtlichen Metzger ihre Waren verkauften. Vom Marktplatz aus sind es nur 300 m über die *Kerkstraat* zur **Onze-Lieve-Vrouwkerk** aus dem 15. Jahrhundert mit ihrem charakteristischen achteckigem Turm, die man auch wegen der vielen Gemälde, u.a. auch zwei von van Dyck, und einem Taufbecken aus dem 12. Jahrhundert aus Tournai besuchen sollte. Überquert man vom Grote Markt aus die Dender, kommt man nach 350 m zum Sint-Alexiusbegijnhof, der bis 1975 noch bewohnt wurde. In dem Haus Nr. 11 ist nun das Begijnhofmuseum mit den originalen Möbeln aus dem 19. Jahrhundert untergebracht. Wir kehren von hier aus zurück zu unserem Wohnmobil, verlassen den Parkplatz und wenden uns nach links. An der nächsten Ampel geht es geradeaus weiter, das nächste Etappenziel *Sint-Niklaas* ist bereits ausgeschildert. Nach 1,5 km biegen wir links auf die N41 ab. Hier bleiben wir für die nächsten 11,5 km bis wir an die Autobahn E17 gelangen. Wir fahren Richtung *Antwerpen* auf, um dann nach 1,5 km an der Ausfahrt 15 Richtung **Sint Niklaas Centrum** abzufahren. Die N16 taucht an der Kreuzung mit der N70 kurz unter, 500 m später stehen wir an einer Ampel und biegen links der Beschilderung „P Kokkelbeek" folgend ab. 120 m weiter geht es rechts ab, nach 200 m kommen wir schräg links auf den beschriebenen Parkplatz. [**196**: N 51° 09' 39.6" E 4° 08' 38.4"; Kokkelbeekplein]. Er

Der größte Grote Markt Belgiens in Sint Niklaas

ist gebührenpflichtig (Parkscheinautomat), wenn man den ganzen Tag hier bleiben möchte kostet es EUR 5,-

Wir stellen unser Womo ab und gehen links das schmale Sträßchen zur Kokkelbeekstraat, wo wir uns nach rechts wenden, nach 600 m stehen wir auf dem flächenmäßig größten **Grote Markt** Belgiens.

Es ist wie gesagt der größte, bestimmt aber nicht der schönste Marktplatz, den wir in Belgien gesehen haben. Aber trotzdem lohnt sich der Weg in diese Stadt, denn es gibt hier - neben der wegen der goldenen Kuppel weithin sichtbaren **Liebfrauenkirche** und der alten **Sankt-Nikolauskirche** - auch noch einen sehr interessanten Museumskomplex, der einen Besuch lohnt und von dem wir Ihnen zwei Ausstellungen besonders ans Herz legen wollen. Wir gehen vom Marktplatz aus rechts in die *Kardinaal Mercierplein*, nach 200 m links in die Zamanstraat, die nächste rechts ist bereits die Zwijgershoek. Hier befindet sich das **Mercatormuseum**, und wer nur einen Funken Faszination für alte Landkarten und Globen hat, wird begeistert sein von den Werken aus dem 16. Jahrhundert. Im gleichen Museumskomplex befindet sich auch noch das **Barbierama** mit einer einzigartigen Sammlung mit allem, was mit Haar-, Bart- und Körperpflege im Laufe der Jahrhunderte zu tun hat. Nach dieser lehrreichen Tour gehen wir zum Wohnmobil, kehren zunächst auf der *Parklaan* zurück wie wir gekommen sind, fahren an der Ampel geradeaus weiter. An der Stelle, wo diese N16 kurz unter die Erde geht, halten wir uns rechts und bleiben oben. An dem Kreisverkehr fahren wir links Richtung *Recreatiepark De Ster*. Wir befinden uns nun auf der N70, der wir für die nächsten 3,6 km treu bleiben. An der Ampel biegen wir rechts ab, nach 270 m geht es rechts in das Gelände des **Recreatiepark de Ster.** 100 m weiter am Kreisverkehr fahren wir schräg rechts, nach weiteren 200 m sind wir an den großen Parkplätzen des Naherholungsgebietes am See.

(197) WOMO-Badeplatz: „De Ster"

GPS: N 51° 10' 29.9" E 4° 11' 31.9";
Brokkelingenstr. **max. WOMOs: 5**
Ausstattung/Lage: öffentl. WC;
Freizeiteinrichtungen / außerorts.
Zufahrt: von der N70 aus Sint-Niklaas Richtung Antwerpen kommend an der Ampel 3,7 km nach der Kreuzung mit der N16 rechts der Beschilderung *Recreatiepark de Ster* folgen.

Hier bekommen Sie alles geboten, was ein anständiges Recreatiecentrum in Belgien zur Verfügung stellen kann: Minigolf, Trampolins, Go-Carts, Boote, Tennis, Fußball, Liegewiesen, Strand und Strandbad, Spielplätze, Riesen-Wasserrutschen, außerdem kann man auf dem See rudern, segeln, surfen, kanufahren oder tauchen. Es gibt einen separaten Angelsee, eine Schmalspureisenbahn führt um den Hauptsee herum. Natürlich sind auch Restaurants und Cafeterien vorhanden. Weder das Strandbad (EUR 2,20 / EUR 1,- für Erw./Kinder) noch einige der anderen Attraktionen sind kostenlos, aber

Sandstrand mit Strandduschen am Badesee

das Preis/Leistungsverhältnis ist absolut in Ordnung. Hier können Sie, schönes Wetter vorausgesetzt, einen wunderschönen Badetag vor allem mit Ihren Kindern verleben. Außerhalb der Saison (6.10. bis 28.03.) ist der Zutritt frei, die Wege laden dann zu ausgiebigen Spaziergängen ein. Wir machen uns nach einer kurzen Visite an die Weiterfahrt und verlassen das Areal und biegen links ab, zurück bis nach Sint Niklaas. Am großen Kreisverkehr biegen wir „links" auf die N16 Richtung Willebroek. An der ersten Kreuzung nach dem Knotenpunkt mit der E17 müssen Sie sich entscheiden: wenn Sie noch Ver- und Entsorgen müssen, gibt es in 700 m Entfernung bei Alpha Motorhomes eine frei zugängliche Station. Dazu biegen sie an dieser Kreuzung scharf links ab, nach wenigen Metern wieder links in die Straße, die parallel zur N16 an dem Industriegebiet entlang führt. Nach 500 m liegt rechts die **Entsorgungstation** bei [**198**: N 51° 08' 13.0" E 4° 10' 49.3"; Kapelanielaan]. Ansonsten biegen Sie an obiger Kreuzung rechts ab, nach 2 km liegt links ein großer, gebührenfreier Parkplatz:

(199) WOMO-Stellplatz: Temse

GPS: N 51° 07' 31.4" E 4° 12' 39.8"; Oeverstraat. **max. WOMOs:** 2-3 **Ausstattung:** ohne alles / ruhig, Zentrum 300 m; im Ort. **Zufahrt:** von der N16 aus Sint-Niklaas Richtung Willebroek kommend an der 1. Kreuzung nach dem Knotenpunkt mit der E17 rechts, nach 2 km links „P".

Leider ist der schöne Parkplatz am Wilfordkaai direkt an der Schelde inzwischen für WOMOs gesperrt, aber hier ist es

Kunst am Kai

auch durchaus annehmbar! Wir spazieren am nahen Rathaus und den anschließenden Gassen des Zentrums vorbei. Wessen Hobby die Heraldik ist, wird hier in Temse glücklich werden, ein (kostenloses) Museum, geöffnet Samstag und Sonntag, beherbergt eine große Wappensammlung aus Belgien, den Niederlanden und Luxemburg. Unten am Kai befinden sich einige nette Restaurants. Nach einem kleinen Rundgang durch das Städtchen beschließen wir, den Abend im „Palings Huis" am Wilfordkaai ausklingen zu lassen.

Hier gibt es leckeren Aal!

Temse ist ein sehr netter Ort, aber es kommt sogar noch besser! Nach einem guten Abendessen verlassen wir den Parkplatz und halten uns links. Wir folgen dem Straßenverlauf und treffen nach 1,6 km auf die N419. Hier biegen wir rechts ab. Nach weiteren 3,5 km nehmen wir rechts den Abzweig nach **Rupelmonde**. Wir fahren immer geradeaus bis an die Schelde, am Ende können wir den Hinweisen mit WOMO-Piktogramm folgen und finden den:

(200) WOMO-Stellplatz: Rupelmonde

GPS: N 51° 07' 32.6" E 4° 17' 32.8"; Nederstraat. **max. WOMOs:** 10 **Ausstattung:** Strom, Frischwasser / ruhig, Zentrum 200 m; im Ort. **Zufahrt:** von der N419 aus Temse kommend hinter Hemelrijk rechts nach Rupelmonde abbiegen, immer geradeaus bis zum Ende fahren, dort dem WOMO Piktogramm folgen.

Der Stellplatz liegt wunderschön und lädt zum Verweilen ein. Auch der kleine Ort strahlt Atmosphäre aus! Im Mittelalter war dies ein wichtiger Handelsort mit Zollprivilegien für die Schelde und die gegenüber einmündende Rupel. Es ist zudem Geburtsort von Gerhard Mercator, der in Leuwen studiert und später in Duisburg als Kartograph mit der Herstellung von Erdgloben zu Weltruhm gelangte. An der Kirche von Rupelmonde ist ihm ein Denkmal gewidmet. Unweit des Stellplatzes liegt der Mercator-Turm. Er ist ein Überbleibsel der Wasserfestung aus dem 12. Jahrhundert mit 17 Türmen, die der Verteidigung der Schelde und Rupel diente. 1678 wurde die Burg zerstört und diente fortan als Baumaterial, unter anderem für die Kirche von Rupelmonde. 1955 wurde der Turm restauriert und dient heute als Mercator-Museum. Ebenfalls nahe am Platz befindet sich eine alte Wassermühle, 1516 erbaut, daneben liegt die Touristeninformation.

Ortsbild von Rupelmonde

Wir fahren zurück zur N419 und biegen rechts ab. Nach 2 km, in **Bazel**, halten wir uns rechts und finden am Sportplatz:

(201) WOMO-Stellplatz: Bazel

GPS: N 51° 08' 53.3" E 4° 18' 19.8"; Beekdam. **max. WOMOs:** 2-3 **Ausstattung:** ohne alles / ruhig, Zentrum 500 m; Ortsrand. **Zufahrt:** von der N419 aus Temse kommend in Bazel rechts abbiegen, hinter der Kirche weiter bis zur Sporthalle fahren.

Auf dem Weg in den Ortskern kommt man am Schloss **Wissekerke** vorbei, in der jetzigen Form 1590 erbaut. Bis 1989 noch im Besitz der Familie Vilain, gehört es seitdem der Gemeinde. Teils für Tagungen und Empfänge genutzt, kann es auch mit Gruppen ab 25 Personen besichtigt werden. Der Ortskern von Bazel rund um die Sint-Pieterskerk, mit dem Einhorn-Haus und dem

Schloss Wissekerke in Bazel

„Klein Kasteeltje" bilden ein wunderschönes, heimeliges Ensemble!

Wir steuern von Bazel aus zurück auf die Autobahn E17 Richtung Antwerpen. Bald kommen wir an den Ring, wir halten uns rechts Richtung Centrum, fahren in den Kennedytunnel und unterqueren die Schelde. Wir wollen Sie nun nicht kreuz und quer durch das Geschlängel des Autobahnkreuzes Antwerpen Centrum jagen, sondern bleiben hier einfach geradeaus und nehmen direkt danach die erste Ausfahrt. Am Ende halten wir uns links, überqueren die Autobahn und Eisenbahnlinie, und biegen an der Ampel wieder links ab, der Beschilderung Centrum folgend. Diese Straße fahren wir immer weiter geradeaus, bis wir nach 2,6 km am Ufer der Schelde sind. Hier biegen wir rechts ab, 750 m weiter ist auf der linken Seite ein großer, kostenloser gepflasterter Parkplatz. Mit ein wenig Glück erwischen Sie einen Platz in der ersten Reihe mit Blick auf die vorbeiziehenden Schiffe und hören kaum noch etwas von den Uferstraße.

(202) WOMO-Stellplatz: Antwerpen Atlantikkaai

GPS: N 51° 12' 49.6" E 4° 23' 25.3"; St. Michielskaai.　　**max. WOMOs:** >10
Ausstattung/Lage: ohne alles / ruhig, Zentrum 1 km, im Ort.
Zufahrt: Antwerpener Ring R1 Ausfahrt 5A abfahren, östlich der Autobahn an der Ampel links Richtung Zentrum, nach 2,6 km (Ampel) am Scheldeufer rechts, nach 750 m links „P" (kostenlos).

Alternativ kann man die E17 auch schon vor dem Kennedytunnel an der Ausfahrt 17 (Zwijndrecht/Burcht) verlassen, rechts zum Scheldeufer und dann insgesamt 6 km immer weiter geradeaus fahren. Dort liegt am Ende der:

(203) WOMO-Campingplatz-Tipp: Camping „de Molen"

GPS: N 51° 14' 00.5" E 4° 23' 32.4"; Jachthavenweg.
Öffnungszeiten: ganzjährig.　　**Ausstattung:** ruhiger Stadtcampingplatz, einfache Ausstattung; 6 Plätze für Wohnmobile; Zentrum: 1 km.
Zufahrt: Autobahn E17 Gent - Antwerpen an Ausfahrt 17 verlassen, rechts Richtung Schelde abbiegen, nach 6 km rechts zum Platz abbiegen.

Fährt man an der Ausfahrt 5A nicht links über die Autobahn und Eisenbahnstrecke, sondern biegt stattdessen rechts und die nächste wieder rechts ab, steht man nach 250 m vor dem:

(204) WOMO-Stellplatz: Antwerpen Camperpark Vogelzang

GPS: N 51° 11' 22.5" E 4° 24' 02.3"; Vogelzanglaan.　　**max. WOMOs:** 140.
Ausstattung/Lage: V + E, Strom / ruhig, Straßenbahn 150m, im Ort.
Zufahrt: Antwerpener Ring R1 Ausfahrt 5A abfahren, dann rechts nächste wieder rechts, nach 250 m rechts Gelände.

Steen - die alte Burg, heute Schifffahrtsmuseum

Vom Stellplatz 202 aus - es stehen übrigens etliche Wohnmobile hier - laufen wir zunächst das Scheldeufer Richtung Norden entlang und können schon einige sehr schöne Häuser entlang des Plantinkaai bewundern. Direkt am Kai liegt auch das **Schifffahrtsmuseum** im **Steen**, der alten Burg von Antwerpen.

Hier vom Steen aus biegen wir Richtung **Grote Markt** in die

Innenstadt ab. Eine genaue Wegbeschreibung können wir uns sparen, der 123 m hohe Turm der Kathedrale bietet eine ganz hervorragende Orientierung. Wir kommen auf den **Marktplatz**, auf der linken Seite befindet sich die **Touristeninformation**, die wir Ihnen wie immer sehr empfehlen. Sehen Sie sich das schöne **Stadthaus** an, auf der Mitte des Marktplatzes den **Brabobrunnen** aus dem Jahr 1887 und vor allem auf die prächtigen **Zunfthäuser** aus dem 16. und 17. Jahrhundert. Versäumen Sie es nicht nach oben zu schauen: die Giebel mit ihren vergoldeten Figuren und Zinnen sind einzigartig! Ein weiteres Muss in Antwerpen ist der Besuch der **Onze-Lieve-Frouwekathedraal** mit ihrem Doppelturm, von denen aber einer unvollendet blieb. Im Inneren sollte man auf jeden Fall auf drei Werke von **Peter**

Rathaus mit dem Brabobrunnen

Paul Rubens einen Blick werfen. Wir verlassen den Kirchplatz Richtung Süden zum **Groenplaats** mit seinen vielen Straßencafés und bewundern nochmals das historische Zentrum Antwerpens. Sie lieben Bücher?

Giebel der Zunfthäuser

Sicher, sonst hätten Sie ja das gerade vor Ihnen liegende nicht gekauft. Aber wenn auch Sie genauso wie wir von alten Werken, die sich in Bibliotheken bis unter die Decke stapeln, beeindruckt sind, folgen Sie uns ins **Plantin-Moratus-Museum**! Vom *Groenplaats*

Alte Schätze ohne Ende!

aus gehen wir über die *Reyndersstraat* westlich, nach ein paar Metern links in die *Leeuwenstraat*, dann über den *Vrijdagmarkt* und stehen schon vor dem Eingang des Hauses, in dem der Drucker *Plantin* im Jahre 1576 einzog. Wir finden hier die mit 16 Pressen damals europaweit größte Druckerei noch original erhalten - einschließlich der einzigartigen Schriftsätze. Bis im 19. Jhd. war die Druckerei, später vor allem für Meß- und Gebetbücher, im Familienbesitz und in Betrieb. Angeschlossen an diese Buchdruckerei ist unter anderem auch die Büchersammlung Max Horn. In diesem Museum könnte ich Tage verbringen!

Sie sollten sich in der Touristeninformation unter den vielen Attraktionen Antwerpens Ihre persönlichen Favoriten heraussuchen, vielleicht das **Museum der schönen Künste**, das Fotografiemuseum, oder 400 m südlich von unserem Stellplatz am Cockerillkaai **Antwerpen in Miniatur**, der Antwerpener ist auch sehr bekannt, gehen Sie zu Fuß 31,5 m unter der Schelde durch den Fußgängertunnel ans andere Ufer.

Zwei weitere Sachen möchte ich Ihnen noch empfehlen: als erstes das im Jahr 2002 eröffnete **Diamantenmuseum** in der Nähe des Bahnhofes (am besten fahren Sie mit der Metro vom Groentplaats aus dorthin) und zum anderen die **Havenroute** -

ein gut ausgeschilderter Rundweg (50 km!) durch einen der größten Häfen Europas - den Sie natürlich nicht zu Fuß bewältigen sondern mit dem Wohnmobil abfahren können.

Nach zwei Tagen in Antwerpen möchten wir die nächste Nacht wieder lieber in einem kleinen, gemütlichen Städtchen verbringen. Egal von welchem Stellplatz aus führen wir sie auf den südlichen Autobahnring von Antwerpen. Wir setzten unsere Fahrt über den Ring fort und halten uns an die Autobahn A1 Richtung Breda/Rotterdam.

An der Ausfahrt 5 Brasschaat/Kapellen verlassen wir die Schnellstraße und halten uns rechts nach Brasschaat. Nach 3 km an der Kirche geht es wieder rechts, nach 600 m noch einmal, dann gelangen wir an den:

(205) WOMO-Stellplatz: Schlosspark Brasschaat

GPS: N 51° 17' 05.7" E 4° 30' 12.7"; Elshoutbaan. **max. WOMOs:** 6
Ausstattung/Lage: V+E, Strom / ruhig, Zentrum 1 km, im Ort.
Zufahrt: Antwerpener Ring R1 zur Autobahn A1, Abfahrt Brasschaat, nach 3 km im Ort an Kirche rechts, nächste rechts, nach 600 m „P".

Hier ist eine Reihe des Parkplatzes für WOMOs reserviert, auch ein Stromverteiler ist vorhanden. Am **Schwimmbad** - einige Meter weiter - befindet sich eine Ver- und Entsorgung. Der Platz liegt am Rande des wunderschönen, frei zugänglichen **Schlossparks**. Stundenlang kann man hier spazieren! Ein großer Spielplatz und ein kleines Wildgehege vervollständigen das Angebot. Im

Schloss Brasschaat

Schloss selbst befindet sich ein ganz ausgezeichnetes Restaurant, welches wir gerne empfehlen.

Unser nächstes Ziel ist die **Kalmthouter Heide**. Wir fahren zurück zur N1 Richtung Nordosten, nach 6 km biegen wir schräg links ab und der Weg führt uns über Kruisstraat und Heide zur N111. Nach gut 1 km befindet sich rechts am **Infokantoor Tourisme** ein geräumiger Parkplatz mit einem für Wohnmobile reservierten Bereich:

(206) WOMO-Stellplatz: Kalmthouter Heide

GPS: N 51° 22' 36.8" E 4° 26' 56.2";
Putsesteenweg. **max. WOMOs:** 2
Ausstattung/Lage: WC im Informationszentrum, Taverne anbei /
ruhig, Ortsrand, Zentrum 1 km.
Zufahrt: an der N111 von Driekhoek Richtung Kalmthout bei Heide rechts der Landstraße.

Die Hauptattraktion ist ein schöner Fahrradrundweg durch die Kalmthouter Heide, die sich in nordwestlicher Richtung bis zur Niederländischen Grenze erstreckt . Die Tour ist 57 km lang, die man aber auch auf 43 km oder 39 km verkürzen kann. Des Weiteren befindet sich in Touristenkantoor noch ein Bienenmuseum. Und nach der anstrengenden Fahrradtour lädt die Taverne direkt am Platz mit gutem Bier und

köstlichen Pfannkuchen zum Verweilen ein!

Weiter geht es die N111 Richtung Nordost. Wir gelangen durch Wuustwezel (ab dort ist es die N133) und fahren weiter Richtung **Brecht**. Nachdem wir die Autobahn A1 überquert haben, sind wir im Ort. 300 m nach der ersten großen Kreuzung liegt links der Parkplatz vom neuen Gemeindezentrum direkt am Stadtpark, wo es auch einige längere Parktaschen für WOMOs gibt:

(207) WOMO-Stellplatz: Brecht

GPS: N 51° 20' 54.5" E 4° 38' 27.6";
Gemeentepark.
max. WOMOs: 2-3
Ausstattung/Lage: ohne alles /
ruhig, im Ort, Zentrum 200m.
Zufahrt: an der N133 von der A1 kommend in Brecht 300 m nach der ersten großen Kreuzung links am neuen Gemeindezentrum.

Brecht ist ein nettes Städtchen mitten im Kemperland. Auf dem Weg ins kleine Zentrum kommt man am kempischen Museum vorbei, welches bereits 1905 gegründet wurde und damit das zweitälteste Museum der Kempen ist. Der Marktplatz des Ortes ist eine schöne Mischung aus alten Gebäuden und einem modernen Springbrunnenensemble. Auch in und um Brecht führen einige Radwege durch die umliegende Kempersche Heide.

Der Marktplatz von Brecht

Wir fahren in Brecht zurück zur großen Kreuzung und halten uns dort rechts auf die N153 nach Malle/Oostmalle. Wir kommen durch Wechelderzande, dann überqueren wir die Autobahn E34. Ab Lille können wir der Beschilderung zum **Bobejaanland**, Belgiens größtem Freizeitpark, folgen. Es geht über die N134 bis Lichtaart, dort rechts auf die N123. Nach 1,9 km biegen wir links auf den Lichtaartseweg, wir biegen dann die zweite Straße rechts (Vinkenstraat) ab und finden am Ende rechts den:

(208) WOMO-Stellplatz: Lichtaart

GPS: N 51° 12' 20.3" E 4° 53' 50.4"; Vinkenstraat.
max. WOMOs: 10
Ausstattung/Lage: V+E / ruhig, Ortsrand.
Zufahrt: siehe Text.

Der Stellplatz gehört zum gegenüberliegenden, rustikalen

Hubertushof, der auch eine Einkehr lohnt. Hier bekommt man auch den Schlüssel für die Ver- und Entsorgungsstation. Es ist ein sehr schöner, ruhiger Wiesenplatz. Von hier aus sind es ca. 500 m zum bekannten Bobejaanland, und wer Kinder oder Jugendliche dabeihat, wird kaum um einen Besuch herumkommen!

Zurück zur N123 fahren wir diese links nach **Herentals**. Am Ortseingang biegen wir links auf den Ring ab, nach 1,6 km rechts Richtung Zentrum und noch 800 m weiter. Vor der Stadtverwaltung gibt es dann genügend freien Parkraum [**209**: N 51° 10' 40.5" E 4° 50' 26.9"; Augustijnenlaan]. Rund 350 m sind es in westlicher Richtung zum **Grote Markt.** Dort

Der Grote Markt in Herentals

ist das beherrschende Gebäude die **Lakenhal** aus dem 15. Jahrhundert. Seit 1430 befand sich hier das Rathaus, 1534 kam der achteckige Turm mit Glockenspiel hinzu. Eine weitere Sehenswürdigkeit ist der 350 m nördlich gelegene **Begijnhof**. In der jetzigen Form entstand er im 17. Jahrhundert mit der zentral gelegenen Sint-Catharina-Kirche. Wir kehren zurück zum Ring und biegen dort rechts ab. Sowohl die Autobahn A13 als auch **Lier**, unser nächstes Ziel, sind dort ausgeschildert. Nach 21,4 km, bereits auf dem Ring in Lier, biegen wir rechts zur Nete ab. Am Parkplatz „Leuvense Port" gibt es 2 für WOMOs reservierte Plätze:

(210) WOMO-Stellplatz: Lier „Leuvense Port"

GPS: N 51° 07' 48.0" E 4° 34' 55.2"; Zaat.   **max. WOMOs:** 2
Ausstattung/Lage: ohne Alles / ruhig, Zentrum 1,2 km, im Ort
Zufahrt: Von der N13 aus Herentaals kommend am Ring R16 um Lier rechts auf den Parkplatz *Leuvense Port* abbiegen.

Wir fahren in südlicher Richtung entlang der Nete, biegen hinter dem Sportplatz rechts ab und erreichen nach 200 m rechts den **Parkplatz de Mol**:

(211) WOMO-Stellplatz: Lier „de Mol"

GPS: N 51° 07' 32.3" E 4° 34' 26.7"; Aarschotsesteenweg.
max. WOMOs: >10   **Ausstattung/Lage:** V+E / ruhig, Zentrum 600 m, im Ort.
Zufahrt: Von der N10 aus Antwerpen kommend am Ring R16 um Lier rechts abbiegen, nach 3,5 km links Richtung Zentrum, dann nach 200 m rechts auf den Parkplatz *de Mol* abbiegen.

Wir überqueren zu Fuß die Brücke über die Nete, halten uns am Kreisverkehr halblinks am Stadtpark entlang, sehen in der Rechtsbiegung links das Museum Timmermans-Opsomer, dann eröffnet sich links ein schöner Blick auf die Gracht. Wir halten uns links über die Brücke, gehen noch 100 m weiter bevor wir uns

Lauschige Gracht mit Restaurant

zum **Zimmertoren** umdrehen und die große Jubiläumsuhr des Uhrmachers Louis Zimmer aus dem Jahr 1930 mit ihren 13 Zifferblättern und Skalen bewundern. In dem Pavillon neben dem Turm ist auch eine weitere Uhr von Zimmer mit 93 Zifferblättern und Skalen zu sehen, die für die Weltausstellung 1939 in New York gebaut wurde. An der Zimmerplein befindet sich eine Reihe von Restaurants, die zum Verbleiben einladen, wir gehen rechts in die Eikelstraat, am Ende biegen wir links

Jubiläumsuhr im Zimmertoren

ab und stehen nach 150 m auf dem **Grote Markt** mit dem Rathaus und Belfried, der aus dem Jahr 1369 stammt. Rathaus, Vleeshuis und Zunfthäuser bilden wieder ein harmonisches Ganzes. Auch hier auf dem Marktplatz befinden sich etliche Restaurants - viele Antwerpener kommen am Abend hier nach Lier zum Essen! Auch wir haben unsere Wahl getroffen und gehen danach zurück zur Zimmerplein. Nach einem hervorragenden 4-Gänge-Menu schaffen wir gerade noch die 500 m zurück zu unserem Wohnmobil.

Der Marktplatz von Lier

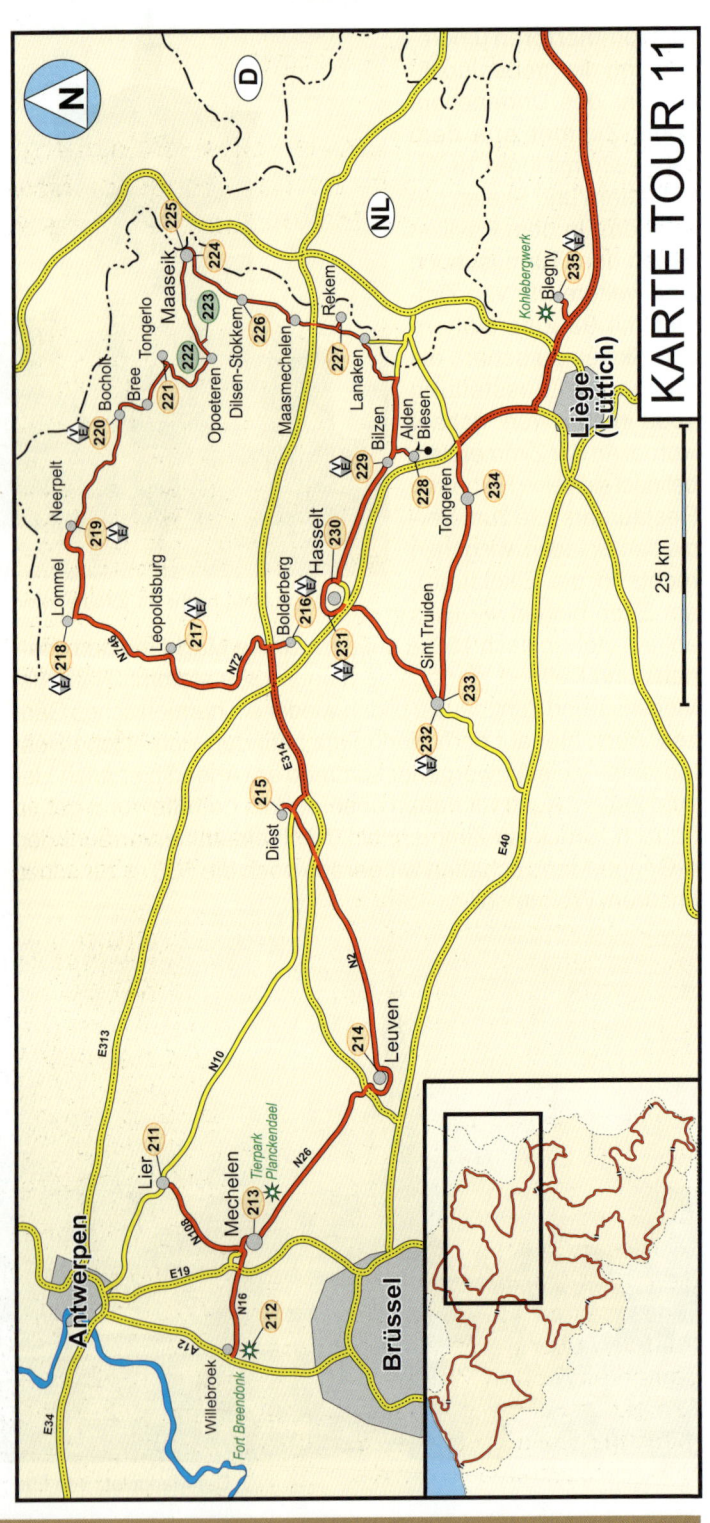

KARTE TOUR 11

TOUR 11 (391 km / 5-6 Tage)

Willebroek - Mechelen - Leuven - Diest - Bolderberg - Leopoldsburg - Neerpelt - Bocholt - Tongerlo - Maseik - Stockem - Rekem - Bilzen - Tongeren - Hasselt - Sint Truiden - Blegny

Freie Übernachtung: Mechelen, Leuven, Diest, Bolderberg, Leopoldsburg, Neerpelt, Bocholt, Tongerlo, Sint-Truiden, Hasselt, Maaseik, Stockem, Rekem, Bilzen, Tongeren, Hasselt, Sint Truiden

Ver- und Entsorgen: V+E jeweils in: Bolderberg, Lommel, Neerpelt, Bilzen, Hasselt Sporthal Alverberg, Sint Truiden, Blegny

Besichtigen: **Willebroek:** Fort van Breendonk; **Mechelen:** Freizeitzentrum „De Nekker", Spielzeugmuseum, Technopolis, historischer Stadtkern; **Leuwen:** Stadthuis, Oude Markt, Begijnhof ; **Diest:** historischer Stadtkern, Begijnhof, Freizeitzentrum „Halve Man"; **Maaseik:** Museactron, älteste Apotheke Belgiens, Van-Eyck-Ausstellung; **Tongeren:** schöner Stadtkern, Basilika, Gallo-Römisches Museum, Stadtmauer, Begijnhof; **Sint-Truiden:** Festraetsuhr, historisches Zentrum; **Blegny**: ehem. Kohlebergwerk

Wandern: in Opoteren, Bergerven und Nereroten bei Maaseik; am Kasteel Alden Biesen

Unser nächstes Ziel führt uns zu einer Stätte der nicht so ruhmreichen deutschen Geschichte. Von unserem Stellplatz aus fahren wir links wieder zurück Richtung Ring, aber schon ein paar Meter davor geht es rechts Richtung *Mechelen* ab. Wir befinden uns nun auf der N108. Nach 11,5 km, wir haben gerade den Ort **Elzenstraat** durchquert, kommen wir an die R6, wo wir rechts Richtung *Willebroek* abbiegen. Nach gut 1,5 km wühlen wir uns durch das Geschlängel der Autobahnzu- und -abfahrten der E19, immer der Beschilderung **Willebroek** nach auf die N16. 4 km weiter am Kreisverkehr fahren wir Richtung Zentrum und überqueren auf einer bemerkenswerten **Zugbrücke** (die ganze Fahrbahn kann über mächtige Seile parallel in die Höhe gezogen werden) den **Kan-**

aal van Willebroek, der Brüssel mit der Schelde verbindet. Rund einen Kilometer hinter der Brücke, unmittelbar am Ortsausgang von Willebroek, weist ein Schild zum **Fort Breendonk**, 300 m weiter stellen wir unser Womo auf dem Besucherparkplatz ab. [**212**: N 51° 03' 29.2" E 4° 20' 30.6"; Dendermondsesteenweg] Das Fort wurde in den Jahren 1906 bis 1914

Eingang zum Fort Breendonk

gebaut und war als letzte Verteidigungsbastion für Antwerpen geplant. Aber hierin liegt nicht die Bedeutung, die Breendonk in der Geschichte hat. Im zweiten Weltkrieg richteten die Nationalsozialisten hier ein Konzentrationslager ein, welches über 4000 Häftlinge durchliefen. Am Eingang bekommt man Kopfhörer, wo an den jeweiligen Stationen die zugehörigen Informationen übermittelt werden. Uns hat dieser sehr beeindruckende Rundgang insofern zugesagt, als das ohne großen Pathos oder gar Anklage die Realitäten dieser Zeit sehr objektiv dargestellt werden.

Nach dieser Auseinandersetzung mit der jüngeren Vergangenheit verlassen wir das düstere Fort. Vom Parkplatz aus biegen wir links ab, überqueren die Autobahn A12 und fahren auf der anderen Seite Richtung *Brüssel* auf. Nach einem Kilometer, es ist die nächste Ausfahrt, verlassen wir sie wieder und biegen am Ende der Ausfahrt rechts Richtung *Mechelen* ab. Nun befinden wir uns wieder auf der N16. Nach 4,5 km am Kreisverkehr halten wir uns rechts, folgen immer weiter den Hinweisen nach Mechelen. Wir erreichen wieder die Autobahn E19, aus dieser Richtung kommend ist es nun einfach, den richtigen Bogen nach **Mechelen** zu finden. Hier kommen wir an den Ring R12, dem wir geradeaus im Uhrzeigersinn zunächst für 1,4 km folgen. Wir fahren schräg links weiter, unterqueren die Eisenbahnbrücke und biegen nach 1 km rechts auf die ausgedehnten Parkplätze des **Sport- und Freizeitzentrums „De Nekker".**

Das Freizeitzentrum hat auch einiges zu bieten: einen großen See mit Sandstrand, Wasserrutschbahn, einen Minigolf-

Die Sint-Romboutskathedraal in Mechelen

platz, eine Gokartbahn, Skaterpark und ein Hallenspielpara-
dies für die Jüngeren. Der Eintrittspreis beträgt in der Hauptsaison EUR 3,-/ 2,50 für Erw./Kinder.

Der erste Weg führt mit-
ten ins Zentrum zum **Grote
Markt**, der hier in Mechelen
wunderschöne Ein- und
Ausblicke beschert. Das
Bild der Stadt wird geprägt
von der mächtigen Sint-
Romboutskathedraal, deren
Grundbau 1375 beendet
war. 50 Jahre später be-
gann man dann den Bau
des Turmes, der mit einer
geplanten Höhe von 167 m

Das Rathaus ohne Turm

der höchste Kirchturm der Christenheit geworden wäre. Daraus wurde aber leider nichts, als man bei 97 m angekommen war, wurde das Baumaterial von Wilhelm von Oranien für den Bau einer Festung eingezogen. Später nahm man dann die Bauarbeiten nie wieder auf.

Grachten am Vismarkt

Bei unserem Besuch befindet sich der **Marktplatz** in der Renovierung und kommt nicht so recht zur Geltung, aber nach Fertigstellung zählt er für mich mit zu den schönsten Belgi-

ens. An der Südseite befindet sich das **Rathaus**, welches auch etwas seltsame Proportionen hat. Links der prächtige Giebel des Rathauses, dann der Mittelbau mit den zwei kleinen Türmchen (eigentlich sollte dieser Teil die Basis eines großen Belfried werden), dann direkt im Anschluss die Tuchhalle. Auch ein Gang durch die mittelalterlichen Gassen rund um den Grote Markt beschert manch nette und romantische Perspektive, wie hier links am **Vismarkt**. Von dort aus gehen wir noch ein Stück die Dijle entlang in nordwestliche Richtung und halten uns vor Erreichen des

Am Grote Begijnhof

Ringes wieder rechts. Wir kommen dann in das Areal des **Grote Begijnhof**, der auch zum Weltkulturerbe der UNSECO zählt. Wandeln Sie einfach durch die schmalen gepflasterten Gassen und bewundern Sie die netten winzigen Häuser der Beginen! In diesem Viertel befindet sich auch die **Brauerei „Het Anker"**, wo drei hervorragende Sorten kreiert werden: *Gouden Carolus, Carolus Ambrio* und *Carolus Tripple*. Probieren Sie sich ruhig am Abend in einer der Brasserien am Marktplatz durch! Was können wir Ihnen noch in Mechelen empfehlen? Wenn Sie zurück zum Stellplatz „De Nekker" gehen, den Ring überqueren und sich hinter der Eisenbahnunterführung links halten, kommen Sie zum **Spielwarenmuseum**. Hier sieht man auf 7000 Quadratmetern alte und neue Spielzeuge aus allen Bereichen ausgestellt. Das Museum ist täglich von 10 bis 17 Uhr geöffnet, der Eintritt beträgt EUR 6,00 / 3,85 für Erw./Kinder. Eine weitere Attraktion lässt sich am besten mit dem Wohnmobil erschließen. Einfach den Ring weiter im Uhrzeigersinn entlangfahren und der Beschilderung zur Autobahn Brüssel/Antwerpen (E19) folgen. Kurz vor der Auffahrt liegt an einem großen Kreisverkehr das **Technopolis**, wo man Wissenschaft und Technik interaktiv erleben und sich an Simulatoren üben kann. Der Leitspruch lautet: „man hört und vergisst - man sieht und erinnert sich - man macht und versteht". Die Öffnungszeiten gehen von 9:30 bis 17:00 Uhr, Eintritt EUR 8,50 / 6,00 für Erw./Kinder.

Wir fahren von unserem Stellplatz „De Nekker" links zurück Richtung Ring, dort biegen wir wieder scharf links ab, zunächst Richtung Autobahn E19 *Brüssel / Antwerpen* und *Leuven*. Nach 800 m an der nächsten Ampel halten wir uns links Richtung *Leuven* auf die N26. Nach 3 km sehen wir auf der linken Seite einen Elefantenskulptur: ein Hinweis auf den **Tierpark Planckendael**. Der sehr schöne Park ist in der Hauptsaison von 10-19 Uhr geöffnet, der Eintritt beträgt EUR 13,50/9,00 für Erw./Kinder. Von hier aus fahren wir weiter Richtung *Leuven*. 17 km später, wir bleiben immer auf der N26, überqueren wir

die Autobahn E314, 500 m später erreichen wir den Ring R23 von **Leuven**, wir halten uns rechts. Nach 700 m zweigt die N2 Richtung Brüssel ab, wir bleiben auf dem Ring, ebenso 800 m weiter, wo die N3 abgeht. Nun heißt es aufgepasst, 500 m später verlassen wir den Ring, bleiben unten auf der Rampe und biegen rechts auf die N264 Richtung Autobahn, auch der **P+R Leuven** ist schon ausgeschildert. Die nächste Möglichkeit nach 50 m fahren wir rechts dem P+R nach und kommen an den großzügigen Parkplatz:

GPS: N 50° 52' 21.7" E 4° 41' 20.0";
Veilingsweg. **max. WOMOs:** 6-7
Ausstattung/Lage: ohne alles /
Zentrum 1 km.
Zufahrt: von der N26 aus kommend am Ring R23 rechts halten,
nach 2,3 km rechts auf die N264
abbiegen, nach 50 m rechts P+R.

Wir machen uns zu Fuß auf den Weg in die Stadt. Wie ?!?
Schon wieder Stadt? Ja, liebe Leser, mit dem nun folgenden
Bild vor Augen zieht es einen schon ins Zentrum! Das Leuvener Rathaus ist einzigartig in Europa und stellt auch die von
Brügge, Brüssel, Gent und Oudenarde, die wir uns alle schon
im Laufe unserer Touren angesehen haben, weit in den Schatten. 236 Figuren verzieren diese einmalige Haus. Wie kommt

Das Rathaus von Leuven - wie ein großes Schatzkästchen!

man hin? Entweder mit dem Bus (Linie 7, 8 und 9) vom Parkplatz aus - oder aber zu Fuß, wobei man selbstverständlich
schon mit der Stadtbesichtigung anfangen kann. Wir unterqueren das Viadukt der Ringstraße und halten uns schräg links
auf die *Kapucijnenvoer*. Nach 500 m befindet sich links der
Städtische Botanische Garten, danach kommt die Ruine der
St. Jakobskirche. Wir wenden uns rechts auf die *Brusselsestraat*, überqueren die Dijle und sind schon 150 m später am
Grote Markt mit dem bereits erwähnten Rathaus und der **Sint-
Pieters-Kerk**, einer schönen gotischen Kathedrale. Hier soll-

Studentencafès am „Oude Markt"

ten es gar drei Türme werden, wovon der mittlere 170 m hoch werden sollte - aber nachdem der sandige Untergrund dies nicht zuließ, verzichtete man eben darauf. Wir gehen rechts am Rathaus vorbei, hinter dem Stadthuis befindet sich dann die **Touristeninformation**.

Hier kommt man zum sehr belebten **Oude Markt** mit seinen zahlreichen Studentencafés - schließlich ist Leuven seit 1425 Universitätsstadt! Und wir müssen aufpassen, von den nahezu unzähligen Fahrrädern nicht auf den Lenker genommen zu werden. Wenn Sie sich vom Oude Markt aus in nordöstlicher Richtung halten, kommen Sie zur

Der ehemalige Groot Begijnhof

Tienseestraat. Hier wiederum gibt es das **Brauhaus Domus** mit seinem köstlichen *Domusbier* und dem *Leuvendige Witbier*. Sie können es direkt in der angeschlossenen Taverne probieren, wo es als nie versiegender Strom über eine Pipeline direkt aus der Brauerei hingeführt wird. Nachdem wir uns noch ein wenig in der Altstadt umgesehen haben, lenken wir unsere Schritte zu einem wahren Kleinod: dem **Groot Begijnhof**. Am zweckmäßigsten geht man vom Oude Markt aus Richtung Süden über die *Naamsestraat* und biegt nach 600 m rechts zum *Karmelietenberg* ab. 200 m weiter am Ufer der Dijle geht es links in den Begijnhof hinein. Im 18. Jahrhundert wohnten hier in den 100 Häusern über 300 Beginen, im Jahr 1988 starb die letzte - damit endete eine Tradition, die bis ins 12. Jahrhundert zurückging. Die Universität kaufte die Anlage und restaurierte sie. Heute wohnen Studenten in den reizenden, kleinen Häuschen - ich denke, eine sehr sinnvolle und schöne Umgestaltung! Wo kann man besser studieren als in der Ruhe dieser Oase mitten in der Großstadt, wo still die **Dijle** durchplätschert?

Von hier aus sind es nur noch knapp 400 m Richtung Westen, dann befinden wir uns wieder am Parkplatz an unserem Wohnmobil.

Man kann zwar ohne weiteres auch auf diesem Platz übernachten, wir führen Sie aber, wenn Sie möchten, zu einem schöneren Ort ca. 33 km entfernt: vom Parkplatz aus biegen wir rechts auf den Ring und befahren ihn gegen dem Uhrzeigersinn. Wir kommen am Sportplatz vorbei, dann am Bahnhof, nach insgesamt 3,5 km und noch vor der unübersehbaren Brauerei *Stella Artois* biegen wir rechts auf die N2 Richtung Diest ab. Hier verbleiben wir für die nächsten 26,5 km, die wir zügig über die gut ausgebaute Landstraße vorankommen.

Am Ortseingang von **Diest** kommen wir (was sonst?!?) an einen dekorativen Kreisverkehr (fliegendes Pferd), hier biegen wir rechts ab und folgen der Beschilderung *Halve Maan*. Nach 400 m kommt eine Linkskurve, dann folgt der nächste Kreisverkehr, wir bleiben geradeaus, immer noch dem *Halve Maan* nachfahrend. Nach 950 m ist es soweit, vorher sind wir noch an einer rechts liegenden Windmühle und dann am links liegenden Hallenbad vorbeigefahren: wir biegen rechts in die Domain **Halve Maan** ein. Auch wenn es wie ein breiter Fahrradweg und schrecklich verboten aussieht: sie dürfen hier langfahren. Der Weg führt zwischen zwei Seen entlang, 100 m von der Straße entfernt befindet sich links ein Schotterparkplatz, wir können aber auch rechts noch etwas weiterfahren und entdecken noch einige nette Parkbuchten.

Wie die Situation in der Hochsaison bei bestem Wetter am Wochenende aussieht haben wir nicht getestet - aber in der Nebensaison finden Sie ein kleines Paradies.

Abendstimmung am Stellplatz

(215) WOMO-Stellplatz: Diest „Halve Maan"

GPS: N 50° 59' 10.2" E 5° 03' 49.1";
Leopoldsvest. **max. WOMOs:** 1-2
Ausstattung/Lage: ohne alles /
sehr ruhig, direkt am Wasser, Zentrum 1 km; Ortsrand.
Zufahrt: von Leuven die N2 kommend in Diest am ersten Kreisverkehr rechts, am zweiten geradeaus, immer der Beschilderung „Halve Maan" nach; 950 m nach dem 2 Kreisverkehr rechts in die Domain „Halve Maan" abbiegen, hier mehrere Parkbuchten.

Wir verschieben die Erkundung, was eigentlich der *Halve Maan* ist und natürlich auch der Sehenswürdigkeiten in Diest selber, auf den nächsten Morgen und legen uns nach einer kurzen Runde mit unserem Hund zu Ruhe.

Sollten Sie am Halve Maan keinen Stellplatz finden, brauchen Sie natürlich nicht auf Diest zu verzichten. Wenn Sie an der Stelle, wo wir in die Domein abgebogen sind, einfach noch 70 m weiterfahren, kommt rechts, etwas zurückliegend, noch ein weiterer Schotterparkplatz. Alternativ können Sie auch gegenüber hinter dem Hallenbad auf dem Parkplatz noch eine Lücke ergattern. Am nächsten Morgen führt uns die Runde zunächst zum *Halve Maan*. Hier finden wir ein großes Freizeitzentrum bestehend aus einem riesigen Freibad mit Sandstrand, einem See zum Bootfahren, großem Erlebnisspielplatz, Minigolfbahn, Trampolins, Restaurant und einem Park. Der Eintritt beträgt in der Saison EUR 3,- Geöffnet ist dann das Areal von 9-21 Uhr.

Im Begijnhof von Diest

Häuserzeile am Grote Markt von Diest

Aber Diest hat natürlich auch noch einiges zu bieten. Wir gehen vom Parkplatz aus quer über die *Leopold-vest*, auf der wir auch hineingekommen sind, und gehen am Schwimmbad vorbei in die *Pesthuizenstraat*.

Die nächste rechts, dann wieder rechts und schon sind wir im für unser Empfinden schönsten **Begijnhof** Belgiens in seiner Geschlossenheit über die drei parallel verlaufenden Längst- und zwei Quergassen. Hier ist die Zeit stehengeblieben, herrscht Ruhe, außer den eigenen Schritten auf den Pflastersteinen ist kaum etwas zu hören.

Ruine der Sankt-Johanneskirche

Im Begijnhof befindet sich auch eine **Touristeninformation**, wo wir Ihnen vor allem die Broschüre „Auf flämischen Wegen - DIEST" mit einem schönen Rundgang durch den Ort empfehlen. Wir folgen diesem Rundweg, neben vielen schönen Ausblicken möchten wir Ihnen den **Grote Markt** mit seinen entzückenden Giebelhäusern und Brasserien, die zum Verweilen einladen, empfehlen, auch die hier befindliche (turmlose) **Sankt-Sulpius- und Dionysuskirche** mit ihrem Glockenspieltürmchen über dem Dachkreuz, welches wegen seiner Form respektlos „Mosterdpot" (Senftöpfchen) genannt wird.

Von hier aus gehen wir über die nette Fußgängerzone zur Ruine der **Sankt-Johanneskirche**, die im 16. Jahrhundert während der Religionskriege in Brand gesteckt wurde und dann zerfiel. Es stehen nur noch die Mauerreste, von Efeu, Bäumen und Büschen überwuchert, mit einer romantischen Atmosphäre. Über den Stadtpark schlagen wir nun den Bogen zurück zum „Halve Maan" (=Halbmond) und damit zu unserem Wohnmobil. Wir setzen unsere Tour nun fort und fahren vom Stellplatz zurück, nur das wir am jetzt ersten Kreisverkehr nicht geradeaus, sondern links abbiegen und den Schildern Richtung *Hasselt* folgen. Nach 2,9 km nehmen wir die Auffahrt auf die E314 Richtung Genk. Die nächste Ausfahrt nach 14 km ist Zolder, wir fahren an der Ausfahrt links, nach 1,8 km am Kreisverkehr rechts und finden nach 250 m links den:

(216) WOMO-Stellplatz: Bolderberg / Heusden-Zolder

GPS: N 50° 59' 10.9" E 5° 16' 09.6"; Galdeneinde. **max. WOMOs:** 3-5
Ausstattung/Lage: Ver- und Entsorgung / ruhig; Ortsrand, Restauration.
Zufahrt: E314 von Leuwen Richtung Genk Ausfahrt Zolder, an Ausfahrt links, nach 1,8 km Kreisverkehr rechts, nach 250 m links „P".

Der Stellplatz befindet sich direkt an der „**Domein Bovy**", einem Freizeitgelände / Naturschutzgebiet. Es gibt hier drei markierte Rundwanderwege, einen großen Indoor-Spielplatz, zwei Restaurants - eine schöne Umgebung! Wundern Sie sich nicht über den zeitweise zu hörenden Motorenlärm: die Rennstrecke von Zolder ist nur 1 km vom Stellplatz entfernt...

Wir fahren die Strecke zurück, unterqueren die Autobahn und kommen über die N729 zur N72, der wir bis **Leopoldsburg** folgen. Dort geht es auf die N746 Richtung **Lommel**. Kurz hinter Leopoldsburg lohnt sich ein Abstecher zum „de Lido" zwischen einem Forellenteich und dem Kanaal van Beverlo an der Lidostraat:

(217) WOMO-Stellplatz: Leopoldsburg „de Lido"

GPS: N 51° 08' 12.5" E 5° 14' 32.9"; Lidostraat. **max. WOMOs:** 30
Ausstattung/Lage: Ver- und Entsorgung, Restaurant, Spielplatz, gebührenpflichtig / ruhig; Ortsrand, Radwegenetz; Zentrum 3 km.
Zufahrt: in Leopoldsburg N746 Richtung Lommel, links in die Lidostraat abbiegen, nach 1,5 km links auf das Gelände abbiegen.

Die freundlichen Besitzer des Anwesens bieten in Ihrem kleinen Restaurant auch ein Frühstücksbuffet an. Von hier aus lassen sich herrliche Fahrradtouren entlang der Kanäle machen! Leopoldsburg ist mit dem Fahrrad in 10 Minuten zu erreichen, samstags ist dort Wochenmarkt, Sonntagmorgen Flohmarkt.

Weiter geht es nach Lommel, dort auf die N712 Richtung Overpelt. Nach 3,5 km biegen wir am Kreisverkehr links ab.

Nach 2,5 km überqueren wir die Brücke über den Maas-Schelde-Kanal, direkt danach biegen wir links zum Jachthafen ab:

(218) WOMO-Stellplatz: Lommelse Jachthaven

GPS: N 51° 14' 33.6" E 5° 22' 08.5"; Boskantstraat. **max. WOMOs:** 8
Ausstattung/Lage: Ver- und Entsorgung, Strom, Duschen, Cafeteria, gebührenpflichtig / ruhig; Ortsrand, am Radwegenetz; Zentrum 6 km.
Zufahrt: in Lommel auf die N712 nach Overpelt, nach 3,5 km an Kreisverkehr links, direkt nach der Brücke über Kanal links zum Jachthafen.

Es ist ein wunderschöner, ruhiger Platz, aber das Ortszentrum ist doch fast 6 km entfernt. Aber bis zur nächsten Stellplatzalternative ist es nicht weit! Wir fahren zurück über die Brücke und an der Antoniuskirche links auf die N790. Wir unterqueren die N71, am folgenden Kreisverkehr geht es links weiter, nach 1 km biegen wir links nach Neerpelt ab. Es geht 700 m immer geradeaus, auch über einen Kreisverkehr hinweg, am Ende links und nach 300 m können wir rechts auf den Deich des Maas-Schelde-Kanals fahren:

(219) WOMO-Stellplatz: Neerpelt

GPS: N 51° 14' 00.7" E 5° 25' 57.1"; Jaak Tassetstraat.
max. WOMOs: 10
Ausstattung/Lage: Ver- und Entsorgung, Strom / ruhig; Ortsrand, Radwegenetz; Zentrum 500 m.
Zufahrt: von der N790 aus links nach Neerpelt abbiegen, 700 m immer geradeaus bis zum Ende, dann links, nach 300 m rechts auf den Deich.

Der Stellplatz liegt wunderschön und ruhig am Ufer des Kanals. Es sind nur knapp 500 m in das Zentrum des netten Städtchens. Hier finden Sie - neben Einkaufsmöglichkeiten - eine schöne Auswahl an verschiedenen Restaurants in mehreren Preislagen, so dass einem netten Abend nach einer ausgiebigen Fahrradtour nichts im Wege steht! Wenn Sie in dieser Gegend Belgiens unterwegs sind, sollten Sie unbedingt die Räder dabei haben. Das ganze Land ist von Radwegen durchzogen. Alle Gabelungen und Kreuzungen von Radwegen sind nummeriert und in allen Touristeninformationen er-

Im Zentum von Neerpelt

halten Sie Landkarten mit diesen Knotenpunkten, so dass Sie sich problemlos Ihre Routen selbst zusammenstellen können.

Auch die nächsten beiden Stellplätze, die wir Ihnen zeigen möchten, sind ideale Ausgangspunkte für ausgedehnte Fahrradtouren. Wir fahren zur N71 und kommen über Sint-Huibrechts-Lille und Kaulille nach **Bocholt**. Dort halten wir uns links zum Zuid-Willemsvaart am Jachthafen:

(220) WOMO-Stellplatz: Bocholt Jachthafen

GPS: N 51° 10' 39.2" E 5° 35' 07.0";
Schipperstraat. **max. WOMOs:** 7
Ausstattung/Lage: Ver- und Entsorgung, Strom, Duschen , gebührenpflichtig / ruhig; Ortsrand, Radwegenetz; Zentrum 500 m.
Zufahrt: in Bocholt am Kreisverkehr an der Kirche in die Dorpstraat abbiegen, bis zum Ende am Jachthafen durchfahren.

Neben diesem schönen Stellplatz bietet der nette Ort auch noch ein **Brauereimuseum** (Juli und August jeden Tag von 13:00 Uhr bis 18:00 Uhr geöffnet).

Dieses wurde 1979 gegründet und zeigt die Industriegeschichte des Bierbrauens von 1758 bis jetzt. Es gehört zur Martens-Brauerei, die auch in Deutschland sehr bekannt ist - allerdings nicht so sehr für die guten Belgischen Biersorten, sondern hier wird auch das „Karlskrone" hergestellt, welches bei einem der größten deutschen Discounter preiswert vertrieben wird...

Der nächste Stellplatz ist wieder nicht weit entfernt. Von Bocholt aus geht es über Bree nach Opitter, dort an der Kirche links nach Tongerlo. Direkt hinter der Brücke über den Kanal geht es rechts zum:

(221) WOMO-Stellplatz: Tongerlo

GPS: N 51° 07' 25.3" E 5° 39' 18.7"; Keyartstraat.   **max. WOMOs: 5**
Ausstattung/Lage: ohne alles, Restaurant / ruhig; Ortsrand, Radwegenetz; Zentrum 200 m.
Zufahrt: in Opitter an der Kirche Richtung Tongerlo, hinter Brücke über Kanal rechts, noch 200 m.

Auch hier steht man absolut ruhig. Das „Café de Kieper" wird gerne von Radfahrern zum Zwischenstopp genutzt und empfiehlt sich mit einer sehr guten, preiswerten Küche! In dem 200m entfernten Tongerlo finden wir auch einen Bäcker für unsere Frühstücksbrötchen.

Wir fahren wieder zurück nach Opitter, bleiben aber an der Kirche geradeaus nach Neerglabbeek, dort biegen wir links auf den *Weg Naar Opoeteren* (endlich ein brauchbarer Straßenname!), nach 5,5 km sind wir tatsächlich dort. Nun nur noch links auf die N771 Richtung *Neerglabbeek/Gruitrode*, nach 400 m links an der Kirche abbiegen und 100 m weiter stehen wir auf dem Wanderparkplatz mitten in Opoeteren, wo eine große Hinweistafel mit Karte aufgestellt ist:

(222) WOMO-Wanderparkplatz: Opoeteren

GPS: N 51° 04' 07.6" E 5° 39' 12.7"; Kerkplein.   **max. WOMOs: 2-3**
Ausstattung / Lage: 5 markierte Rundwanderwege zwischen 2,3 und 9,3 km Länge, auch entlang des Oetertals mit 12 Wassermühlen / Gaststätte anbei, im Ort.
Zufahrt: in Opoeteren in unmittelbarer Nähe zur Kirche (weit sichtbar) an der Straße Richtung *Opglabbeek*. Weiterer, ruhigerer Parkplatz hinter der Kirche, hier auch Übernachtung möglich.

Wir fahren nun weiter Richtung *Neeroeteren* und *Maaseik* entlang des Oetertals. Nach 2,5 km biegen wir rechts Richtung *Bergerven* ab - wir haben wieder ein Hinweisschild auf einen Wanderparkplatz entdeckt! Bald führt das Sträßchen bergauf in den Wald, nach 1 km sind wir an einem weiteren lauschigen Wanderparkplatz angekommen:

(223) WOMO-Wanderpark-platz: Bergerven

GPS: N 51° 04' 32.2" E 5° 41' 21.0";
Ketelstraat. **max. WOMOs:** 1-2
Ausstattung / Lage: Von hier aus
4 markierte Rundwanderwege zwischen 2,1 und 9,4 km / Parkplatz
absolut ruhig, gut zur Übernachtung geeignet; außerorts.
Zufahrt: Von Opoeteren aus Richtung *Neeroeteren* und *Maaseik*
fahren, nach 2,5 km rechts Sträßchen Richtung *Bergerven* abbiegen, nach 1 km Parkplatz im Wald.

Wir fahren von hier aus den Kilometer zurück zur Hauptstraße und biegen rechts nach Neeroetereen ab, wo wir nach 1,5 km ankommen und die N757 kreuzen. Wir bleiben jedoch auf der N773 nach **Maaseik**, dem nächsten Etappenziel. Es sind nur 6 km, und sie sollten sich nun entscheiden, ob Sie hier nur eine kurze Stippvisite machen wollen oder vielleicht etwas länger in Maaseik verweilen möchten. Im zweiten Fall biegen Sie nach genau diesen 6 km links in die *Laan Bosmolen*, am Ende nach 180 m links auf die N762 Richtung *Kinrooi/Weert*. und 100 m später wieder rechts in die Van Eycklaan. Nach 350 m geht es links zum Schwimmbad von Maaseik. Hier finden Sie einen großen, ruhigen Parkplatz, wo Sie wahrscheinlich nicht alleine sein werden:

(224) WOMO-Stellplatz: Maaseik Schwimmbad

GPS: N 51° 06' 03.8" E 5° 47' 21.1";
Sportlaan. **max. WOMOs:** 4-5.
Ausstattung / Lage: ohne alles /
ruhig, Zentrum 900 m, im Ort.
Zufahrt: siehe Text. - sowohl von
der N762 als auch von der N78b
aus ist das Schwimmbad weiträumig ausgeschildert.

Sie wollen nur kurz bleiben oder es ist gerade Wochenende (und damit sind die Zentrumsparkplätze kostenlos)? Dann biegen Sie nicht links ab, sondern fahren weiter geradeaus und kommen nach 400 m auf den Kreisverkehr. Hier halten wir uns rechts Richtung *Parkplatz P1/P2*, biegen nach 150 m links in die Boomgaardstraat und nach 250 m rechts dem Hinweis zum Parkplatz folgend ein. Es ist recht eng, aber mit unserem Womo haben wir keinerlei Probleme. Wir fahren über den kleinen Kreisverkehr auf den anderen Teil des Parkplatzes durch und finden eine schöne Tasche für unser Fahrzeug.

(225) WOMO-Stellplatz: Maaseik Zentrum

GPS: N 51° 05' 36.7" E 5° 47' 25.0"; Hepperepoort.   **max. WOMOs:** 1-2
Ausstattung / Lage: ohne alles / ruhig, Marktplatz mit Restaurants und Geschäften 200 m, gebührenpflichtig; im Ort.
Zufahrt: in Maaseik aus Neeroeteren kommend am Kreisverkehr rechts, nach 150 m links, nach 250 m wieder rechts auf den Parkplatz.

Der Platz ist ab 18 Uhr und sonntags kostenlos, ansonsten beträgt der Preis für den Tag EUR 7,50! Vom Parkplatz aus sind es nur 200 m über die Heppertstraat/Marktstraat zum rechteckigen, gepflasterten **Markplatz** mit seinem kleinen Rathaus und den Bürgerhäusern. Dieser Platz ist bei weitem nicht so pompös und prachtvoll wie viele andere, die wir gesehen haben, aber er wirkt sehr harmonisch und gemütlich. Auf dem Platz fällt sofort das **Denkmal** der beiden weltberühmten Söhne dieser Stadt auf: den Malern **Jan und Hubert van Eyck**. Aber da ein Denkmal ja nicht allzu viel aussagt, gibt es hier auch direkt eine **Van-Eyck-Ausstellung** im früheren Minoritenkloster,

Jan und Hubert van Eyck

welches sich in der Boomgardstraat befindet. Sie zweigt vom Marktplatz ab - und richtig, hier sind wir vorhin mit dem Wohnmobil auf unseren Parkplatz zugefahren. In der Ausstellung sind nicht nur Kopien bzw. Fotografien in Originalgröße aller Werke der Brüder zu sehen und erläutert, es befindet sich

Am Marktplatz von Maseik

hier auch ein Modell von Maaseik, wie es im Jahre 1672 ausgesehen hat. Der Eintritt beträgt EUR 5,-/2,- für Erw./ Kinder, geöffnet ist die Ausstellung in der Saison von 13 bis 17 Uhr (Außer Mo.), sonst nur Samstag und Sonntag. Vielleicht ist Ih-

Die älteste Apotheke Belgiens

nen an der nördlichen Seite des Marktplatzes in der linken Hälfte obiges Haus mit seinen schönen alten Butzenfenstern aufgefallen: es handelt sich um die älteste Privatapotheke des Landes. Durch die vordere Türe kommt man nicht mehr hinein, aber wenn man dem Hinweisschild **Museactron** folgt, findet man um die Ecke den Eingang zu dem schönen, liebevoll gestalteten „Schau- Spiel- und Mitmachmuseum". Den Kern bildet das Regionale Archäologische Museum mit seiner Ausstellung über das Leben in der Region im Laufe der Jahrhunderte, im Keller befindet sich eine Bäckerei, und natürlich gehört auch die Apotheke dazu. Es sieht wirklich so aus, als ob der Apotheker nur gerade mal nach hinten gegangen ist, um ein paar Kräuter für den Tiegel zu holen ...

Sehr gut gespeist haben wir hier am Marktplatz übrigens auch, und zwar im Grand-Café De Starre.

Wir verlassen Maaseik über die N78 Richtung Süden auf der Suche nach schönen Stellplätzen an der Maas. Schon nach wenigen Kilometern, in Dilsen-Stokkem, biegen wir links in die „Oude Kerkstraat" nach Stokkem. Am dortigen Ortseingang biegen wir links ab und folgen der Straße bis zum Ende, noch an den Sportplätzen vorbei, und finden den:

(226) WOMO-Stellplatz: Stokkem

GPS: N 51° 01' 27.7" E 5° 44' 58.3"; Maaspark.　　**max. WOMOs:** 6
Ausstattung / Lage: ohne alles, WOMOs max. 6m / ruhig, Ortsrand, Zentrum 400 m.
Zufahrt: in Dilsen-Stokkem links nach Stokkem abbiegen, am Ortseingang links, nach 600 m am Ende Parkplatz „De Wissen".

Radfahrvergnügen an der Maas

Hier befinden wir uns zwar nicht direkt an der Maas, sondern nur an einem Seitenarm, aber es ist schön ruhig hier, das Radwegenetz läuft direkt am Platz vorbei, das kleine Ortszentrum ist in fußläufiger Entfernung und auch das Wandergebiet Stokkem/Oud-Dilsen mit verschiedenen markierten Rundwanderwegen zwischen 2,5 und 12 km Länge liegt direkt hier.

Weiter geht es zurück zur N78. Der nächste Ort ist **Maasmechelen**, vor allem bekannt ist dort das Einkaufsparadies „Maasmechelen Village Outlet Shopping" [N 50° 00' 01.8" E 5° 42' 31.6"; Zetellaan]. Wir unterqueren die Autobahn E314, 3,3 km weiter - bereits in Rekem - biegen wir links in die Populierenlaan ab. Sie führt zum Kanal „Zuid-Willemsvaart", den wir nach 1,3 km erreichen. Vor der Brücke über den Kanal biegen wir links zum Stellplatz ab:

(227) WOMO-Stellplatz: Rekem

GPS: N 50° 55' 17.8" E 5° 42' 17.3"; Kasteelstraat. **max. WOMOs:** 8
Ausstattung / Lage: ohne alles, WOMOs max. 7 m / ruhig, Ortsrand, Zentrum 400 m.
Zufahrt: N78 aus Norden in Rekem 400 m nach Kreisverkehr links auf die Populierenlaan, nach 1,3 km vor der Brücke über den Kanal links abbiegen, Stellplatz direkt rechts an der Brücke.

Vom schönen Stellplatz aus, der ebenfalls direkt am Radwegenetz liegt, sind es nur ein paar hundert Meter bis zum „schönsten Dorf von Flandern" : **Oud Rekem**. Es trägt diesen Titel

Im Zentrum von Rekem

durchaus zu Recht! Viele historisch wertvolle, schön restaurierte Gebäude sind hier zu entdecken: das „**Posthuis**", das Stadt-

Gemütliches Restaurant „In de Bleick"

tor „**Oude God**" von 1630, der „**Groenplaats**", auf dem früher der Markt stattfand. Rund um den Platz stehen viele alte Häuser, unter anderem das der Gerichtsvollzieher, Pastorat, Brauerei und Nonnenkloster. Im örtlichen Fremdenverkehrsamt erhalten Sie die Broschüre „Oud Rekem" mit einer 2,5 km langen Wanderroute, die in der Stadt mit Edelstahl-Nägeln markiert ist und zu allen Sehenswürdigkeiten führt.

Auch kulinarisch hat Rekem einiges zu bieten, wir haben „In de Bleick" ganz hervorragend im wunderschönen Garten hinter dem Haus gespeist!

Wir fahren zurück zur N78, auf die wir links abbiegen, durchfahren Lanaken, der nächste Ort ist Veldwezelt. Hier, am großen Kreisverkehr, biegen wir rechts auf die N2 Richtung **Bilzen**. Bevor wir uns jedoch diesem schönen Städtchen widmen, machen wir noch einen Abstecher zum ein paar Kilometer südlich gelegenen Schlosskomplex **Alden Biesen**. Kurz vor Bilzen biegen wir am Kreisverkehr links auf die N700, dann nach 700 m an der ersten Kreuzung links und direkt die nächste rechts. Nach knapp 2 km liegen rechterhand die großzügigen Parkplätze:

(228) WOMO-Stellplatz: Alden Biesen

GPS: N 50° 50' 30.1" E 5° 31' 08.3"; Kasteelstraat. **max. WOMOs:** 5-7
Ausstattung / Lage: mehrere markierte Rundwanderwege bis 11 km Länge; Schloss Alde-Biesen anbei / sehr ruhig, Ortsrand.
Zufahrt: N2 von Osten kommend vor Bilzen links auf die N700, nach 700 m links und direkt wieder rechts in den Biesenweg, nach 1,9 km rechts „P".

Die Geschichte Alden Biesens beginnt im 13. Jahrhundert,

Schloss Alden Biesen

als Graf Arnold III von Loon dem Deutschen Orden eine Kapelle mit den umliegenden Ländereien schenkte. Mitte des 14. Jahrhunderts verlegte der Orden den Hauptsitz nach Mastricht, welcher dann zum „Nieuwen Biesen" wurde, während diese Sommerresidenz zum

Die alte Kapelle

„Alden Biesen" wurde. Mitte des 16. Jahrhunderts wurde mit dem Bau des Wasserschlosses begonnen, es folgte der Ost-, Nord- und Südflügel und einige weitere Gebäude. Im 18. Jahrhundert, der Deutsche Orden war inzwischen schon Geschichte, erfolgte ein größerer

't Gasthuis in Alden Biepeltpsen

Umbau zur Barockresidenz. Nach den Napoleonische Kriegen wurde der Komplex vom französischen Staat konfisziert und an die Familie Claes aus Hasselt versteigert. Bis 1971 blieb er in Privatbesitz, am 8. März vernichtete ein Brand große Teile der Gebäude. Der belgische Staat kaufte die Ruinen und ließ die gesamte Anlage im Zustand des 18. Jahrhunderts wiederaufbauen, einschließlich des französischen Gartens. Heute ist hier ein Kulturzentrum der Flämischen Gemeinschaft und ein Museum zur Geschichte des Deutschen Ordens.

Beinahe das gesamte Areal kann frei besucht werden, lediglich für die Wasserburg mit dem Museum und den Französischen Garten zahlt man Eintritt. Öffnungszeiten: in der Sommerperiode (Ostern bis Ende Oktober) täglich von 09:00 bis 17:00 Uhr geöffnet, in der Winterperiode täglich von 10:00 bis 17:00 Uhr).

Wir fahren zurück zum Kreisverkehr an der N2 und halten uns dort links nach Bilzen.

Nach 850 m biegen wir rechts in den „Borreberg", am Ende der Straße befindet sich ein Parkplatz mit 3 markierten Plätzen für WOMOs. Auch eine Sani-station und Stromsäule vervollständigen das Angebot:

(229) WOMO-Stellplatz: Bilzen

GPS: N 50° 52' 11.5" E 5° 31' 20.6"; Lanakerdij. **max. WOMOs:** 3
Ausstattung / Lage: Ver- und Entsorgung, Strom / ruhig, Ortsrand, Zentrum 300 m.
Zufahrt: N2 von Osten kommend in Bilzen 850 m nach dem Kreisverkehr rechts in den Borreberg, bis zum Ende durchfahren, dort „P".

Hier am Borreberg befindet sich ein kleiner Park mit einer Aussichtsplattform, die einen schönen Blick auf den Ort gewährt. Bis ins Zentrum sind es gut 300 m, es geht vorbei am ehemaligen **Beginenhof** aus dem 13. Jahrhundert, der bis 1848 in Betrieb war.

„Die Waschfrau" an der Demer

Es lohnt sich, den Weg entlang der **Bilzermolen,** einer alten Getreidemühle, zu nehmen. Das **Rat-**

Der Marktplatz von Bilzen

haus auf dem Marktplatz wurde im 17. Jahrhundert gebaut, dahinter liegt die neugotische **Sint.Mauritius-Kerk**. Einige Restaurants mit Außengastronomie runden das Bild im gemütlichen Zentrum ab.

Wir fahren den Borreberg zurück zur N2, biegen rechts ab und folgen dieser Straße bis nach Hasselt. Nach 14 km treffen wir dort auf den R71, einem Schnellstraßenring rund um die Stadt. Wir halten uns dort rechts, bald kommen wir an den rechts liegenden „Grenslandhallen" vorbei. Wir nutzen die nächste Gelegenheit zum Linksabbiegen zu einer „Volldrehung" auf dem Ring und fahren in Gegenrichtung zurück. Nach wenigen Metern folgern wir rechts dem Hinweis zum **Japanischen Garten** mit einem ruhigen Parkplatz:

(230) WOMO-Stellplatz: Hasselt „Japanischer Garten"

GPS: N 50° 56' 07.0" E 5° 21' 26.9"; Governeur Verwilghensingel.
max. WOMOs: 2-3 **Ausstattung/ Lage:** ohne alles / Zentrum 1,5 km; Ortsrand .
Zufahrt: in Hasselt rechts auf dem Ring R71 an der ersten Ampel hinter den Grenslandhallen 180°-Kehre, nach 500 m rechts auf Parkplatz Japanischer Garten.

Wenn sie lieber auf einen offiziellen Wohnmobil-Stellplatz möchten, machen sie keine „Volldrehung" auf dem Ring sondern bleiben einfach noch 3,5 km auf dieser Straße, machen erst dort die „Volldrehung und biegen dann rechts zur „Sporthal Alverberg" ab.

Dort gibt es fünf speziell für Wohnmobile ausgewiesene Stellplätze, auch eine Sani-Station ist vorhanden:

(231) WOMO-Stellplatz: Hasselt „Sporthal Alverberg"

GPS: N 50° 56' 21.6" E 5° 19' 21.5"; Alverbergstraat. **max. WOMOs:** 5
Ausstattung/Lage: Ver- und Entsorgung / Zentrum 1,8 km; Ortsrand.
Zufahrt: in Hasselt von der N2 rechts auf dem Ring R71, nach 4,8 km
„Volldrehung" und rechts zur Sporthalle Alverberg abbiegen.

Von hier aus sind es knapp 2 km bis ins Zentrum, aber Hasselt bietet einen fast einmaligen Service: die Busse des öffentlichen Nahverkehrs fahren zum Nulltarif!

Wir gehen vom Japanischen Garten aus Richtung Innenstadt, sie ist nicht zu verfehlen.

Am **Grote Markt** gefallen uns vor allem die schönen Bürgerhäuser, allen voran die seit 1659 existierende Apotheke. Ansonsten haben wir schon viel schönere Rathausplätze in Belgien gesehen, aber dies ist auch nicht der Grund, warum wir Sie nach Hasselt geführt haben. Wir

Apotheke am Grote Markt

schlendern noch ein wenig durch die schöne Fußgängerzone und wenden uns dann vom Grote Markt aus östlich hinter der Kirche St. Quentin über den *Zuivelmarkt* schräg links in die

Gepflegte Gastlichkeit am Marktplatz

Rathaus von Hasselt

Bonnefanten-straat. Wir kommen am ehemaligen Begijnhof vorbei, in dem heute das Provinzzentrum für bildende Kunst untergebracht ist, wenden uns am Ende rechts in die *Witte Non-nenstraat* und kommen nach 70 m an das **Nationaal Genevermuseum**. Hier, in der alten Dampfbrennerei aus dem 19. Jahrhundert, bekommen Sie die ganze Geschichte des ehemaligen „Aqua vitae", welches seit dem 14. Jahrhundert gebrannt wird, bis zum heutigen belgischen Genever gezeigt. Auch das ganze Umfeld mit der sich wandelnden Gesetzgebung, Steuerrecht

Nationaal Genevermuseum

und Folklore rund um dieses hochgeistige Getränk fehlen nicht, natürlich ebenso wenig wie die ganzen historischen Brennereiapparaturen, Kessel, Verdampfer etc.. Wenn Ihnen nach so viel geistiger Nahrung nach geistiger Flüssigkeit ist - dem Museum ist auch ein Probierraum angeschlossen ...

Das Genevermuseum

Macht Appetit!

ist außer Montag von 10-17 Uhr geöffnet, der Eintritt beträgt EUR 3,- / Person.

Vom Genevermuseum aus gehen wir die Witte Nonnenstraat wieder zurück, kreuzen die Demerstraat, gehen auf der Gasthuisstraat weiter und stehen nach nur insgesamt 180 m vor dem Eingang des zweiten sehr interessanten Museums von Hasselt: dem **Stedelijk Modemuseum**. Hier sehen Sie die Entwicklung der Mode vom 18. Jahrhundert bis heute anhand vieler Ausstellungsstücke nicht nur chronologisch, sondern auch nach Themengebieten sortiert, präsentiert. Eine lehrreiche und interessante Geschichte, Öffnungszeiten und Preise wie im Genevermuseum. Sie sollten, wenn das Wetter mitspielt, sich auch die Zeit nehmen, den **Japanischen Garten** (Stellplatz 2) zu besuchen, er ist der größte Europas und eignet sich herrlich für ausgedehntes Lustwandeln. Der Eintritt beträgt EUR 3,-, der Garten ist in der Saison Di-Fr von 10 bis 17 Uhr, an Wochenenden von 14 bis 18 Uhr geöffnet.

Wir verlassen Hasselt über den Ring in südlicher Richtung auf die N80 nach **Sint-Truiden**. Dort halten wir uns rechts Richtung *Zentrum P*. Nach 350 m ist auf der linken Seite ein riesiges Parkplatzareal, es gehört zum Sportplatz und liegt am hiesigen Provinzschlachthof.

(232) WOMO-Stellplatz: Sint-Truiden „Veemarkt"

GPS: N 50° 49' 14.4" E 5° 11' 21.1"; Speelhoflaan.   **max. WOMOs:** 20
Ausstattung/Lage: Ver- und Entsorgung, Strom / Zentrum 600 m; im Ort.
Zufahrt: in Sint Truiden von der N80 kommend rechts in die Nord-Östliche Umleitung, nächste links, bis Parkplatz „Veemarkt".

100 m vorher auf der rechten Straßenseite ist ein etwas gemütlicherer Platz, auf dem auch oft WOMOs anzutreffen sind:

(233) WOMO-Stellplatz: Sint-Truiden „Speelhoflaan"

GPS: N 50° 49' 17.1" E 5° 11' 30.3"; Speelhoflaan. **max. WOMOs:** 2-3 **Ausstattung/Lage:** ohne alles / Zentrum 650 m; im Ort. **Zufahrt:** in Sint Truiden von der N80 kommend rechts in die Nord-Östliche Umleitung, nächste links, nach 550 m „P".

Beginenhöfe haben wir Ihnen schon einige gezeigt, aber dieser hier in Sint Truiden - nur wenige Meter von obigem Stellplatz entfernt - gehört seit 1998 zum **UNSECO-Weltkulturerbe „Flämische Beginenhöfe"**. Er geht auf das Jahr 1258 zurück. Auch die zum Ensemble gehörende gotische Kirche ist sehenswert, insbesondere die Wandmalereien und die Orgel. In direkter Nähe gegenüber der linken Seite dieser Kirche befindet sich das **Museum Festraetsstudio**. Wir hoffen, dass Sie zwischen dem 01.04 und dem 31.10. hier sind und dass es nicht montags ist - dann sollten Sie sich 13:45, 14:45, 15:45 oder 16:45 hier einfinden und sich die gewaltige **astronomische Uhr** des Truienaar Kamiel Festraets erklären lassen! 6 m Höhe, 4 m Länge und 2,5 m Breite, 4 Tonnen Gewicht und die Zahl von über 20.000 Einzelteilen sind die Eckdaten dieses gewaltigen Stücks Uhrmacherkunst, sogar die Stellung der Wasserpegel und ein Foucaultsches

Die Festraetsuhr

Pendel sind integriert - eine hochinteressante Sehenswürdigkeit! Natürlich drehen wir auch eine Runde über den Begijnhof, zum ansehnlichen **Grote Markt** ist es auch nicht allzu weit - wir gehen vom Parkplatz aus rechts, dann die nächste links (Plankstraat) und stehen nach 600 m auf dem Marktplatz mit dem **Stadthuis** und der **Onze-Leeve-Vrouwkerk**.

Wir fahren zurück zur N80 und biegen die nächste links ab,

Der Grote Markt von Sint-Truiden

es ist die N79 nach Tongeren. 20 km später halten wir uns rechts auf den Ring. Hier bleiben wir für die nächsten 1,5 km, dann folgen wir links dem Hinweis „P

Am Begijnhof von Sint Truiden

de Motten". Nach einigen hundert Metern stehen wir auf dem Parkplatz unter Kastanienbäumen, wo einige große Parklücken speziell für Wohnmobile ausgewiesen sind.

(234) WOMO-Stellplatz: Tongeren

GPS: N 50° 46' 39.7" E 5° 28' 02.2";
Kastanjewal. **max. WOMOs:** 4-5
Ausstattung / Lage: ohne alles /
ruhig, Marktplatz 600 m; im Ort.
Zufahrt: in Tongeren die N79 aus
Westen kommend rechts auf den
Ring, nach 1,5 km links „P de Motten" ausgeschildert.

Dieser Parkplatz ist gebührenfrei und befindet sich gegenüber der ehemaligen Justizvollzugsanstalt - jetzt ein **Knast-**

museum! ... Wir gehen von hier aus über die *Sint-Jansstraat* und *Plein* zum gut 500 entfernten Grote Markt hinauf. Vielleicht fallen ihnen unterwegs bereits die bronzenen Nietnägel auf, die in regelmäßigen Abständen auf dem Fußweg zu finden sind? Sie gehören zur Ambiorixroute. **Ambiorix** war 50 v.Chr. der König der Eburonen, die Cäsar während seiner Eroberungszüge nach Gallien hier schlugen - auch wenn die Siedlung dann doch römisch wurde (Tongeren = Atuatuca Tungrorum). Er ist das „Wahrzeichen" der Stadt, nach ihm wurde die Route entlang der Sehenswürdigkei-

Ambiorix

Der Grote Markt von Tongeren

ten von Tongeren benannt. Eine ausführliche Beschreibung der Ambiorixroute erhalten Sie in der Touristeninformation im Rathaus am **Grote Markt.** Auch wir folgen einem großen Teil dieser Route und lassen uns zu allen Sehenswürdigkeiten dieser ältesten Stadt Belgiens führen. Hinter der **Kirche** finden wir die ersten **römischen Ausgrabungen**, von hier aus erblicken Sie auch schon die moderne Fassade des **gallorömischen Museums**.

Im ehemaligen Begijnhof

Richtung Süden eröffnet sich der ehemalige Begijnhof, in dem sich im 17. Jahrhundert ca. 150 Personen in den 51 Häusern aufhielten.

Es gibt auch eine kleine Kirche, die „Gaststätte des Pilgers", das Brauhaus (die Beginen verdienten ihren Lebensunterhalt unter andrem auch durch diese Gaststätte).

Weiteres wollen wir Ihnen eigentlich nicht verraten, folgen Sie ruhig selber weiter dem Weg mit den bronzenen Nietnägeln!

Wir verbringen den Samstagabend noch am Marktplatz und haben uns das „Café Majestic Brasserie" für ein gemütliches Bier ausgesucht. Aber wir lassen den Abend nicht allzu alt werden, am nächsten Morgen wollen wir früh aufstehen. Wir sind in diesem Buch auf eine Eigenart Belgiens noch gar nicht eingegangen, nämlich die Liebe zu **Antiquitäten**. In vielen Städten finden Sie entsprechende Läden und Geschäfte, auch die Restaurierung

Sonntäglicher Antikmarkt in Tongeren

z.B. alter Möbel hat hier einen sehr hohen Stellenwert. Und genau dieses treibt uns auch nach Tongeren. Hier findet Sonntag für Sonntag ab 5:00 früh der größte Antik- und Trödelmarkt der Benelux statt. In der Regel finden sich - zu den 40 Antikgeschäften Tongerens - über 350 Händler hier ein und bieten vom billigen Ramsch bis zu hochwertigsten Antiquitäten alles an. Die Grenze zwischen Kitsch und Kunst ist sehr fließend, aber was immer Sie an „altem Krempel" auch suchen mögen - hier werden Sie es finden. Die ganzen Verkaufsstände in Verbindung mit den Essensständen verleihen dem Ganzen einen Duft und eine Atmosphäre, die einzigartig ist und die man so schnell nicht vergisst.

Am frühen Nachmittag ist der Spuk dann vorbei, die Händler packen ein, auch für uns ist nun die Zeit zum Aufbruch gekommen. Gehen Sie mit uns zurück zum Stellplatz „de Motten", trinken vielleicht noch einen Kaffee im Wohnmobil, dann geht es über den Ring R72 auf dem gleichen Weg zurück, über den wir auch in die Stadt gekommen sind. Wir nehmen die N79 Richtung Maastricht, nach 4 km sind wir an der Autobahn E314. Dort geht es zunächst auf die A13 Richtung Lüttich, dann auf die A3 Richtung Aachen. Aber eine Sehenswürdigkeit haben wir noch zu bieten, bevor es zurück in die Heimat geht. Nach dem langen Autobahnanstieg der A3 hinter Lüttich kommt die Ausfahrt **Blégny**. Schon ab dieser Ausfahrt ist der Weg zum Blégny-Kohlebergwerk ausgeschildert. Nach gut 4 km liegt links der großzügige Parkplatz, hier sind 8 Stellplätze für Wohnmobile ausgewiesen, Ver- und Entsorgung ist auch vorhanden, der möchte, bekommt auch Strom (Jetons hierfür gibt es an der Kasse):

(235) WOMO-Stellplatz: Blégny Mijn

GPS: N 50° 41' 07.7" E 5° 43' 23.2"; Rue Lambert Marlet.
max. WOMOs: 8
Ausstattung / Lage: Ver- und Entsorgung, Strom / ruhig, am Besucherkohlebergwerk.
Zufahrt: Von der A3 Lüttich Richtung Aachen Ausfahrt Blegny, ab dort ausgeschildert.

Der Stellplatz gehört, sie ahnen es bestimmt, zum ehemaligen Kohlebergwerk von Blégny. 1980 wurde die Grube nach

Das Kohlebergwerg Blégny

über 200 Jahren Betrieb geschlossen. Hier wurde die Kohle abgebaut, die in Lüttichs Hochöfen zur Stahlerzeugung verbrannt wurde. Die Zeche wurde zum Schaubergwerk umgebaut und gehört mittlerweile zum UNESCO-Welterbe. Besucherstollen liegen auf 30 und 60 Meter Tiefe. Zu Beginn zeigt eine Ton-

bildschau die Geschichte der Kohle. Mit Arbeitsanzug und Helm geht es dann in den Förderkorb, original-Abbaumaschinen werden vorgeführt und der gesamte Weg der Kohle vom Abbau , Wäsche, Sortierung und Förderung bis hin zu Lagerung und Verkauf. In Blégny ist alles im Originalzustand geblieben.

Neben dem Bergwerk gibt es auch ein Bergwerksmuseum, aber auch eine Rundfahrt mit einem Bähnchen über das inzwischen entstandene Biotop der Halden auf dem Gelände. Restauration und Spielplatz runden das Angebot ab. Für die Führung erhält man Audioguides in deutscher Sprache! Die genauen Preise und Öffnungs- sowie Führungszeiten können Sie im Internet unter www.blegnymine.de nachsehen!

Nun geht es aber endgültig zurück zur Autobahn A3 und dort Richtung Aachen. Wir hoffen, Ihnen mit Belgien und Luxembourg zwei Länder etwas näher gebracht zu haben, von denen Sie vielleicht nie auf die Idee gekommen wären, dort Urlaub zu machen. Wir haben die beiden Länder sehr schätzen und lieben gelernt und werden sicher noch häufiger hier anzutreffen sein. Vielleicht sagen auch Sie: „Wie, das alles gibt es hier in Belgien ?!"

Au revior! - Tot ziens!

Tipps und Tricks –
alphabetisch geordnet

Abwassertank
Adressen
Antiquitäten
Ärztliche Hilfe
Angeln
Autohilfsdienste
Autowerkstätten s. Autohilfs-
  dienste

Baby
Bier
Babykost siehe Baby
Benzin siehe Treibstoff

Camping
Campingtoilette siehe Toilette
Comics

Devisen
Diesel siehe Treibstoffe
Diebstahl

Einreise/Ausreise

Fahrradfahren
Fahrzeug
Filmen/Fotografieren
Freies Stehen
Fritten

Gas
Geld siehe Devisen
Geschwindigkeitsbegrenzung
  s. Verkehr
GPS
Gewicht siehe Fahrzeug

Haustiere

Kartenmaterial
Klima/Kleidung
Konserven s. Lebensmittel

Krankheit s. ärztliche Hilfe
Kühlschrank

Lebensmittel
Literatur

Medikamente

Nacktbaden

Oktanzahl siehe Treibstoff

Packliste

Preise siehe Lebensmittel

Redewendungen s. Sprache

Speisen siehe Lebensmittel
Sprache
Straßenverhältnisse siehe
  Verkehr

Telefon
Toilette
Treibstoffe
Trink-, Wasch-, Spülwasser

Verkehr
Verständigung s. Redewen-
  dungen

Wasserversorgung s. Trink-
  wasser
Wetter siehe Klima
Wintersport
Wohnmobil siehe Fahrzeug
WOMO-Forum

Zum Schluss – in eigener
  Sache

ABWASSERTANK

Nicht jedermann betrachtet WOMOs mit wohlwollendem Auge!
Mit Sicherheit beschwört man jedoch Ärger herauf und versaut
den Ruf der ganzen Sippe, wenn man sein Abwasser seelenruhig
unter dem Fahrzeug heraustriefen lässt!

Tipps:
>> *Bedenken Sie bei der Dimensionierung, falls ein Abwassertank
nachträglich eingebaut werden muss: Größe mindestens 10 Liter x Personenzahl.*
>> *Für die Entleerung Entleerungsöffnung oder -schlauch so verle-
gen, dass man mühelos über einen Gully fahren kann.*
>> *Steht man längere Zeit an einem Platz, so muss man
zwischendurch entweder eine Tankstelle aufsuchen (die haben
immer großdimensionierte Abwassergullys) oder im Notfall einen Straßengraben.*
>> *Besitzer zu klein dimensionierter Abwassertanks sollten einen
Faltkanister als Abwasserlunge umfunktionieren. Den kann
man geschickt in die allgegenwärtigen Toiletten entleeren.*
>> *Abwassertanks erhält man in allen Größen und Formen im
Campingfachhandel.*
>> *Messen Sie vor dem Kauf genau die freien Flächen an der Wa-
genunterseite aus, überprüfen Sie die Zulauf- und Ablauffüh-
rungen.*
>> *Tabu sind Bereiche genau zwischen den Achsen und am Heck.
Hier braucht das Fahrzeug eine große Bodenfreiheit für Fahrten
über Bodenwellen, Wurzeln und herausragende Steine.*

ADRESSEN

Kurz vor der Grenze holen wir Pässe und Grüne Karte aus dem
Geheimfach. Was tun, wenn der Pass beim Geldholen auf der
Bank liegenblieb? Was tun, wenn die Polizei bei einem Verkehrs-
unfall den Pass einzieht und man sich ungerecht behandelt fühlt?
Was tun, wenn das ganze Geld oder sogar das Auto geklaut wur-
de? Was tun, wenn man einfach nicht mehr weiter weiß?

Tipps:
>> *Jeder größere Ort hat seine Touristeninformation. Dort erhält man
nicht nur Prospektmaterial und Stadtpläne, sondern von den stets
fremdsprachenkundigen Angestellten auch Rat und Hilfe.*
>> *Die Konsulate tun in solchen Fällen wirklich alles, manchmal
sogar mehr und vor allen Dingen erfolgreicheres, als man sich
vorstellen kann:*
*Deutsche Botschaft: Brüssel, Avenue de Tervuren 190,
                          Tel.: 0032 2 774 19 11, 774 19 00
                          Fax: 0032 2 772 36 29
Österreichische Botschaft: Brüssel, Place de Champ de Mars, 5*

Tel.: 0032 2 28 90 700
Fax: 0032 2 513 66 41
Schweizerische Botschaft: Brüssel, Rue de la Loi, 26
Tel.: 0032 2 285 43 50
Fax: 0032 2 230 37 81
Belgische Botschaft: 10117 Berlin, Friedrichstrasse 95
Tel.: 030-203 52 0
Fax: 030 203 52 200
Deutsche Botschaft: Luxemburg, avenue Emile Reuter
Tel.: 00352 45 34 45-1
Fax: 00352 45 56 04
Österreichische Botschaft: Luxemburg, rue des Bains 3
Tel.: 00352 47 11 88
Fax: 00352 46 39 74
Schweizerische Botschaft: Luxemburg, Blvd. Royal, 25A
Tel.: 00352 22 74 74 1
Fax: 00352 22 74 74 20
Luxemburgische Botschaft: 10785 Berlin, Klingelhöferstr. 7
Tel.: 030 2 63 95 70
Fax: 030 26 39 57 27

>> *Sie möchten sich zu Hause noch genauer über Ihr Urlaubsziel informieren:*
Belgisches Verkehrsamt, 40212 Düsseldorf, Berliner Allee 47, Tel. 0211- 8 64 84 -0 , Fax (0211) 13 42 85, eMail: info@belgien-tourismus.de

>> *Die meisten belgische Orte sind auch im Internet vertreten, in der Regel unter www. ORTSNAME.be - versuchen Sie es einfach! Sie müssen natürlich die entsprechende flämische bzw. wallonische Schreibweise der Ortsnamen beachten (z.B. Liege statt Lüttich)*

>> *Reichhaltiges Informationsmaterial verteilen auch die Automobilclubs.*

ANTIQUITÄTEN

Belgien war um die Jahrhundertwende (18./19. Jhd.) der reichste Staat Europas: Die Industrialisierung setzte von England kommend auf dem europäischen Festland zuerst in Belgien ein. Zudem kam der Reichtum aus Belgisch Kongo, einer Kolonie, die über enorme Gold- und Diamantenvorkommen verfügte. Belgien hat aufgrund seiner Neutralität, anders als die Nachbarländer, seinen Markt nie gegen ausländische Produkte abgeschirmt. Belgien brauchte diesen Einfuhrstrom in den 40er und 50er Jahren nicht stillzulegen, als alle Länder Europas mit der drückenden Schuldenlast infolge des zweiten Weltkrieges zu kämpfen hatten. So konnte das Land in den für den Trödelmarkt so wichtigen 50er Jahren viele ausländische Waren erwerben. Die ökonomische Krise zu Beginn der 80er Jahre mit hoher Inflationsrate verteuerte den Erwerb neuer Güter, so dass ein großer Bedarf an preisgünstigen Waren bestand. Am 25. Januar 1979 trat ein Gesetz in Kraft, das Privatleuten ermöglichte, ihren überflüssigen Haushalt abzustoßen. So hat sich eine rege Trödelmarkttradition entwickelt, die heute noch fortbesteht.

ÄRZTLICHE HILFE

Krank im Urlaub? Das ist so ziemlich das letzte, was man sich wünscht. Manchmal ist es jedoch nur das kleine Unwohlsein, das den Tag vermiest oder es ist ein Medikament ausgegangen. Was tun?

Tipps:
>> *Medizinische Tipps im Internet vor der Reise einholen: www.fit-for-travel.de*
>> *Alle belgischen Ärzte sprechen französisch, englisch oder deutsch. Auskunft erteilt Ihnen das Touristenbüro.*
>> *Die ärztliche Versorgung in Belgien ist gut. Bei Problemen (oder Problemchen) wendet man sich am besten an die Ambulanz des nächsten Krankenhauses (sijkhuis).*
>> *Genauere Auskunft über die Sozialhilfeabkommen, die auch die ärztliche Hilfe in Belgien regeln, sowie über die Mitnahme von nötigen Papieren, erteilt die AOK. Privatpatienten sei angeraten, sich eine ausführliche Rechnung ausstellen zu lassen.*
>> *ADAC-Arzt: 0049-89-22 22 22.*

ANGELN

Angeln ist auch in Belgien ein Volkssport. Wollen Sie es auch einmal in einem der Teiche oder im Meer probieren?
Tipps:
>> *An den Meeresküsten in Belgien ist das Angeln kostenfrei und ohne Genehmigung möglich*
>> *Ansonsten muss man sich in den Postämtern um eine Angelbescheinigung bemühen*

AUTOHILFSDIENSTE

Irgendwann passiert es jedem einmal: Das Auto gibt keinen Mucks mehr von sich.

Tipps:
>> *Belgien ist dicht besiedelt, entlang des Autobahnnetzes befinden sich in kurzen Abständen Notrufsäulen. Zwei große Automobilclubs stehen mit Rat und Tat zur Seite:*

Touring Club Royal de Belgique (T.B.C.)
44- Rue de la Loi, B-1040 Bruxelles,
Tel. (0032) (0)2 2332211

Royal Automobile Club de Belgique (R.A.C.B.)
53, Rue d'Arlon, B-1040 Bruxelles, Tel. (0032) (0)2 2300818
Als landesweite, rund um die Uhr besetzte einheitliche Notruf-
nummer ist die (070) 344777 eingesetzt

>> Trotzdem sollten Sie sich vor dem Urlaub von Ihrer Autowerk-
statt ein internationales Kundendienstverzeichnis besorgen
lassen. Sie können ja Glück im Unglück haben und in der Nähe
einer Reparaturwerkstätte Ihrer Automarke sein.

>> Polizeinotruf und Unfallrettung haben in Belgien die einheitli-
che Rufnummern:
Unfall, Feuerwehr, Krankenwagen: Tel. 100
Polizei: Tel. 101

>> Die ADAC-Notrufzentrale in München ist rund um die Uhr besetzt:
Tel. 0049-89-22 22 22.

BABY

Mit einem Baby oder Kleinkind in den WOMO-Urlaub? Wir haben
nur gute Erfahrungen gemacht. Kinder ändern ihr Verhalten im
Urlaub wesentlich weniger als Erwachsene, sie kämen z. B. nie
auf die Idee, sich wie Fleisch in der Sonne braten zu lassen.
Vorsicht ist jedoch stets bei Sonnenschein, speziell im Gebirge
und am Meer, angeraten. Magen- und Darmkomplikationen
bleiben meist aus, wenn man noch Babykost füttert.

Tipps:
>> Schon vor der Reise mit Sonnenbaden und Eincremen anfan-
gen.

>> Hütchen und baumwollenes T-Shirt sind Pflicht, der Rest des
Körpers ist wesentlich unempfindlicher.

>> Nach dem Baden sofort abtrocknen, erneut mit Sonnen-
schutzcreme einreiben.

>> Babykost, Windeln und spez. Medikamente (Kinderarzt fra-
gen!) von zu Hause mitbringen. Selbstverständlich erhält man
alles auch in Belgien, aber Vertrautes erspart Ärger.

>> Buggy oder Babyrückentrage sind für Besichtigungen unent-
behrlich. Kein noch so geduldiges Kleinkind trippelt freiwillig
durch Gegenden, denen es kein Interesse abgewinnen kann.

>> Getränkewünsche unbedingt erfüllen und zwar mit schwach ge-
süßtem Tee (als Pulver mitnehmen). Gekaufte Getränke sind oft
zu zuckerhaltig, um erfrischend zu wirken.

>> Wasser unbedingt entkeimen (s. "Trinkwasser").

>> Wichtigste Urlaubsutensilien für Ihr Kind sind: Lieblingsschmu-
setier, Sandelsachen, Schwimmflügel, Schwimmreif, Malsa-
chen für die Fahrt.

>> Landschaften erleben Kinder unter 15 Jahren nicht als Erlebnis,
das sollten Sie bei einer Rundreise beachten.

>> Machen Sie öfter Station: Ein Kletterhügel, ein Sandstrand, ein

Spielbach, ein Streicheltier, das sind die Erlebnisse, die Ihre Kinder brauchen!

BIER

Was den Franzose der Wein ist den Belgiern das Bier, manches darüber ist in unseren Touren vermerkt. Es gibt mehrere hundert grundverschiedene Sorten, und jedes Café (hier wird in der Regel das Bier getrunken!), was etwas auf sich hält, hat 30-50 verschieden Sorten auf der Karte - wobei ich jedoch meistens nach dem vorhandenen Fassbier frage. Manche Spezialität reift aber auch, ähnlich wie Sekt, in der Flasche nach und bekommt damit nach längerer Lagerung erst den richtigen Geschmack. Vorsicht mit dem Alkoholgehalt! Es gibt Sorten, die über 10% haben und damit mehr als doppelt so stark wie deutsche Biere sind!

CAMPING

Camping ist in Belgien und Luxemburg sehr verbreitet - aber auf eine andere Art, wie wir es kennen. Viele Campingplätze bestehen größtenteils aus Mobilheimen, die, entgegen ihres Namens, sehr wenig mobil sind und das ganze Jahr über dort stehen, dann gibt es noch einige Wohnwagenplätze, die im Voraus reserviert werden müssen. Die Zahl der sogenannten Touristenplätze, die kurzfristig für Durchreisende zur Verfügung stehen, ist dann nicht mehr sehr groß. Von daher gibt es nur wenige Campingplätze, die für uns Wohnmobilisten interessant sind. In Luxemburg gibt es hingegen, insbesondere entlang der Sauer, etliche Campingplätze, die sich auch auf Wohnmobile eingerichtet haben. Wo wir diese entlang unserer Route entdeckt haben, sind sie in unseren Touren aufgeführt.

COMICS

Comics haben in Belgien eine sehr lange, von Amerika unabhängige Tradition, die bis ins Jahr 1929 zurückgeht, und sind hier außerordentlich beliebt. Tintin, (in Deutsch: Tim und Struppi), Les Schtrounpfs (Die Schlümpfe), Lucky Luke sind berühmte belgische Schöpfungen

DEVISEN

Dieses Thema hat sich gottlob erledigt. Belgien und Luxemburg gehören zur Eurozone, die Umrechnerei entfällt, Preisvergleiche sind ganz einfach, Bargeld bekommen Sie an jedem Geldautomaten mit Ihrer EC-Karte, auch Kreditkarten sind wesentlich verbreiteter als in Deutschland.

DIEBSTAHL

Schlimmes wird über Fahrzeugdiebstähle und -aufbrüche erzählt, Belgien ist diesbezüglich aber nicht mehr oder weniger gefährlich wie andere Urlaubsländer auch. Aber ein paar Überlegungen sollte man schon anstellen:

Tipps:
>> *Geklaut wird dort, wo es sich lohnt, also an überlaufenen Strandgebieten, Parkplätzen an den Hauptfernstraßen.*

>> *Meiden Sie, wenn möglich, größere Touristenansammlungen. Wenn möglich, stellen Sie ihr WOMO möglichst separat und beaufsichtigt ab!*

>> *WOMOs sind nicht ideal für Diebe! Ziehen Sie vor Verlassen Vorhänge zu und Rollos hinab, lassen Sie die Trittstufe draußen - vielleicht vermutet ein Dieb noch Personen im Inneren*

>> *Geradezu sträflicher Leichtsinn sind: heruntergekurbelte Scheiben, offene Türen - und alle Insassen liegen am Strand oder sitzen auf der anderen Seite im Schatten des Fahrzeuges.*

>> *Aktive Vorbeugung muss nicht teuer sein:*
a) Verbindet ein Spanngurt beide Armlehnen der Fahrerhaustüren, kann ein Dieb nachts nicht lautlos die Fahrertür knacken.

b) Oft reicht es, die Sicherheitsgurte durch die Armlehnen der Vordertüren zu schlingen und ins Gurtschloss zu stecken.

*c) Unser **WOMO-Knackerschreck** (siehe Bestellseite am Buchende) verhindert das Öffnen der Vordertüren zuverlässig.*

>> *Wem ein richtiger Hund zu umständlich ist: hängen Sie eine Hundeleine an die Türe und stellen Sie einen Futternapf daneben!*

EINREISE/AUSREISE

Für Urlauber aus Deutschland, Österreich oder der Schweiz gilt folgendes: Personalausweis, Führerschein, Kraftfahrzeugschein, Grüne Versicherungskarte (obwohl nicht vorgeschrieben) und Nationalitätenkennzeichen nicht vergessen.

Tipps:
>> *Reisebedarf für den persönlichen Gebrauch kann zollfrei eingeführt werden, als Reiseproviant darf jede Person ab 12 Jahren 15 kg mitschleppen.*

>> *Da sowohl Belgien als auch Luxemburg, genauso wie Deutschland dem Schengener Abkommen beigetreten sind, gibt es praktisch keinerlei Grenzkontrollen mehr zwischen diesen Ländern.*

FAHRRADFAHREN

Das Radwegenetz in Belgien ist ganz hervorragend ausgebaut, besonders im flachen Vlanderen bereitet das Radfahren auch

Ungeübten große Freude. In den Ardennen hingegen kommen geübte Mountainbiker voll auf ihre Kosten. Die Provinz Limburg glänzt mit einem Radwegenetz, welches aus Knotenpunkten besteht. In jeder Touristeninformation können Sie entsprechende Landkarten mit diesen Punkten erstehen, so dass Sie leicht Ihre eigenen Rundwege planen können.

FAHRZEUG

Wenn das Auto nicht mehr läuft, "läuft" gar nichts mehr im Urlaub. Nur das beruhigende Gefühl, alles getan zu haben, damit Motor, Zündanlage, Reifen und Fahrgestell mehrere tausend Kilometer ohne Murren durchhalten, kann stressfreie Urlaubstage garantieren.

Tipps:

>> *Kundendienst vor dem Urlaub nicht vergessen; besonders wichtig: Ölwechsel mit HD 5/W-40, Luftdruck erhöhen, 2 x Batteriedienst.*

>> *Ersatzteile mitnehmen (evtl. als Paket von der Werkstatt mit Rückgaberecht bei Nichtgebrauch):*
  * *Gaszug*
  * *Bremsseil*
  * *Unterbrecherkontakte*
  * *Reservezündkerzen*
  * *Reserve-Birnenset komplett?*
  * *Reserve-Keilriemen*
  * *Ersatz-Sicherungen*

>> *Pannenausrüstung komplett?*
  * *Reservekanister 20 Liter, voll?*
  * *1-2 Liter Öl*
  * *Reserverad mit Profil, Luftdruck o.k.?*
  * *Ersatzschlauch (auch bei schlauchlosen Reifen!)*
  * *Abschleppstange, ausprobiert?*
  * *passender Wagenheber, ausprobiert?*
  * *Klappspaten*
  * *Warndreieck/Warnblinkleuchte*
  * *Luftpumpe*
  * *Erste-Hilfe-Koffer komplett?*
  * *Werkzeugkoffer komplett?*
  * *Verzeichnis der Auslandskundendienststätten meiner Automarke, neu!*
  * *Reparaturbuch*

>> *Scheibenwaschanlage gefüllt, "Scheibenkratzer" mit Gummilippe und Schaumstoffwulst (Insekten!) vorhanden?*

>> *Feuerlöscher o.k..?*

>> *Am Tag vor der Abfahrt mit allen Teilnehmern und dem fertig gepackten WOMO auf die öffentliche Waage fahren (z. B. Raiff-*

eisenlager). *Übergewicht, wenn möglich, vermindern. Jedes Kilo zusätzliches Gepäck erhöht nicht nur den Treibstoffverbrauch, sondern beeinflusst Fahrverhalten, Bremsweg, Lenkbarkeit und Steigfähigkeit negativ.*

FILMEN/FOTOGRAFIEREN

Zweifelsohne verstärken die mitgebrachten optischen oder sogar akustischen Urlaubserinnerungen die Vorfreude auf die nächste Reise. Für jegliches Foto/ Filmmaterial gilt: Reichlich von zu Hause mitbringen, die Preise in den Urlaubsländern sind stets höher, von der Auswahl ganz zu schweigen.

Tipps:

>> *Kaufen Sie rechtzeitig Filmmaterial, nutzen Sie Sonderangebote im Frühjahr. Im Kühlschrank hält das Filmmaterial jahrelang, ohne zu altern.*

>> *Für Aufnahmen in Kirchen und Bergwerken brauchen Sie Ihr Blitzgerät.*

>> *Denken Sie an einen Vorrat der benötigten Batterien oder steigen Sie auf wiederaufladbare Batterien um.*

>> *Packen Sie die belichteten Filme wieder in das Döschen; ganz Vorsichtige wickeln vorher noch etwas Alu-Papier herum, und verstauen Sie sie an der kühlsten und dunkelsten Stelle im WOMO.*

>> *Schauen Sie öfter nach dem Objektiv. Seeseitiger Wind bläst Salzwasserspritzer auf die Linse. Vorsichtig mit einem angefeuchteten Läppchen abtupfen, dann trockenwischen.*

>> *Falls Sie keinen Belichtungsmesser haben: Bei 100 ASA (21 DIN) ist Blende 11 (am Meer und im Gebirge Blende 16) sowie 1/100 sec. immer richtig, wenn die Sonne scheint.*

Inzwischen erfreut sich auch die digitale Fotografie großer Beliebtheit. Im Wohnmobil kann man gute Voraussetzungen dafür schaffen. Idealerweise hat man einen Wechselrichter eingebaut, so dass man permanent 220V Wechselstrom für die Akkuladegeräte zur Verfügung hat - ansonsten spezielle 12V-Ladegeräte besorgen! Besitzt man dazu auch noch ein Laptop, ist mehr als genug Speicherplatz für tausende Urlaubsbilder vorhanden - Alternative: Mini-Festplattenspeicher!

FREIES STEHEN

Bitte beachten Sie: "Freies Stehen" hat nichts mit "Wild Campen" zu tun! Letzteres ist sowohl in Belgien als auch in Luxemburg untersagt. In Belgien lautet die offizielle Regelung, dass das Übernachten in Fahrzeugen für eine Nacht erlaubt ist. Sofern Sie sich also in Ihrem Fahrzeug aufhalten, weder Markise ausfahren noch Tisch und Stühle auspacken und dann nicht auch noch tagelang auf einem Fleck verbleiben, haben Sie keinerlei Probleme zu erwarten. In Luxemburg hingegen ist offiziell auch das "Freie Stehen" nicht gestattet, wird aber sowohl unserer als auch der Erfahrung vieler anderer Wohnmobilisten bis jetzt toleriert. Bitte legen Sie Ihr Verhalten so aus, dass dies auch noch lange so bleibt! Bedenken Sie: Sie haben nicht das Recht, hier zu stehen, sondern sind nur geduldet! Wir haben über 50 Nächte in beiden Ländern "frei stehend" verbracht und haben nirgendwo auch nur den Ansatz von Schwierigkeiten erlebt.

FRITTEN

Sie werden kaum einen Ort in Belgien finden, wo es nicht mindestens eine **Fritterie** gibt. Egal ob als Imbiss zwischendurch, als vollwertige Abendmahlzeit, Die Belgier stehen zu Ihrer Nationalspeise. Sie wurden sogar hier erfunden, man sagt im Jahre 1780, als in einem bitterkalten Winter die Maas zugefroren war und man nicht an die Fische herankommen konnte. So schnitt man einfach Kartoffelschnippel anstatt Fisch in die mit Fett gefüllte Pfanne und ein der bedeutendsten Erfindungen der Weltgeschichte war gemacht. Die richtigen Fritten werden in Belgien nach wie vor aus frischen, nicht aus tiefgefrorenen Kartoffeln gemacht - und dazu noch von Hand geschnitten. Die Beilagen, die man heutzutage in einer Fritterie findet, sind manchmal schon etwas exotisch - am besten, man fragt nicht, was man eigentlich isst. Dei leckersten sind immer noch die ganz einfachen, klassischen Fritten - wie in alten Zeiten in einer Papiertüte serviert, gesalzen und mit den Fingern gegessen. Höchstens ein Schlag Majonäse darf das Mahl noch krönen!

GAS

Außer der Zweitbatterie die einzige Energiequelle beim Freien Camping. Bei einer vierköpfigen Familie muss man mit einem Gasverbrauch von 3 kg pro Woche rechnen. Einen ordentlichen Happen "frisst" davon der Kühlschrank.

Tipps:
>> *Sie haben eine graue Camping-Europa-Umtauschflasche? In Belgien tauscht sie Ihnen niemand um!*
>> *Die in Belgien vielen Tankstellen vorrätigen Propangasflaschen werden nur gegen gleiche getauscht. Die Anschlüsse passen nicht! Was tun?*
>> *1. Möglichkeit: Sie kaufen im Campingfachhandel einen sog. Europa-Flaschenset (Zwischenstutzen). Damit können Sie ausländische Gasflaschen an Ihr Druckminderventil anschließen. Sie können gefüllte belgische Propangasflaschen kaufen (11-kg-Flasche mit Füllung etwa EUR100, Füllung EUR 25) und nach Entleerung an der Station sozusagen als Leergut wieder*

verkaufen (Kaufbeleg aufheben!).

>> **2. Möglichkeit:** Oft genug sind Sie auf unserer Tour nahe der deutschen Grenze - nutzen Sie die Gelegenheit und fahren Sie bei Bedarf kurz hinüber!

>> **3. Möglichkeit:** Haben Sie schon einmal an den Kauf einer Tankflasche gedacht? Diese hat Format und Aussehen einer 11-kg-Flasche (passt also in Ihren Gasflaschenkasten), darf aber wie ein Gastank an jeder Autogastankstelle gefüllt werden (weil ein automatischer Fülllstopp eingebaut ist). Bezugsadresse z.B. Wynen-Gas, 41747 Viersen, Tel.: 02162-356699, www.wynen-gas.de. Preis ca. EUR 250 - Gastankstellen (LPG) finden sie in Belgien in Hülle und Fülle

GPS

... Steht für **G**lobal **P**ositioning **S**ystem, einen Navigationssystem bestehend aus 23 die Erde umkreisenden Satelliten, Bereits ab EUR 150 bekommt man ein handy-kleines Gerät, mit dem man jederzeit feststellen kann, wo man sich befindet - und wie man zu dem Platz findet, von dem man die Koordinaten hat. Nach oben hin ist die Preisskala natürlich offen, über PDA (**P**ersonal **D**igital **A**ssistant) - Lösungen mit einer größeren Kartendarstellung und Routing-Funktionen über Autoradio-integrierte bis hin zu festinstallierten Geräten ist alles möglich. In diesem Reiseführer sind für alle Übernachtungsplätze die Koordinaten (Kartendatum: WGS84) angegeben. Besitzer von GPS-Geräten geben sinnvollerweise die Koordinaten vor dem Urlaub direkt in das Gerät ein (oder über das mitgelieferte Kabel und mit einem kostenlosen Programm aus dem Internet, z.B. www.easyGPS.com). Wer ein Gerät besitzt, an dem keine direkte Koordinateneingabe möglich ist: wo anwendbar, befinden sich in den Stellplatzkästen neben den Koordinaten auch noch der Straßenname. Wer es noch komfortabler haben möchte, erwirbt beim WOMO-Verlag die "GPS-CD zum Buch" - und die GPS-Daten aller Stellplätze liegen elektronisch vor!

HAUSTIERE

Hunde und Katzen dürfen selbstverständlich mit nach Belgien und Luxemburg. Lediglich ein Tollwutimpfzeugnis muss vorliegen. Hunde sind in Belgien sehr beliebt und verbreitet, wir hatten nie Probleme mit unserem Sam, einem stattlichen Landseermischling von ca. 40 kg Gewicht. Am Strand müssen Sie natürlich mit Einschränkungen rechnen, so wissen wir, dass in De Panne, Blankenberge, De Haan, Knocke-Heist, Midedelkerke, Oostende und Zeebrugge Hunde in der Ferienzeit generell nichts am Strand zu suchen haben, in Koksijde, Oostduinkerke, Bredene und Niewport gibt es keine Probleme. Inwiefern sich auch alle an diese Verbote halten, sei dahingestellt, aber es sollte zumindest selbstverständlich sein, dass man sein Tier das Geschäft nicht unbedingt mitten am Strand erledigen lässt.

KANUFAHREN

Das Ardennengebiet, besonders die beiden Flüsse Ourthe und Semois laden zu ausgedehnten Kanutouren ein. Überall entlang der Flüsse tummeln sich in der Saison Kanuverleiher, die Ihnen gerne Boote vermieten und gleichzeitig den Rücktransport von Mensch und Material organisieren.

Die Reviere haben einen Schwierigkeitsgrad von 0 bis maximal 1, und sind somit für Familien mit Kindern bestens geeignet:

Die Ourthe (ca. 100 Kilometer von Aachen) windet sich durch urwüchsige Felsen, Wälder und Wiesen. Befahrbare Wehre und ungefährliche Stromschnellen machen die Abfahrt zu einem Erlebnis. Mit über 100 Kilometern befahrbarer Strecke ist die Ourthe für Mehrtagesfahrten interessant.

Lesse (ca. 150 Kilometer von Aachen) windet sich durch urwüchsige Felsen und Wälder. Der malerische Fluss ist auf ungefähr 20 Kilometer befahrbar und sehr beliebt. Eine kleine Eisenbahn bringt die Kanuten wieder zurück.

Semois (ca. 200 Kilometer von Aachen) windet sich durch urwüchsige Fels- und Waldlandschaften, ein ursprünglicher Fluss mit wenig Strömung und Gefälle.

KARTENMATERIAL

Neben einem hinreichend genauen Europa-Atlas empfehlen wir Ihnen folgendes Kartenmaterial:

Michelin Nr. 924: Grand-Duché de Luxembourg ... 1:150.000
Michelin Nr. 533: Belgien Nord/Mitte .... 1 : 200.000
Michelin Nr. 534: Belgien Süd und Ardennen ..... 1 : 200.000
Oder komplett (gibt's beim WOMO-Verlag):
Michelin Nr. 716: Belgien & Luxembourg .... 1 : 350.000

KLIMA

Das Klima in Belgien ist dreigeteilt. Es gibt die unmittelbare Küstenlinie mit im Sommer großer Sonnenscheindauer (1750 Stunden/Jahr), was sich wenige Kilometer ins Landesinnere schnell wandeln kann. Durch den ständig wehenden Wind wird es aber nie unangenehm heiß, die mittleren Maxima liegen bei 20°. Das binnenländische Tiefland ist im Sommer 2-3° wärmer, aber auch die Niederschlagshäufigkeit nimmt zu. In den Ardennen hingegen ist es wesentlich kühler. Nur von Mitte Mai bis Anfang Oktober muss man nicht mit Nachtfrösten rechnen. Im

Hohen Venn fallen durchschnittlich über 1500 mm Regen/Jahr.

KÜHLSCHRANK

Die ELEKTROLUX-Kühlschränke mit den Anschlüssen für 220 V/12 V/Gas, die in den meisten Wohnmobilen eingebaut sind, haben eine robuste Natur ohne bewegliche Verschleißteile. Trotzdem sind sie ein Sorgenkind für jeden Camper, denn ohne Kühlung kommt auch ein WOMO-Haushalt kaum noch aus.

Tipps:

>> *Schon bei geringer Schräglage des Fahrzeugs sinkt die Kühlleistung bis auf den Nullpunkt.*
Abhilfe: Mit Wasserwaage oder voll gefülltem Wasserglas waagerechten Stand des WOMOs kontrollieren, durch Aufbocken eines Rades oder Platzwechsel verbessern.

>> *Seit einiger Zeit gibt es jedoch Geräte, die auch bei stärkerer Neigung des WOMOs einigermaßen gut kühlen. Achten Sie darauf beim Neukauf.*

>> *Während der Fahrt, vor allem aber beim Tanken, ist der Betrieb mit Gas gefährlich, außerdem geht das Flämmchen oft im Fahrtwind aus. Schaltet man auf 12 V und vergisst nach Ankunft das Ab- bzw. Umstellen, so ist eine vollgeladene 50-A-Batterie nach ca. 5 Stunden leer und meist auch kaputt. Was hilft's, wenn es sich "nur" um die Zweitbatterie handelt, wenn jetzt Tauchpumpe und Innenbeleuchtung nicht mehr funktionieren! Nur eine Schaltung mit Trennrelais kann dies verhindern.*

>> *Ist die Kühlleistung bei Gasbetrieb nicht zufriedenstellend, sind folgende Punkte zu überprüfen:*
* Liegen die Zu- und Abluftgitter möglichst nach Norden, also nicht im Sonnenschein?
* Ist der Kühlschrank nicht zu vollgestopft?
* Ist überhaupt ein Abluftkanal montiert?
* Liegt überall, vor allem an der Unterseite der Tür, das Dichtgummi an?
* Ist das Flämmchen überhaupt noch an? Von außen kann man das Zischen hören, im Inneren ist meist ein Guckloch!

>> *Geht während der Reise die piezoelektrische Zündung kaputt, kann man von außen das untere Lüftungsgitter abschrauben und den Brenner mit einem Streichholz in Gang setzen, wenn eine zweite Person die Zündsicherung niederdrückt.*

>> *Die im Fachhandel für Campingzwecke angebotenen Kompressorkühlschränke arbeiten nur mit 12 V/220 V. Sie sind nur in Verbindung mit einer Solaranlage sinnvoll.*

LEBENSMITTEL/GETRÄNKE

Wer mit randvollen Vorratsschränken und Paletten voller Getränke nach Belgien oder Luxemburg fährt, dem ist nicht zu helfen. In kaum einem anderen Land ist die Auswahl und Vielfalt von

Lebensmitteln so groß wie hier. Wochenmärkte aller Orten, feinste Back- und Konditoreiwaren, die weltbekannten belgischen Pralinen, Bier, luxemburgischer Wein, belgischer Gouda - die Liste kann noch beliebig verlängert werden. Nicht alles ist billig - man legt Wert auf hochwertige Lebensmittel, und die haben eben auch ihren Preis. Aber seien sie gewiss, sie kaufen immer preiswert ein.

MEDIKAMENTE

Natürlich können wir hier keine ärztliche Voraussage machen, was Ihnen im Urlaub alles passieren kann, aber nach der Statistik wollen wir einige Wahrscheinlichkeiten abwägen.

Tipps:
>> *Schauen Sie nochmals nach, ist Ihr Erste-Hilfe- Koffer gut gefüllt (Mullbinden, Heftpflaster, Schere, Pinzette, Fieberthermometer)?*
>> *Mittel gegen Durchfall sind ein "Muss" in fremden Ländern, fragen Sie Ihren Arzt. Kohletabletten sind "härteren Sachen" zunächst vorzuziehen.*
>> *Aufregung und langes Sitzen bei der Anfahrt kann aber auch zu Verstopfung führen – führen Sie mit den richtigen Mitteln ab!*
>> *Wie steht es mit Reisekrankheit? Fahren Sie zum ersten Mal mit einem WOMO, könnte Ihnen vielleicht das Schwanken oder die ungewohnte Sitzstellung aufstoßen. Sorgen Sie vor!*
>> *Kinder sind ein Fall für sich! Nehmen Sie auf jeden Fall die Medikamente mit, die Sie sowieso das Jahr über brauchen.*
>> *Soventol hilft nicht nur gegen Insektenstiche, sondern lindert auch Sonnenbrand.*
>> *Zwei Elastik-Binden für verstauchte Füße und Salbe gegen Prellungen (z. B. Mobilat) sollten nicht nur bei der Bergtour dabei sein.*
>> *Zwar kein Medikament, aber manchmal die letzte Rettung (statt eines Schlafmittels): Ohropax gegen Straßenlärm.*
>> *Last not least: Das Merfen-Orange für die kleine Schürfwunde und gegen den großen Schmerz, ein Wund-Desinfektionsmittel, das nicht brennt, aber wegen der schönen Farbe bei Kindern besonders beliebt ist. Gegen Brennen im Salzwasser hilft Sprühpflaster.*
>> *Was brauchen Sie sonst noch alles gegen Erkältungen, Magenbeschwerden, Sodbrennen, Blähungen, Völlegefühl? Schleppen Sie nicht alles mit! Die belgischen Apotheken sind gut sortiert.*
>> *Und wenn alles nichts mehr hilft: Beim ADAC-Arzt können Sie sich von Belgien aus Rat holen unter der Nummer: **0049-89-22 22 22.***

NACKTBADEN

Nacktbaden ist in Belgien verboten, nur unmittelbar am Strand wird "Oben ohne" toleriert.

PACKLISTE

Brieftasche/Handtasche/Geheimfach
Pässe, Personal-, Kinderausweis
(gültig!)
Führerscheine
Grüne Karte (gültig, obwohl nicht
Vorschrift)
KFZ-Schein
Fährtickets
Bargeld/Brustbeutel
Devisen/Umrechnungstabellen
Eurocheque-Karte
Visa-Karte
Impfbücher
Auslandskrankenscheine
Zusatzversicherungen
Schutzbrief
Fotokopien aller dieser Papiere

_____

_____

Wohnmobilhaushalt
Wecker (Fähre!)
Einkaufstasche (groß)
Kaffee-, Teekanne
Filtertüten/Filter
Geschirr/Gläser
Vesperbrettchen/Bestecke
Brotmesser/Kartoffelschäler
Schöpflöffel/Schneebesen
Töpfe/Dampftopf
Pfannen/Sieb
Topflappen
Butterdose/Plastikdöschen mit Deckel
Flaschentrage
Thermoskanne
Eierbehälter
Küchenpapier/Alufolie
Nähzeug/Schere
Klebstoff/Klebeband
Wäscheleine/Klammern
Waschpulver
Plastikschüssel
Abtreter
Schuhputzzeug
Kabeltrommel
Verbindungskabel CEE-Schuko
Stecker (Ausland)
Doppelstecker
Gasflaschen (voll?)
Handfeger/Kehrschaufel
Putzlappen
Klappspaten
Hammer/Nägel/Axt
Zündhölzer/Feuerzeug
Gasanzünder
Taschenlampen
Kerzen
Petroleumlampe/Petroleum
Ersatzbirnen 12 V/220 V
Ersatzsicherungen für jedes Gerät
Ersatzwasserpumpe
2 m passender Druckwasserschlauch

Feuerlöscher
Insektenspray/Insektenlampe
Moskitogaze für Fenster und Tür
Toilette/Klo-Papier
Toilettenchemikalien (formaldehydfrei!)
Dosen-, Flaschenöffner, Korkenzieher
Spülmittel/Bürste
Scheuerpulver
Geschirrtücher
Leim / 5 m Schnur
5 m Schwachstromkabel zweiadrig
Wasserentkeimungsmittel
Müllbeutel
WOMO-Zapfschlauch (s. S. 278)

_____

_____

Reiseapotheke
Mittel gegen Reise-, Seekrankheit
Soventol (lindert Insektenstiche usw.)
Husten-, Schnupfenmittel
Fieberzäpfchen
Kohle-Kompretten
Mittel gegen Durchfall
Mittel gegen Kopfschmerzen
Mittel gegen Verstopfung
Nasen-, Ohrentropfen
Halsschmerztabletten
Wundsalbe/Brandsalbe
Wunddesinfektionsmittel (Merfen-Orange)
Sprühpflaster
Elastikbinden
Salbe gegen Prellungen
Fieberthermometer/
Pinzette
Auto-Verbandskasten o.k..?
Persönliche Medikamente

_____

_____

Auto
Allgemeines Wohnmobil-Handbuch
Bedienungsanleitungen
Bordbuch/Wörterbücher
Reiseführer/Campingführer
Straßenkarten/Autoatlas
Auffahrkeile/Stützböcke
WOMO-Knackerschreck (Beschreibung
und Bestellzettel am Buchende)
Wasserwaage
D-Schild
Kundendienst gemacht?
Ersatzteilset von der Werkstatt?
Pannenausrüstung komplett?
Reservekanister voll?
1-2 Liter Reserveöl (HD 20/W 50)
Reserverad Luftdruck o.k..?
Abschleppstange, ausprobiert?
Passender Wagenheber, ausprobiert?
Luftpumpe
Warndreieck
Arbeitshandschuhe
Werkzeugkoffer komplett?
Kundendienststellenverzeichnis, neu?

_____

_____

Kleidung

Unterwäsche
Socken/Strümpfe
Hemden/Blusen
Schuhe/Sandalen
Hausschuhe
T-Shirts/Shorts
Hosen/Jeans
Kleider/Röcke
Pullover/Jacken/Stola
Anoraks/Windjacken/"Friesennerz"
Regencapes/Wolldecken
Sonnenhüte/Kopftücher
Nachthemden/Schlafanzüge
Bikinis/Badehosen
Gummistiefel/Wanderstiefel
Sonnenbrille/Ersatzbrille

_____

_____

Campingartikel

Stühle/Tisch/Liegestühle
Liegematten/Hängematte
Sonnensegel/Stangen/Häringe/Leinen
Grill/Grillzange
Holzkohle
WOMO-Pfannenknecht (Beschreibung und
   Bestellzettel am Buchende)

_____

_____

Unterhaltung

Handy/Autoladekabel
KW-Radio (neu: DRM-Radio)
Schreibzeug/Adressbuch
Handarbeitszeug
Kinderspielzeug
Malutensilien
Bücher/Spiele
CD-Payer/CDs/mp3-Player
Taucherbrillen
Wasserball/Fußball/Wurfringe
Frisby/Indiaca usw.
Schlauchboot/Pumpe/Ruder
Luftmatratzen
Sandspielzeug
Schwimmflügel/Schwimmreif
Surfbrett/Zubehör
Fotoapparat/Speicherkarten
Filmkamera/Videokassetten
Videokamera/Kassetten
Ersatzbatterien/Ladegerät für 12 V
Rucksäcke
Kartentasche
Fernglas
Kompass
Iso-Matten/Zelte/Kochtopfset
Feldflaschen/Taschenmesser/Angelzeug
SOS-Kettchen (vor allem für Kinder)
Mitbringsel für evtl. Einladungen

_____

_____

Lebensmittel
Allgemeines Wohnmobil-Kochbuch
Getränke (Limo, Bier, Wein, Schnaps)

H-Milch
Dosenmilch/Coffeemate
Milchpulver/Limopulver/Zitronenteepulver
Wurstdosen
H-Käse
Fertiggerichte/Beutelsuppen
Tee/Kaffee/Kaba
Müsli
Butter/Margarine
Brot/Vollkornbrot/Dosenbrot
Reis/Nudeln/Grieß
Kartoffelbrei/Mehl
Babykost
Puddingpulver
Schokolade/Bonbons/Kaugummi
Marmelade/Nutella
Bratfett/Öl/Essig
Mayonnaise, Senf
Gewürze
Ketchup/Maggi/Salz
Zucker/Süßstoff
Kartoffeln
Zwiebeln
Eier
Zwieback/Salzstangen

_____

_____

Toilettenartikel

Hand-, Badetücher, Waschlappen
Geschirrtücher
Tempo-Taschentücher
Kämme/Bürsten
Haarfestiger/Lockenwickel/Haarspangen
12 V-, Akku- oder Nassrasierer
Nageletui/Hygieneartikel
Empfängnisverhütungsmittel
Windeln/Creme/Babycreme
Seife/Rei in der Tube
Sonnencreme, -öl
Fettstift (Labello)
Zahnbürsten/Zahnpasta
Autan gegen Mücken, Zeckenzange
Schlafsäcke/Kopfkissen/Spannlaken

_____

_____

Nicht vergessen!

Post/Zeitung abbestellen
Offene Rechnungen bezahlen
Haustier abgeben
Blumen versorgen
Mülleimer leeren
Kühlschrank abstellen?
Antennen herausziehen
Wasch-, Spülmaschine, Bügeleisen aus?
Wasser, Gas, Heizung, Boiler abgestellt?
Rolläden schließen
Haustür verschließen!
Nachbarn/Verwandte benachrichtigen:
   Reiseroute, Autokennzeichen.
   Reserveschlüssel abgeben.

_____

_____

_____

SPRACHE

Wie schon Eingangs des Buches erwähnt, ist Belgien sprachlich dreigeteilt. Der Norden spricht flämisch (niederländisch), der Süden französisch, im Osten gibt es ein paar Landesteile, in denen deutsch gesprochen wird. Rechnen Sie nicht damit, überall mit Deutsch oder Englisch weiterzukommen! Aus diesem Grund finden Sie hier ein etwas ausführlicheres dreisprachiges Verzeichnis:

deutsch	französisch	flämisch
Zahlen:		
0	zéro	nul
1	un, une	een
2	deux	twee
3	trois	drie
4	quatre	vier
5	cinq	vijf
6	six	zes
7	sept	zeven
8	huit	acht
9	neuf	negen
10	dix	tien
11	onze	elf
12	douze	twaalf
13	treize	dertien
14	quatorze	veertien
15	quinze	vijvtien
16	seize	zestien
17	dix-sept	zeventien
18	dix-huit	achttien
19	dix-neuf	negentien
20	vingt	twintig
21	vingt et un	eenentwintig
22	vingt-deux	tweeentwintig
30	trente	dertig
31	trente et un	eenendertig
40	quarante	veertig
50	cinquante	vijftig
60	soixante	zestig
70	*septante	zeventig
80	quatre-vingt	tachtig
90	*nonante	negentig
91	*nonante et un	eenennegentig
100	cent	hondert
200	deux cents	tweehondert

deutsch	französisch	flämisch
1000	mille	duizent
2000	deux milles	tweeduizend

* gilt nur in Belgien, im französischen hingegen: 70 = soixante-dix   90 = quatre-vingt-dix   91 = quatre-vingt-onze usw.

deutsch	französisch	flämisch
1.	premier	eerste
2.	deuxième	tweede
3.	troisième	derde
1/2	un demi	een half
1/3	un tiers	een derde
1/4	un quart	een kwart

Redewendungen:

deutsch	französisch	flämisch
Sprechen Sie ...	Parlez-vous ...	spreekt u ...
Ich verstehe nicht	Je ne comprends pas	Ik versta niet
Ja	Oui	Ja
Nein	Non	Neen
Bitte!	S'il vous plaît	Alstublieft!
Danke sehr!	Merci beaucoup!	Dank u wel!
Entschuldigung!	Pardon	Neemt u mij niet
Verzeihung!	Excusez!	Pardon! kwalijk!
Guten Morgen	Bonjour	goedemorgen
Guten Tag	Bonjour	goedendag
Guten Abend	Bonsoir	goedenavond
Gute Nacht	Bonne nuit	goedenacht
Auf Wiedersehen	Au revoir	Tot ziens
Herr	Monsieur	Mijnheer
Frau	Madame	Mevrouw
Fräulein	Mademoiselle	Juffrouw
Wo ist?	Où est?	Waar is?
Die ... Straße	La rue ...	De ... straat
Der ... Platz	La place ...	Het ... plein
Die Kirche	L'égliese	De kerk
Das Museum	Le musée	Het museum
Das Rathaus	L'hotel de ville	Het stadhuis
Wann ist... geöffnet?	A quelle heure ... est ouvert(e)?	wanneer is .. open?
Was kostet?	Combien coûte?	Hoevel kost ...
Teuer	Cher, chère	Duur
Viel	Beaucoup	Veel
Wenig	Peu	Weinig
Rechnung	Addition	Rekening
Bezahlen	Payer	Betalen
Ein Arzt	Un médicin	De arts, dokter
Links	À gauche	Links

deutsch	französisch	flämisch
Rechts	À droite	Rechts
Geradeaus	Tout droit	Rechtuit
Oben	En haut	Boven
Unten	En bas	Beneden, onder

Essen:

Frühstück	petit déjeuner	ontbijt
Mittagessen	déjeuner	lunch
Abendessen	dîner, souper	diner
Suppe	potage	soep
Vorspeise	hors-d'oevre	vcorgerecht
gebraten	frit	gebakken
gekocht	cuit	gekookt
Fisch	poisson	vis
Aal	anguille	paling
Forelle	truite	forel
Lachs	saumon	zalm
Muscheln	moules	mosselen
Fleischgerichte	viandes	vleesgericht
Huhn	poule	kip
Gemüse	légume	groente
Salat	salade	sla
Obst	fruits	fruit
Brot	pain	brood
Brötchen	petit pain	broodje

Verkehr:

Bahnhof	Gare	Station
Vorsicht!	Attention!	Pas op! Opgelegt!
Langsam fahren!	Au Pas! Ralentir!	Langzaam rijden!
Keine Durchfahrt!	Route barrée!	Inrijden verbooden!
Umleitung	Deviation	Omleeding
Bach	Ruisseau	Beek
Berg	Mont	Berg
Dorf	Village	Dorp
Brücke	Pont	Brug
Garten	Jardin	Tuin
Schloß	Château	Kasteel
Stadt	Ville	Stad
Strand	Plage	Strand
Turm	Tour	Toren
Wald	Forêt	Bos

TELEFONIEREN

Als Vorwahl nach Deutschland gilt sowohl in Belgien als auch in Luxemburg die 0049 und dann die Ortsvorwahl ohne die erste 0. Die Vorwahl von Deutschland nach Belgien lautet 0032, nach Luxemburg 00352. Seit vielen Jahren sind wir in Europa mit dem Handy unterwegs, man ist in Europa dank des GSM-Standards überall unter seiner normalen Rufnummer erreichbar. Auch Belgien hat ein flächendeckendes Netz, so dass man überall erreichbar ist. Stellen Sie vor Reiseantritt sicher, dass bei Ihnen das "International Roaming" freigeschaltet ist! Denken Sie auch, sofern Sie nicht über Wechselrichter sowieso 220 V an Bord haben, daran, an ein spezielles 12V-Ladegerät für Ihr Handy zu besorgen. Eine Freisprecheinrichtung ist auch in Belgien und Luxemburg zum telefonieren während der Fahrt vorgeschrieben! (natürlich nicht für den Beifahrer / die Beifahrerin ...)

TOILETTE

Einer der Gründe dafür, dass das Freie Camping in so vielen Ländern verboten wird, ist mit Sicherheit die Verunstaltung und Verseuchung der Landschaft mit Fäkalien. Die Benutzung einer Campingtoilette ist deshalb ein absolutes "Muss" für jeden engagierten Camper.

Tipps:

>> *Campingtoiletten sind nicht der Weisheit letzter Schluss, bekämpft man doch die zu erwartenden Düfte selten mit umweltverträglichen Mitteln. Wie verhält sich der umweltbewusste Toilettengänger in Belgien:*

1. *Möglichst nur die aufgestellten Toiletten benutzen.*
2. *Toilettenchemikalien äußerst sparsam einsetzen; wir verwenden nur Schmierseife (Schlecker) – und es geht auch!*
3. *Campingtoiletten entweder an Tankstellen an Raststätten oder öffentlichen WCs entsorgen*
4. *Wer den Inhalt seiner Campingtoilette hinters Gebüsch gießt, den soll der Blitz beim Schei... treffen*

TREIBSTOFF

Belgien als hochindustrialisiertes, dicht besiedeltes Land verfügt über ein großes Tankstellennetz. Der Diesel ist pro Liter ca. 10 ct billiger als in Deutschland, Luxemburg hat gar mit die niedrigsten Preise in Europa!

TRINK-, WASCH-, SPÜLWASSER

Beim Abwasser hatten wir die Formel aufgestellt:
10 Liter x Personenzahl = Volumen des Abwassertanks
Als Trinkwasservorrat muss man pro Person und Tag mindestens 15 bis 20 Liter rechnen.

Tipps:

>> *In den südlichen Ländern haben wir für Sie nach Trinkwasserbrunnen gesucht. Solche "überkommenen" Einrichtungen gibt es in Belgien nicht.*

>> *Die Trinkwasserversorgung ist jedoch trotzdem kein Problem: Alle Tankstellen haben saubere Zapfhähne, wir haben immer erst um Erlaubnis gefragt, nie wurden wir abgewiesen.*

>> *Der verwöhnte Wassertankbesitzer fragt sich: „Wie kriege ich das frische Nass möglichst bequem in den eingebauten Behälter?" Für ihn haben wir den WOMO-Zapfschlauch konstruiert. Es handelt sich um 3 - 5 Meter Gartenschlauch, an dessen Beginn man ein Stück Fahrradschlauch der Größe 1 3/8 x 1 5/8 Zoll anflanscht, das über jeden Wasserhahn passt. Am anderen Ende befestigt man einen Karabinerhaken, den man in eine Öse am Einfüllstutzen des Wassertanks hängt, wenn man keinen zweiten Mann zum Halten hat.*

>> *Mehr aus Gewohnheit haben wir auch in Belgien unser Trinkwasser mit Entkeimungsmitteln behandelt – jedoch in erster Linie, um eine Nachverkeimung im Tank zu verhindern.*

>> *Irgendwann geht an jedem Platz das Trinkwasser aus. Wie kann man sparen?*

1. *Salzwasser: Geschirrspülen klappt wunderbar, wenn das "Spüli" keine "Anionischen Tenside" enthält. Auf der Flasche nachschauen oder einfach probieren.*
   Haarewaschen geht prima! Auch hier ist Seife nicht geeignet. Man nehme flüssige Seife, die keine Alkalien enthält, z. B. "Eubos" (Apotheke).

2. *See-, Flusswasser: Wenn das Wasser optisch rein ist, kann man es zum Spülen, Waschen und Haarewaschen verwenden. Nur zum Zähneputzen muss man es vorher abkochen oder entkeimen.*

VERKEHR

Dem WOMO-Fahrer kann es nur darum gehen, sein großes und Schweres Gefährt unbehelligt bis zum Urlaubsziel und zurück zu transportieren. Dabei kann ihm allerhand passieren.

Tipps:

>> *Geschwindigkeitsbegrenzungen nötigen uns meist nur ein müdes Lächeln ab:*
   Autobahnen .... 120 km/h ...... über 7,5 to 90 km/h

Schnellstraßen .... *90 km/h* ...... *über 7,5 to 90 km/h*
Innerorts .... *50 km/h*
Beruhigte Wohngebiete .... *30 km/h*

>> *Promillegrenze:* **0,5**

>> *Es besteht* **Anschnallpflicht** *auf Vorder- und Rücksitzen, Kinder haben hinten zu sitzen.*

>> *Gelbe Linien am Straßenrand bedeuten Halteverbot.*

>> **Straßenverhältnisse:**
Kurz gesagt: Die Verkehrsdichte ist hoch, das Autobahnnetz ist sehr dicht und gut ausgebaut, größtenteils nachts beleuchtet. Die Zeiten, wo die belgischen Straßen im Vergleich zu den deutschen grausam waren sind lange vorbei, heute ist es fast schon umgekehrt. Allerdings bestehen einige Landstraßen immer noch aus schlecht zusammengefügten Betonplatten, die einen alle paar Meter um das Geschirr bangen lassen ... Auf der Suche nach schönen Plätzchen befuhren wir selbst entlegenste Nebenstrecken (Kategorie asphaltierte Feldwege) - Sie können aber unbesorgt allen Touren folgen, auch ohne Allrad und auch mit einem großen Womo.

WINTERSPORT

Normale Winter vorausgesetzt, besteht in Belgien die Möglichkeit zu insbesondere ausgedehnten Skiwanderungen. Es existieren ca. 80 Langlaufloipen und ein dutzend Pisten für den "Abfahrts"lauf. Die bekanntesten Gebiete liegen im Hohen Venn, im Raum Büttgenbach, Eupen, Malmédy und um La-Roche-en-Ardenne. Eine Informationskarte "Ski Ardennes" erhalten Sie beim Belgischen Verkehrsamt.

WOMO-FORUM – der Treff für Wohnmobilurlauber

Seit 2002 gibt es das WOMO-Forum, einen kostenlosen Service unseres Verlages, unter: **forum.womoverlag.de**

Offensichtlich hatten die WOMO-Freunde nur darauf gewartet, denn in der kurzen Zeit ist die Zahl der registrierten Mitglieder bereits auf über 6.900 angewachsen, die mit der abenteuerlichen Zahl von 120.000 Beiträgen zu allen Themen des wohnmobilen Lebens das Forum zu einer einmaligen Ideen-Austauschbörse gemacht haben.

ALLGEMEIN	THEMEN	BEITRÄGE	LETZTER BEITRAG
WOMO-Bücher: Lob-Kritik (Keine Korrekturen) Schreibt bitte hier Eure Meinung zu den WOMO-Büchern. Moderator: Mods	178	983	von ANUBIS 19.10.2011 - 14:57:20
User-Treffen (Nur für registrierte User) Hier geht es um geplante Treffen der Forenmitglieder Moderator: Mods	32	593	von Malu 14.11.2011 - 20:14:47
Stellplatztipps Hier kannst Du neue Stellplätze in Deutschland beschreiben oder danach fragen. Moderator: Mods	1215	7139	von Karl0097 25.11.2011 - 19:40:56
Urlaub mit Kindern Fragen & Ratschläge fürs Reisen mit Kindern. Moderator: Mods	90	824	von Isa 16.11.2011 - 13:50:41
Urlaub mit Haustieren Fragen, Tipps und Ratschläge Moderator: Mods	165	2474	von Klaus2011 24.11.2011 - 17:12:42

WOMO	THEMEN	BEITRÄGE	LETZTER BEITRAG
Aktivitäten rund ums WOMO Sport, Kultur, etc. etc. Moderator: Mods	159	2150	von Gwaihir 15.11.2011 - 19:53:11
WOMO-Technik Gas-, Wasser- und Elektroinstallation, Innenausbau. Moderator: Mods	3108	31232	von Herby 25.11.2011 - 19:28:45
Multimedia im WOMO Alles zum Thema Multimedia, Navigation, POIs, Hard- und Software Moderator: Mods	764	7597	von heulnet 25.11.2011 - 11:23:16
WOMO-Kauf, WOMO-Miete Tipps, Fragen & Antworten Moderator: Mods	1035	13535	von dooley 24.11.2011 - 21:56:05
WOMO-Clubs Stelle Deinen Club vor oder empfehle einen. Moderator: Mods	59	356	von Monty 20.11.2011 - 21:19:43
WOMO-Küche Stelle neue Rezepte für die WOMO-Küche vor. Moderator: Mods	267	1484	von dooley 09.11.2011 - 17:26:25
WOMO-Neuigkeiten Informiere über Neues aus den Bereichen: Technik, Zubehör, usw. Moderator: Mods	136	1622	von Freetec 598 22.11.2011 - 10:56:23
Gasversorgung Fragen & Antworten zum Thema Autogas und Gasflaschentausch im Ausland. Moderator: Mods	169	2176	von Joanne 26.10.2011 - 17:41:39
Umwelt & Wohnmobile Am Thema Umwelt kommt man heute nicht mehr vorbei. Hier ist das Forum dafür. Moderator: Mods	150	2646	von VY73 26.11.2011 - 12:11:51
Recht und Verkehr Alles zum Thema Recht und Verkehr kann hier diskutiert werden. Moderator: Mods	397	6090	von Pego 16.11.2011 - 23:05:03
WOMO-Quasselecke Themen für alles Andere und Jeden. Alle Threads die 500 Tage unbeachtet bleiben, werden automatisch gelöscht! Moderator: Mods	236	2998	von Kule 25.11.2011 - 21:02:43

Deshalb wird – wer sich unter:

forum.womoverlag.de

– einklickt und nach einem Thema sucht, wohl kaum ohne Antwort bleiben: Natürlich lebt das Forum von einem regen Erfahrungsaustausch. Deshalb ist es in vielerlei Rubriken aufgeteilt, in denen man gezielt Fragen stellen oder versuchen kann, die Fragen anderer zu beantworten.

Weiter geht es mit Fragen und Antworten zu Urlaubszielen, Reiseberichten und Korrekturen für alle WOMO-Bücher.

Also: Klicken Sie sich ein, machen Sie mit –

es lohnt sich für Sie und andere!

IN EIGENER SACHE – ODER DER SACHE ALLER!?

Urlaub mit dem Wohnmobil ist etwas ganz besonderes. Man kann die Freiheit genießen, ist ungebunden, dennoch immer zu Hause, lebt mitten in der Natur – **wo man für sein Verhalten völlig selbst verantwortlich ist!**

Seit nunmehr 28 Jahren geben wir Ihnen mit unseren Reiseführern eine Anleitung für diese Art Urlaub mit auf den Weg. Außer den umfangreich recherchierten Touren haben wir viele Tipps allgemeiner Art zusammengestellt, unter ihnen auch solche, die einem WOMO-Urlauber eigentlich selbstverständlich sein sollten. Weil wir als Wohnmobiler die Natur in ihrer ganzen Schönheit und Vielfalt hautnah erleben dürfen, haben wir auch besondere Pflichten ihr gegenüber, die wir nicht auf andere abwälzen können.

Jährlich erhalten wir viele Zuschriften, Grüße von Lesern, die mit unseren Reiseführern einen schönen Urlaub verbracht haben und sich herzlich bei uns bedanken. Wir erhalten Hinweise über Veränderungen an den beschriebenen Touren, die von uns bei der Aktualisierung der Reiseführer Berücksichtigung finden.

Aber: Wir erhalten auch Zuschriften über das Verhalten von Wohnmobilurlaubern, die sich **egoistisch, rücksichts- und verantwortungslos** der Natur und ihren Mitmenschen – nachfolgenden Urlaubern und Einheimischen – gegenüber verhalten.

In diesen Briefen geht es um die Themen Müllbeseitigung, Abwasser- und Toilettenentsorgung. Es soll immer noch Wohnmobilurlauber geben, die ihre Campingtoilette nicht benutzen, dafür lieber den nächsten Busch mit Häufchen und Toilettenpapier "schmücken", die den Abwassertank nicht als Tank benutzen, sondern das Abwasser unter das WOMO trielen lassen, die ihren Müll neben dem Wohnmobil liegenlassen und davondüsen, alles frei nach dem Motto: **"Nach mir die Sintflut!"**

Liebe Leser!

Wir möchten Sie im Namen der gesamten WOMO-Familie bitten: Helfen Sie aktiv mit, diese Schweinereien zu unterbinden! Jeder Wohnmobilurlauber trägt eine große Verantwortung, und sein Verhalten muss dieser Verantwortung gerecht werden. Bestimmt hat mancher, dem Sie auf Ihrer Tour begegnen und der sich unwürdig verhält, das gleiche Büchlein in der Hand wie Sie. Er weiß zumindest jetzt, worum es geht. Sprechen Sie ihn an und weisen Sie ihn auf sein Fehlverhalten hin.

Der nächste freut sich, wenn er den Stellplatz sauber vorfindet, denn auch er hat sich seinen Urlaub verdient!

Vor allem aber: Wir erhöhen damit die Chance, dass uns unsere über alles geliebte Wohnmobil-Freiheit noch lange erhalten bleibt.

Helfen Sie mit, den Ruf der Sippe zu retten! Verhindern Sie, dass einzelne ihn noch weiter in den Schmutz ziehen!
Wir danken Ihnen im Namen aller WOMO-Freunde –

Ihr WOMO-Verlag

Stichwortverzeichnis

A

Aalst 132
Alden Biesen 208
Alle 93
Annevoie 105
Antwerpen 180
Arlon 85
Aywaille 28

B

Baraque Michel 18
Barvaux 42
Bastogne 45
Beaufort 60
Beaumont 113
Berdorf 62
Bergerven 202
Bertrix 90
Binche 114
Blankenberge 160
Bohan 94
Botrange 20
Bouillon 91
Bourscheid 55
Bredene 159
Brügge 164
Brüssel 124

C

Chassepierre 89
Chiny 87
Ciney 101
Clervaux 49
Coo 24
Couvin 109

D

De Panne 152
Dendermonde 175
Diekirch 57
Diest 194
Dinant 106
Donkmeer 174
Durbuy 43

E

Echternach 64
Eeklo 173
Ehnen 71
Esch sur Sûre 53
Esneux 38
Ettelbrück 56
Eupen 16

F

Fourneau St-Michel 96
Francorchamps 25

G

Gent 133
Givet 108
Grevenmacher 69
Grimbergen 125

H

Hamoir 38
Han-sur-Lesse 98
Hasselt 198
Heiderscheid 55
Heist 162
Hotton 44
Huy 101

I

Ieper 144

K

Kalterherberg 20
Koksijde 153, 154
Kortrijk 141

L

La Roche en Ardenne 44
Lac de la Gileppe 17
Leuven 192
Leuze 138
Liège 29
Lier 184
Lissewege 163
Lomme 95
Luxemburg 78

M

Maaseik 202
Machtum 71
Maldegem 171
Malmédy 23
Mariembourg 110
Mechelen 189
Membre 93
Middelkerke 156
Mondorf 75
Mons 115
Mortehan 91

N

Namur 103
Niewport 154

O

Oostende 156
Opoeteren 202
Oudenarde 136

R

Raeren 16
Remich 73
Remouchamps 27
Robertville 20
Rochefort 97
Ronquières 121
Rumelange 76

S

Saint Hubert 96
Schengen 74
Sint Niklaas 177
Sint-Truiden 197
Spa 26
Strepy Thieu 118

T

Temse 179
Thieu 117
Tilff 38
Tongeren 205
Tournai 139
Treignes 109

V

Veurne 147
Vianden 58

W

Warnant 106
Wasserbillig 69
Waterloo 122
Westende 155
Willebroek 187
Wiltz 50
Wormeldange 71

Z

Zeebrugge 160

Der WOMO®-Pfannenknecht

ist die saubere Alternative zum Holzkohlengrill.

* Kein tropfendes Fett,
* Holz statt Holzkohle,
* vielfältige Benutzung –
* vom Kartoffelpuffer bis zur Gemüsepfanne.

Massive Kunstschmiedearbeit, campinggerecht zerlegbar,
Qualitäts-Eisenpfanne von Rösle,
bequeme Handhabung im Freien, einfachste Reinigung.

Nur 49,90 € – und nur bei WOMO!

Der WOMO®-Aufkleber

* passt mit 14 cm Breite auch auf Ihr Wohnmobil.
* ist das unverwechselbare Symbol für alle WOMO-Freunde.

Ab 0,00 € – und nur bei WOMO!

Der WOMO®-Knackerschreck

* ist die universelle und **sofort sichtbare Einbruchssperre**.
* Wird einfach in die beiden Türarmlehnen eingehängt, zusammengeschoben und abgeschlossen. (tagsüber unter Einbeziehung des Lenkrades, nachts direkt, somit ist Notstart möglich).
* Passend für Ducato, Peugeot, MB Sprinter sowie VW (alle Typen).
* Krallen aus 10 mm starkem (Edel) - Stahl, d. h. nahezu unverwüstlich.

Ab 44,90 € – und nur bei WOMO!

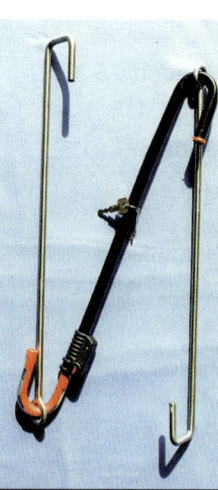

Info-Blatt für das WOMO-Buch: Belgien/Lux. '13
(ausgefüllt erhalte ich 10% Info-Honorar auf Buchbestellungen direkt beim Verlag)

Lokalität: Seite: Datum:
(Stellplatz, Campingplatz, Wandertour, Gaststätte, usw.)

⬤ unverändert   ⬤ gesperrt/geschlossen   ⬤ folgende Änderungen:

Lokalität: Seite: Datum:
(Stellplatz, Campingplatz, Wandertour, Gaststätte, usw.)

⬤ unverändert   ⬤ gesperrt/geschlossen   ⬤ folgende Änderungen:

Lokalität: Seite: Datum:
(Stellplatz, Campingplatz, Wandertour, Gaststätte, usw.)

⬤ unverändert   ⬤ gesperrt/geschlossen   ⬤ folgende Änderungen:

Lokalität: Seite: Datum:
(Stellplatz, Campingplatz, Wandertour, Gaststätte, usw.)

⬤ unverändert   ⬤ gesperrt/geschlossen   ⬤ folgende Änderungen:

Lokalität: Seite: Datum:
(Stellplatz, Campingplatz, Wandertour, Gaststätte, usw.)

⬤ unverändert   ⬤ gesperrt/geschlossen   ⬤ folgende Änderungen:

Lokalität: Seite: Datum:
(Stellplatz, Campingplatz, Wandertour, Gaststätte, usw.)

⬤ unverändert   ⬤ gesperrt/geschlossen   ⬤ folgende Änderungen:

Meine Adresse und Tel.-Nummer:
(nur komplett ausgefüllte, zeitnah eingesandte Infoblätter dürfen berücksichtigt werden)

Info-Blatt für das WOMO-Buch: Belgien/Lux. '13

(ausgefüllt erhalte ich 10% Honorar bei der nächsten Buchbestellung beim Verlag)

Lokalität: **Seite:**   **Datum:**

(Stellplatz, Campingplatz, Wandertour, Gaststätte, usw.)

◯ unverändert   ◯ gesperrt/geschlossen   ◯ folgende Änderungen:

Lokalität: **Seite:**   **Datum:**

(Stellplatz, Campingplatz, Wandertour, Gaststätte, usw.)

◯ unverändert   ◯ gesperrt/geschlossen   ◯ folgende Änderungen:

Lokalität: **Seite:**   **Datum:**

(Stellplatz, Campingplatz, Wandertour, Gaststätte, usw.)

◯ unverändert   ◯ gesperrt/geschlossen   ◯ folgende Änderungen:

Lokalität: **Seite:**   **Datum:**

(Stellplatz, Campingplatz, Wandertour, Gaststätte, usw.)

◯ unverändert   ◯ gesperrt/geschlossen   ◯ folgende Änderungen:

Lokalität: **Seite:**   **Datum:**

(Stellplatz, Campingplatz, Wandertour, Gaststätte, usw.)

◯ unverändert   ◯ gesperrt/geschlossen   ◯ folgende Änderungen:

Lokalität: **Seite:**   **Datum:**

(Stellplatz, Campingplatz, Wandertour, Gaststätte, usw.)

◯ unverändert   ◯ gesperrt/geschlossen   ◯ folgende Änderungen:

Meine sonstigen Tipps und Verbesserungswünsche:

Wir bestellen zur sofortigen Lieferung: (Alle Preise in € [D], Preisänderungen vorbehalten)

☐ Wohnmobil Handbuch	19,90 €	☐ Heitere WOMO-Geschichten	6,90 €
☐ Wohnmobil Kochbuch	12,90 €	☐ Gordische Lüge – WOMO-Krimi	9,90 €
☐ Multimedia im Wohnmobil	9,90 €	☐ Aufkleber "WOMO-Urlaub" ab	0,00 €

☐ WOMO-Pfannenknecht .... 49,90 €
☐ WOMO-Knackerschreck .... ab 44,90 €
Fahrzeugmarke/Bj.: _____

WOMO-Reiseführer: Mit dem WOMO ins/durch/nach.....

☐ Albanien	19,90 €	☐ Neuseeland	19,90 €	
☐ Allgäu	17,90 €	☐ Niederlande	17,90 €	
☐ Auvergne	17,90 €	☐ Normandie	17,90 €	
☐ Bayern (Nordost)	19,90 €	☐ Norwegen (Nord)	19,90 €	
☐ Belgien & Luxemburg	18,90 €	☐ Norwegen (Süd)	19,90 €	
☐ Bretagne	18,90 €	☐ Österreich (Ost)	19,90 €	
☐ Burgund	17,90 €	☐ Österreich (West)	18,90 €	
☐ Dänemark	17,90 €	☐ Ostfriesland	17,90 €	
☐ Elsass	18,90 €	☐ Peloponnes	18,90 €	
☐ England	18,90 €	☐ Pfalz	17,90 €	
☐ Finnland	18,90 €	☐ Piemont/Aosta-Tal	19,90 €	
☐ Franz. Atlantikküste (Nord)	17,90 €	☐ Polen (Nord/Masuren)	17,90 €	
☐ Franz. Atlantikküste (Süd)	17,90 €	☐ Polen (Süd/Schlesien)	17,90 €	
☐ Griechenland	19,90 €	☐ Portugal	19,90 €	
☐ Hunsrück/Mosel/Eifel	17,90 €	☐ Provence & Côte d'Azur (Ost)	18,90 €	
☐ Irland	18,90 €	☐ Provence & Côte d'Azur (West)	17,90 €	
☐ Korsika	17,90 €	☐ Pyrenäen	17,90 €	
☐ Kroatien (Dalmatien)	17,90 €	☐ Sachsen	19,90 €	
☐ Languedoc/Roussillon	19,90 €	☐ Sardinien	19,90 €	
☐ Ligurien	17,90 €	☐ Schleswig-Holstein	19,90 €	
☐ Loire-Tal/Paris	17,90 €	☐ Schottland	18,90 €	
☐ Marokko	18,90 €	☐ Schwabenländle	17,90 €	
		☐ Schwarzwald	17,90 €	
		☐ Schweden (Nord)	18,90 €	
		☐ Schweden (Süd)	19,90 €	
		☐ Schweiz (West)	18,90 €	
		☐ Sizilien	17,90 €	
		☐ Slowenien	17,90 €	
		☐ Spanien (Nord/Atlantik)	17,90 €	
		☐ Spanien (Ost/Katalonien)	17,90 €	
		☐ Spanien (Süd/Andalusien)	17,90 €	
		☐ Süditalien (Osthälfte)	17,90 €	
		☐ Süditalien (Westhälfte)	17,90 €	
		☐ Süd-Tirol	18,90 €	
		☐ Thüringen	19,90 €	
		☐ Toskana & Elba	19,90 €	
		☐ Trentino/Gardasee	17,90 €	
		☐ Tschechien	18,90 €	
		☐ Tunesien	17,90 €	
		☐ Türkei (West)	18,90 €	
		☐ Umbrien & Marken mit Adria	17,90 €	
		☐ Ungarn	17,90 €	
		☐ Venetien/Friaul	19,90 €	

☐ .... und jährlich werden's mehr!

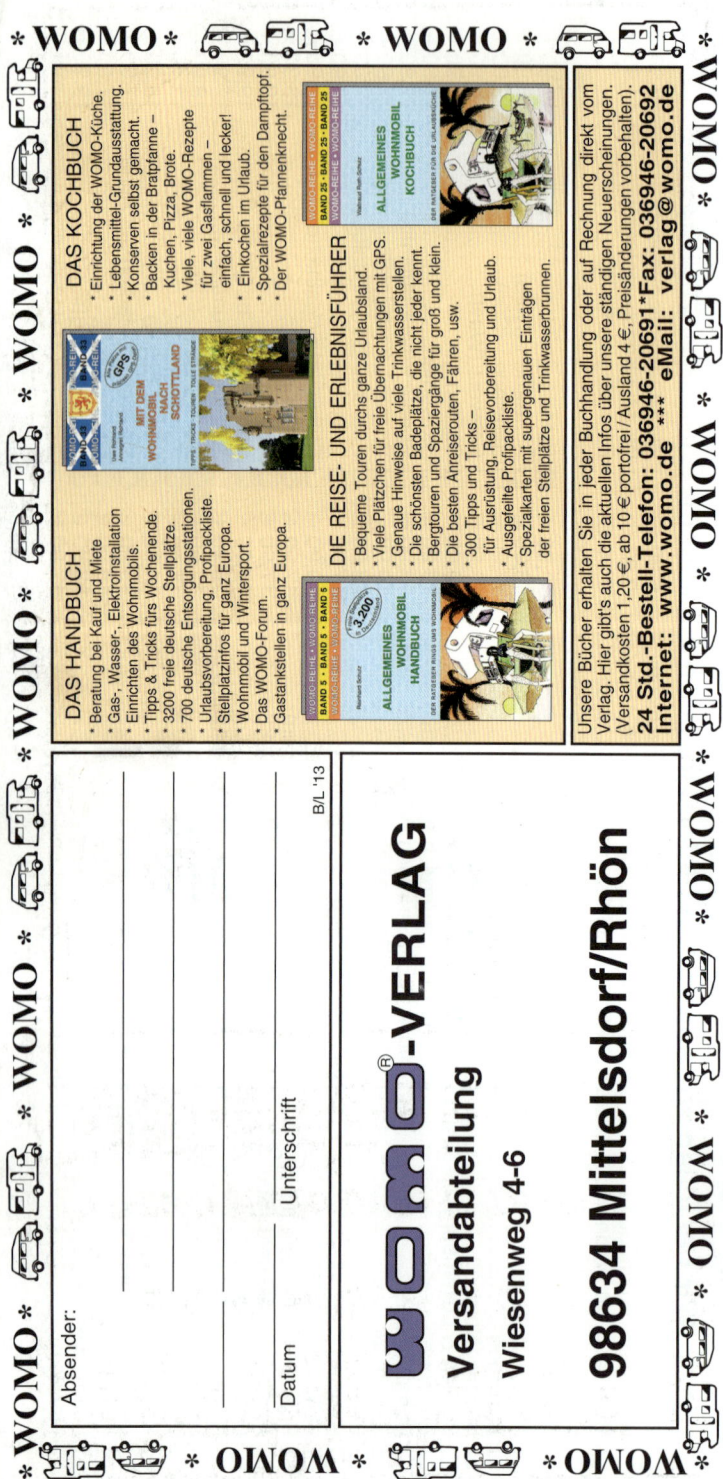